学校育人的生态路向与实践

黄长平　何昌裕　邹扬庆　著

西南交通大学出版社
·成都·

图书在版编目（CIP）数据

学校育人的生态路向与实践 / 黄长平，何昌裕，邹扬庆著. —成都：西南交通大学出版社，2022.10
ISBN 978-7-5643-8702-0

Ⅰ. ①学… Ⅱ. ①黄… ②何… ③邹… Ⅲ. ①中学教育–研究 Ⅳ. ①G63

中国版本图书馆 CIP 数据核字（2022）第 085414 号

Xuexiao Yuren de Shengtai Luxiang yu Shijian
学校育人的生态路向与实践
黄长平　何昌裕　邹扬庆　著

责 任 编 辑	居碧娟
助 理 编 辑	邵莘越
封 面 设 计	曹天擎
出 版 发 行	西南交通大学出版社 （四川省成都市金牛区二环路北一段 111 号 西南交通大学创新大厦 21 楼）
发行部电话	028-87600564　028-87600533
邮 政 编 码	610031
网　　　址	http://www.xnjdcbs.com
印　　　刷	成都蜀通印务有限责任公司
成 品 尺 寸	170 mm × 230 mm
印　　　张	18.375
字　　　数	314 千
版　　　次	2022 年 10 月第 1 版
印　　　次	2022 年 10 月第 1 次
书　　　号	ISBN 978-7-5643-8702-0
定　　　价	78.00 元

图书如有印装质量问题　本社负责退换
版权所有　盗版必究　举报电话：028-87600562

前 言
PREFACE

教育是国家发展的大计，承担着为党育人、为国育才的重任。

教育是培养人的社会活动。教育的目的在于培养人，而教育改革的目的在于更好地让教育发挥其培养人的社会作用。

那么什么是好的教育呢？我们认为，要从未来时代的发展着眼、从教育的本质着眼、从教育"立德树人"的根本任务着眼，能够促进学生、教师、学校、家长等教育参与主体实现良性的、可持续发展的教育就是好教育。在这个教育的生态系统中，各主体能够在动态平衡中实现"正向演进"。

由于育人是一项具有综合性的复杂工作，不能孤立地将教育与社会割裂、与真实生活割裂、与人的全面发展割裂，要"五育并举"，而非智育一枝独秀。为此，我们从学校育人方向、教师发展方式、学生成长路径和学校管理模式等方面对"如何实现生态育人"进行了一系列的探索与实践。

在探索生态育人的道路上，我们围绕"关注人、关注生命成长"这个核心主题，思考了"怎样才有好老师、好课堂、好课程、好学生、好家长，最后形成好学校、好教育？"2016年到2021年成都市金花中学（后文称"研究对象学校"）先后立项10余项省、市、区级教育科研课题，围绕这些问题开展调查研究、问题聚焦、因子分析，构建了符合学校发展情况的问题解决策略与措施。在一项又一项的课题研究中，推动着学校育人的改革进步。

本书在一系列课题研究成果的基础上，以"六维四阶"为基本研究路径，经过系统梳理，结合长期的教育实践经验和真切的教育感悟，从教育生态观的视角，对生态育人的使命与路向、生态育人的动力与生成、生态育人的探索与突破以及生态育人的治理与效能四大主题进行了关于实践过程和成效的系统阐述，最终形成了学校育人的生态路向与实践成果。本书作为普通中学探索新型育人理念和形式的一次有益尝试，希望能给有同样发展困惑的学校和教育工作者一些参考和启发。

本书研究的理论基础是教育生态学，该理论用生态学的思维、观念与方法思考教育领域的问题，以整体、有机、动态的思维方式为核心要旨，强调将教育和影响教育的周边环境（包括自然物质环境、社会环境、学校环境、家庭环境、个人环境等）作为一个具有一定结构和功能的整体系统，研究教育系统内部各要素及其周边环境的相互关系，并从中生发出育人的路径和策略，促进全面高质量育人的落实。

在生态育人过程中，我们认为充分激发师生主体的生态自觉，注重协同，整合育人资源，丰富育人路径选择，重构学校育人文化，形成生态育人氛围，对于实现"五育融合、立德树人"、追求幸福教育的最终实现有重要的实践价值与意义。

作者

2022 年 8 月

目 录
CONTENTS

第一章　基础篇——生态育人的使命与路向 / 001

　　第一节　学校育人的生态型选择 / 001
　　第二节　相关研究与主要概念 / 009
　　第三节　基本思路与框架 / 012
　　第四节　学校的探索与实践 / 020

第二章　教师篇——生态育人的动力与生成 / 027

　　第一节　基于生态观的教师专业发展 / 027
　　第二节　生态性课堂构建 / 047
　　第三节　DIA 混合教学探索 / 069

第三章　学生篇——生态育人的探索与突破 / 090

　　第一节　基于教育生态观的学生核心素养培养 / 090
　　第二节　以军体教育深化阳光德育 / 116
　　第三节　润德砺品的体艺特色教育 / 136
　　第四节　以职业体验促进劳动教育 / 159
　　第五节　以学科渗透方式实施国际理解教育 / 178
　　第六节　网络文化环境下网络道德的培育 / 197

第四章　管理篇——生态育人的治理与效能 / 218

　　第一节　基于校园有机更新的文化建设 / 218
　　第二节　基于生态观的学校组织变革 / 233
　　第三节　家校社生态共育探索 / 257
　　第四节　教育均衡背景下学校生态型发展 / 273

参考文献 / 290

后　记 / 292

第一章　基础篇
——生态育人的使命与路向

第一节　学校育人的生态型选择

学校育人应该如何深入落实立德树人、五育并举的总要求，在育人的过程中存在一些什么问题，有哪些路径、方法需要优化，以及如何去优化等，这些都是每个教育人共同关注的问题。以生态学和教育学交叉融合的视角，借鉴生态学的理论和方法，实行学校生态型育人，是解决当前学校育人发展困境、提升育人质量和学校品质的有益探索与实践。

一、问题的提出

（一）优化教育生态是新时代教育发展的迫切需求

新的时代发展和行动实践突出了生态思想的重要导向。教育领域在新时代背景下，积极回应，主动变革。教育生态思想成为教育发展的时代议题，注重生命成长、交流互动、协同发展成为教育发展的重要指标。

首先，国家政策着重强调。中共中央、国务院《关于深化教育教学改革全面提高义务教育质量的意见》（2019）提出，坚持五育并举，全面发展素质教育，切实提高课堂教学质量，按照"四有好老师"标准，建设高素质专业化教师队伍。系统、全面培养学生的核心素养，全面育人，成为义务教育的根本任务，优化教育系统生态状况、发挥师生主体作用成为素质教育的必要条件。《中国教育现代化2035》提出了推进教育现代化的十项重点任务，也要求多方面提升素质教育，实现教育生态良性可持续发展。习近平总书记也强调："努力让每个孩子享有受教育的机会。"促进教育生态优化，让每个孩子健康全面成长成为国家教育高度发展的重要指标。

其次，教育思想发展鲜明体现。作为教育思想的先导信号标，联合国教科文组织自20世纪70年代以来，陆续推出《学会生存——教育世界的今天和明天》（又称《富尔报告》）、《教育——财富蕴藏其中》（又称《德洛尔报告》）、《反思教育：向"全球共同利益"的理念转变？》等报告，为教育的发展提供了重要的先进理念。2021年的一个报告《共同重新构想我们的未来：一种新的教育社会契约》（"Reimagining Our Futures Together: A New Social Contract for Education"），被认为是指导教育未来三十年发展的重要文献。报告中鲜明提出"教育将我们与世界联系起来，为我们带来新的可能性，增强了我们对话和行动的能力，但要塑造真正和平、公正和可持续的未来，教育本身亟须转型""教育，这种贯穿生命始终的教学组织和学习方式……新的教育社会契约需要我们以不同的方式思考学习，以及学生、教师、知识和世界之间的关系""课程应强调生态、跨文化和跨学科学习，支持学生获取和生产知识，同时培养他们批判和应用知识的能力。它必须包含对人类生态的理解，重新平衡地球作为生活的星球和独特的家园与人类之间的关系"。这些观点，都体现了鲜明的生态化意蕴。

最后，学校育人中充分实践。在当前的学校育人实践中，终身教育、全民教育、全纳教育、教育均衡化、社区教育、联盟办学、生态校园等，都是教育生态思想的办学思路体现。学科融合、主题教育、核心素养、多样化课程设计、国际理解教育、全人教育、和美教育、教育生态性课堂都是教育生态理念的教育教学实践体现。北京十一中"构建生长性学校教育生态系统"、杭州下城区区域教育生态构建、新教育实验学校的生命教育等，都是让教育回家，让教育生态可持续发展的具体尝试。

好的教育应照顾师生全体全面发展，学生和老师都是命运共同体，需要共生共长。尊重生命、尊重个性的教育就是教育生态良好的教育，学校生态型育人就是教育生态理念落地的重要标志。

（二）从生态观看学校育人存在的问题

从生态育人的角度看，学校育人应以系统整体的优化为导向，协调其中各要素、层级、主体、群落之间的关系，使系统自然完整、和谐平衡、丰富多元、有生机、有活力，从而实现学校育人功能的强大和优化。对此，课题组对成都市部分学校开展了育人现状的调研和访谈，对学校育人中的问题进行了梳理，发现学校育人生态中的问题主要有以下方面。

1. 学校育人过程缺乏系统协同性

学校的发展应是学校整体的发展，是学校作为一个完整的生态系统整体性地焕发生命的活力。因此，学校育人应以系统整体的优化为准绳，协调其中各要素、层级、主体、群落的相互关系，使系统完整、平衡，局部的优化、演进不能代表学校育人全体系的优化、演进。然而，在学校育人中非系统、非协同性发展的问题却普遍存在。

一方面，教育资源配置存在偏颇、失衡。以"教师"这一系统中重要资源的配置为例，一度存在的"快慢班""实验班"中优秀教师的高度集中就是一种非系统性的、人为制造的不平衡。另一方面，在系统中，各要素之间彼此既相互联系，又互为条件。但是目前大多数学校局限于固化学科、教材、学习阶段以及学校课程设置的状态，也是一种简单一元化、非系统化的体现，没有结合地域及校本特点，做好国家课程校本化的落地生根，既不考虑学生发展的差异，又未体现师生的个性。近年来兴起的综合实践活动课程、课程整合、跨学科教学等是一种进步，但本研究中《课程实验调查问卷》的分析数据表明，对这些课程变革的基本理念、目标与方法"了解程度一般及以上"的教师有68.4%，而做出过有关探索实践或有此计划的，仅占36.8%。可见，部分教师对课程系统化的共享、共生、共创的生成方式缺乏应有的了解和实践。

同时，学校部门的线性化管理，同样容易造成割裂和非系统性。以学校食堂为例，本来这是一个既关照学生生命健康成长，又体现良好文明素质、培养勤俭节约美德的好地方，但是，由于划归后勤部门管辖，而其他部门多不过问，则其天然的、良好的德育资源及"爱生如子"的教育理念没有得到充分发挥。学生常有吃不好、乱打闹甚至故意破坏公物等不良现象，惜粮护粮、尊重劳动、感恩生活等良好品性的养成没有得到应有的重视，而这些问题又不能有效反馈到相关职能部门进行及时整改。

不将学校育人、师生发展视为一个完整、丰富、不断发展和生成的系统，而是片面强调单方面利益，已经使学校育人产生了诸多弊病。

2. 学校育人缺乏主体性

学校（作为一个完整的生态系统）及其中各个群体的发展应当具有相应的主

体性和主动性。一所学校就是一个系统，理想状态下这个系统应该具有自组织功能，即能自行演化或改进其组织行为及结构，或者说，能在与环境相互作用的条件下，通过自身的演化而形成新的结构和功能。

学校管理线性推进，管理集权程度高，组织分工过细，内部缺乏沟通、弹性和灵活性，师生难以获得资源，难以进入自组织状态，这些都是学校育人中的常见问题。以研究对象学校为例，在微型科研的开展中，我们可以看到行政命令的驱动与自组织群体之间发展动力的巨大差异。2015年，学校强力推行微型科研，以学科组为单位，经过动员和指定，共形成15个微型科研课题，但到2017年能够结题或仍在研究的课题只剩7个。而学校物理和生物老师自由组成的研究"共同体"自主选题未经申报，却形成了较为丰富的成果。

学校管理若不能以学生和教师为中心，不能优化其运行机制，不能激发其内在主动性，改变其运行结构，形成内驱的、生态的校园文化，就难以摆脱低质、低效的局面。学校工作的内生式发展方式未能有效建立，一旦"外力"撤出或督促不到位，则工作开展便"缩回原形"甚至倒退。

3. 学校育人氛围缺乏开放性

当今，技术和社会的信息化发展已经使学校处于一个日益开放的环境中，学校的围墙越来越仅存形式上的意义。学校育人中垂直管控型层级的构建、主体间关系的单一失调、资源配置的固化失衡等带来的输入的单调和输出的偏移，以及过分的标准化、同构化，不断加剧这一生态系统内部与外部的矛盾。

当互联网和其他行业对"世界是平的""长尾理论""大数据时代""共享与平台"等新理念、新概念津津乐道并在资本的辅助下不断孵化新的模式、新的产品时，我们的教育才开始尝试接纳慕课、微课；当"众筹课程"引起社会的热议时，我们的学校还由于制度和思维的限制，未能充分与社会进行资源、能量的交换。学校囿于自身惯习，反应不灵敏，还未能很好地适应环境的变化。

而在构建学校、家庭、社区等和谐教育的过程中，也存在不少问题。如家庭、学校、社区、学生共同教育目前尚无体系、缺乏长效机制，各方角色意识单一甚至错位，学校在共同教育中不够主动，家长和学生认为社区活动可有可无，而社区则与学校教育严重脱节，主动教育和主动参与意识不强，场景提供和示范引导不足。在此状态下，学校同外在环境未能较好地协同演进。

总之，社会和个体的多样性呼唤着学校育人的开放性，不能与外部环境保持动态的平衡，不能基于环境不断共生、重构，建立多维、多层、交叉互动的网络化开放机制，学校育人就会在封闭中走向失衡和衰弱。从生态学的角度看，学校育人应以系统整体的优化为导向，协调其中各要素、层级、主体、群体的相互关系，使系统完整、平衡、丰富，充满生机与活力，从而实现功能的强大和优化。本研究针对上述问题，引入教育生态学原理，开展学校生态型育人的原则和技术探究，着力于当前学校育人面临困境的破解和育人质量的提升，探索五育并举、全面育人的现代学校生态型发展之路的基本模式，以更好地促进学生快乐学习、健康成长，为他们的幸福人生奠定更好的基础。

二、学校生态育人的价值与意义

（一）对大变革时期教育需求的自觉回应

《国家中长期教育改革和发展规划纲要（2010—2020年）》指出："当今世界正处在大发展大变革大调整时期。世界多极化、经济全球化深入发展，科技进步日新月异，人才竞争日趋激烈。我国正处在改革发展的关键阶段，经济建设、政治建设、文化建设、社会建设以及生态文明建设全面推进，工业化、信息化、城镇化、市场化、国际化深入发展，人口、资源、环境压力日益加大，经济发展方式加快转变，都凸显了提高国民素质、培养创新人才的重要性和紧迫性。中国未来发展、中华民族伟大复兴，关键靠人才，基础在教育。"我国当前的教育还不能完全适应国家经济社会发展的需要和人民群众接受良好教育的需求。我们迫切需要转变落后的教育观念，改变陈旧的教学方法和教育内容，积极推进素质教育，培养创新型、实用型、复合型人才。

党的十七大提出"倡导生态文明建设"，强调把人类活动限制在生态环境能够承受的限度内，对山水林田湖草沙进行一体化保护和系统治理，协调人与自然的关系。而生态教育是为实现人的可持续发展而进行的共生、和谐、多元、协同的教育方式与行为。社会主义生态文明建设强调以人为本，统筹人与自然的和谐发展，遵循可持续发展原则。生态的教育思想强调以学生为本，倡导学生与外环境（课程、课堂、教师、环境、文化等）要素和谐共生，以立德树人为教育的根本任务，实现学生的可持续发展。

生态型教育是在对传统教育学主导下的现代性教育价值活动深刻反思的基础

上，适应生态文明建设的实践需要，对服务于工业文明时代传统教育学的超越。具体地说，就是通过生态价值理念在教育活动中的确立，以人的价值、自然价值和社会价值的整体性价值规范为根据，确立生态型教育目的，设计生态型教育制度，开发与组织凸显生态价值的生态型教育课程，创设生态型教育情境，运用生态的教育模式与方法，以培养人的生态认知、生态情感、生态行动意志与生态行动能力，并不断提升人的生态智慧，进而实现人作为价值生命存在，在自然生命、社会生命和精神生命方面的辩证整体性的和谐建构，凸显教育的生命本性，不断走进人的全面的生存、生长、生活关系，实现"生态人"培养的教育目的和生态价值的全面生成，因此，树立以生态主义世界观、方法论和价值观为思想基础的教育研究取向，可以加快我国从教育大国向教育强国、从人力资源大国向人力资源强国迈进。[1]

（二）学校教育发展思维的深刻转变

我国目前正处于经济、社会的转型期，教育作为国家与社会发展的重要方面和坚实基础，必然承担双重的压力和责任。一方面，转型期的"阵痛症"必然投射和影响到教育，使教育自身的发展之途充满矛盾和困难，经受一定的生态扭曲与失衡；另一方面，作为国家与社会发展的强大助力器，教育又必须积极为推动转型升级的顺利完成以及国家、社会、文明的进步发展做出服务和贡献。这要求我们的教育理论应该有突破性、创造性的发展，以构建适应当前国情和人才培养需求、破解发展难题的中国特色教育体系。因此"适应、均衡、发展"便是当前我国教育发展的重要主题，而这也正是生态理论的核心诉求。这一共通点，为生态理论同教育理论的结合建立了紧密的联系，为生态型教育理论的构建提供了坚实的基础。"生态学的科学方法论与和谐价值观对教育研究有很强的适切性。方兴未艾的生态范式将是开阔视野看教育的新范式，或许它的思维模式本身更切近于教育形态。生态原则在人、自然、社会、教育等领域有可通约性，遵循该原则，对中国构建和谐社会和建立创新型国家有重要意义。"[2]叶澜教授明确提出："生态观……把它称之为自觉转型、主动发展的变革。……其中最重要的是改变机械观，树立生态观。即在研究生态环境变化的基础上，找到发展的潜在生长点，主动改建自身的内在结构，使生存主体与环境之间建立新的功能关系，形成新的生长方式。"[3]

（三）学校突破育人困境、实现生态化发展的重要路径

从学校和学生发展的实践来说，生态型学校教育的研究，从全新的生态性视角，以"平衡、适应、演进、协同、共生、可持续"等理念的引导，审度学校教育现状，探索学校育人和学生培养的新内容、新模式，可以促进学校育人现实困境的突破，为学生成长提供生态化的优良路径。

1. 与全人教育强调全面个性、均衡发展的理念和发展方向一致

全人教育理念是马克思主义关于人的全面发展思想的实践理念，它整合"以社会为本"与"以人为本"，既重视社会价值，又重视人的价值。[4]全人教育强调教育的整体性、全面性发展及个性化学习的需要，促进学生健康均衡发展。关爱每一个学生，尊重学生的个性差异，强调学生的全面成长，树立"人人都能成才"的理念，为学生创造良好的发展环境，提供多样化、个性化的教育服务，使学校教育走向优质化、均衡化。学校生态型育人以生态的视角，强调整体育人、五育并举，更强调学校教育从身心健全的教育向整体育人转变，从一般学校向优质高位的生态型学校转变，注重激发和优化师生主体和学校主体的状态与活力，注重师生的可持续平衡发展。

2. 与多元智能理论多元多样、和谐共进观念相通相济

根据加德纳的理论，学校在发展学生各方面智能的同时，应当留意每一个学生在某一两方面特别突出的智能。人的智能是多元的。多元智能理论有助于发掘资优学生，提供合适的发展机会，扶助学习有障碍的学生，并对他们采取更合适的教育方法。生态型育人特别强调学校、教师首先要尊重学生主体的个体特点，并以此为基础，适应其生理和生命特性的多样化差异，创设民主、和谐、宽松的学习氛围，创造更好的教育生态环境与方式，将学习、生活、关系、生命、文化、情意等多元素养和创新意识、思维能力进行整合培养，唤醒学生多元智能发展，激发学生发展生态自觉，让学生真正成为学习的主人，这是学校育人可持续发展的必由之路。

3. 促进学校的育人模式构建

学校作为教育生态的重要主体和载体，需要主动地做好教与学的育人方式构建。建构主义主张学习者应基于自己与世界相互作用的独特经验去建构自己的知识并赋予经验以意义，运用有效的方法使学生成为学习的主体。因此，生态型育人特别要求学校应按照学生生命体发展生态过程进行教育变革，构建模式，帮助学生建

构知识和发展能力，凸显教育的生命本性，强调人的全面成长，这也与当代素质教育"适应、均衡、发展"的人才培养需求和中国特色教育体系与育人模式构建相契合。生态型育人，为学校育人的优质化、高质量发展探索了一条适宜的路径，产生了一些学校教育观念转变与实践的样例，在"个人的—社会的""现在的—未来的""中国的—世界的"多维度之间构建了一些学校育人的有益模式。"共生、平衡、开放、多元"的生态核心价值取向对人才创新培养提供了较好的思路，方兴未艾的生态范式将是开阔视野看教育的新方式，它的思维模式、发展逻辑和价值内涵本身更切近于教育发展所需要的本真形态和高效状态的结合。

4. 助力解决学校和学生发展的实践问题

学校开展生态育人，利用多元化素材、多样化环境，创造更优质的生态型教育，以适应时代和学生发展的需要，真正落实全面育人的素质教育目标。学校教育应从全新的生态性视角出发，以"平衡、适应、演进、协同、共生、可持续"等理念为引导，研究学校育人现状与问题，探索学校育人和学生培养的新内容、新模式，促进学校育人现实困境的突破，为学生成长提供生态化的优良路径。本研究以"路径研究"为抓手，紧扣"生态理念"和学校育人实践相结合的关键环节，注重面向实践，以问题为导向，研究、生发、总结相关方法和策略体系，为同类学校的发展提供有益借鉴，有助于促进学校办学效益的提升、特色的形成和对区域教育做出贡献，对于解决当前学校育人中的困难和问题，具有一定的启示意义。

注释

[1] 程从柱，王全林．生态教育学：当代教育学建构的一个重要视域[J]．皖西学院学报，2010（2）.

[2] 全国教育规划科学规划领导小组办公室．"十五"规划教育部重点课题"世界一流大学建设：学术生态的视角"研究成果公报[J]．当代教育论坛：校长教育研究，2008（5）.

[3] 叶澜．"面向21世纪教育系科改革研究与实践"结题总报告[J]．华东师范大学学报（教育科学版），2000（8）.

[4] 闫洪才，宋银秋．全人教育的内涵及其理想模式[J]．山东青年，2019（10）.

第二节 相关研究与主要概念

一、生态育人的相关研究

"生态学"一词在教育研究中正式使用，始于美国教育学者沃勒（Waller W.），他在1932年的著作《教育社会学》中曾提出"课堂生态学"（ecology of classroom）的概念；1966年，英国学者阿什比（Ashby E.）提出"高等教育生态学"（ecology of higher education）的概念，并肇始以生态学的原理和方法对高等教育进行研究；1976年，美国哥伦比亚大学师范学院院长克雷明在其著作《公共教育》中正式提出"教育生态学"（ecology of education）并列专章阐述。[1]随着各方面研究的不断推进，生态学原理与方法在教育研究与实践中的运用越来越广泛和深入。

（一）国外相关研究

20世纪70年代，国外的教育生态学研究已十分丰富，主要集中体现在两个方面：一是以研究教育的资源分布为主旨，以英国学者埃格尔斯顿（Eggleston J.）的《学校生态学》（1977）为代表，同时，埃格尔斯顿也注意到，生态学所关注的是有机体的行为和生活方式，以及它们与周围环境的关系；二是从教育与环境的关系入手来探讨问题，如费恩（Fein L.J.）的《公立学校的生态学》（1971）、坦纳（Tanner R.T.）的《生态学、环境与教育》（1974）、沙利文（Sullivan E.A.）的《未来：人类生态学与教育》（1975）等。到20世纪八九十年代，教育生态学研究不仅范围更加拓宽，而且向纵深发展。华盛顿大学的古德莱德（Goodlad J.I.）侧重于微观的学校生态学研究，首次提出学校是一个文化生态系统（cultural ecosystem）的概念，目的在于从管理的角度入手，统筹各种生态因子，以建立一个健康的生态系统（healthy ecosystem），提高学校的办学效率。教育生态学家鲍尔斯（Bowers C.A.）对微观的课堂生态和宏观的教育、文化、生态危机等教育生态问题进行了深入的研究。国外学者对教育生态学研究对象的认识颇不一致，但都强调生态学综合、联系、平衡的基本精神，研究的内容主要侧重在微观教育生态学、教育生态因子生态学、宏观教育生态学三个方面。[2]

（二）国内相关研究

我国的教育生态学研究起步较晚。20世纪70年代，台湾师范大学方炳林教授率先从事这一领域的研究，并著成《生态环境与教育》一书，成为我国教育生态研究的基础性文献。该书以生态环境因子为主，研究各种生态环境因素与教育的关系以及其对教育的影响，初步建立了教育生态学的科学体系。进入80年代，先后有香港郑燕祥《教育的功能与效能》、台湾贾锐《校园生态环境与教育》等著作发表，其中比较有影响的是台湾学者李聪明所著《教育生态学导论》，该著作针对台湾教育的现实，运用生态学的原理，对各种教育问题进行反思，从而正式揭开了运用生态学的原理与方法分析教育问题的研究框架。大陆学者对教育生态学的研究始于80年代末。南京师范大学吴鼎福是较早进行研究并取得一定成就的研究者，其先后发表了《教育生态学刍议》《教育生态的基本规律初探》等文章，并于1990年与诸文蔚合著出版了我国大陆第一本《教育生态学》。之后，任凯、白燕、范国睿等学者又从不同的侧面探讨研究了教育生态问题，并出版专著。2007年，刘贵华、朱小蔓在《教育研究》上发表的《试论生态学对于教育研究的适切性》一文，正式从理论内在联系的角度阐释了生态学在教育研究中的运用，成为教育生态学研究的重要奠基之作。2020年，华中师范大学岳伟的专著《生态文明教育研究》深入探讨了教育的生态文明建设功能，全面分析教育推进生态文明建设的运行机制，阐述了深层生态文明教育的价值诉求与路径探索，对学校的生态文明教育和教育生态建设具有重要的指导作用。

就课题研究和文章发表方面看，关于"生态教育""教育生态"的研究，从宏观的生态教育、教育生态研究，到中观、微观的德育、教学、教师成长、质量控制、创生模式等都有涉及，研究面较广。这标志着教育生态学研究已成为我国教育科学研究的重要领域之一，但总体来说，针对学校层面生态育人的研究并不多。

（三）学校生态育人研究

在学校育人的研究方面，范国睿等所著的《共生与和谐：生态学视野下的学校发展》较为全面系统，书中对教育生态学研究的内容与方法、我国学校教育生态的历史变迁进行了详细的梳理，并从区域教育生态、学校变革的生态学分析、学校制度生态、学校组织生态、学校文化生态以及课堂生态等方面展开论述，具体深入地反映了影响学校系统发展的生态问题，对于推动区域和学校教育生态的优化与发展提出了一系列重要的意见和观点，但宏观性较强，操作性不足。其次，同济附二中、杭州下城区等学校和区域，也从与教育实践相结合的角度进行了教育生态化的有益探索，并出版了《行走在生态教育的路上》《好的教育：区域教育生态理论的研究与实践》等著作，但其中对生态与教育结合的理论性挖掘不够，主要是理念性的推广和学校或区域工作生态化点状式的呈现，有些"标签化"的状况。在已有文献中，针对生态型育人"发展路径"的专门研究较少。

总之，我国学界对于教育生态的研究主要在教育生态环境、校园文化生态、教育生态系统三大方面。从总体上看，我国的教育生态学研究还刚刚起步，在如何将生态学的原理运用于对教育现象与教育问题的分析与研究上，尤其是针对教育的基本单元——学校的生态型育人方面的研究上还需进一步加强，生态学同教育自身的规律和实践也需进行有效结合。本探究拟以生态学原理运用为经，以学校育人发展为纬，两相融合，在学校生态型育人路径方面进行一定探索。

二、主要概念

学校育人，是指学校组织围绕"育人"的总目标，整合一定的资源，采用一定的方式，不断适应变化的环境，不断进化、更新的过程。从广义的角度看，这也是一种学校"生命体"的生态演进过程。本研究所指学校主要是普通中小学。

生态育人，强调以教育生态理念观照和思考复杂的学校教育及其与环境资源的适应问题，并以动态平衡、可持续的方式开展教育实践活动，以生态的方式促进人的全面、可持续发展。进一步说，其是以系统整体、联系共生、和谐平衡、多元丰富等生态性核心价值为取向，从整体和联系的视角及以"关系"为核心的考察，集中在主体与环境、平衡与失衡、动态与静态、竞争与共生以及可持续发展等方面对学校育人的内容、方式、策略等进行探究引导，使学校育人系统具有自主性、多样性、平衡性、共生性以及可持续性等特点，促进学生全面发展以及学校办学质量和效益不断提高的演进过程。

路向，即发展之路的目标与方向。在本探索中，主要指运用生态理念对学校育人的目标、内容、途径、方法的逻辑构成及策略集合进行变革、演化的路径与导向。

注释

[1] 范国睿. 美英教育生态学研究述评[J]. 华东师范大学学报（教育科学版），1995（5）.

[2] 贺祖斌. 高等教育生态研究述评[J]. 广西师范大学学报（哲学社会科学版），2005（3）.

第三节 基本思路与框架

一、主要探究目标与内容

（一）主要目标

将学校育人实践和生态学理论相结合，构建学校生态型育人的主体优化路径、课程建设路径、管理变革路径和系统开放路径，探索其实施方式。

以生态学"自主、共生、平衡、多样性、可持续"理念为引导，探索学校育人上述路径践行生态理念的相关操作方法与策略，促进育人质量的全面提升。

（二）主要内容

学校生态型育人涉及方方面面的工作，本研究以学校生态系统一般构成分析

（见图1-3-1）为基础，结合学校育人实践中存在的迫切问题，选取要素、组织、系统三个层面的路径探索，重点展开研究。

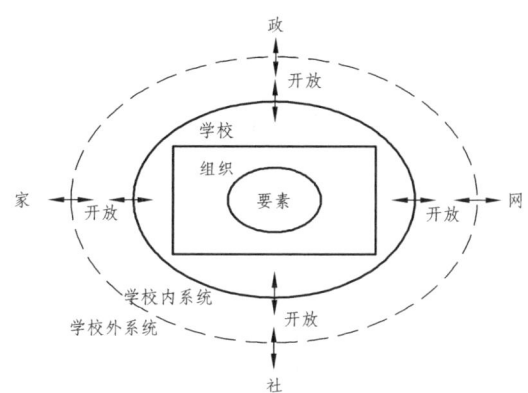

图1-3-1　学校育人生态系统分析

同时，结合研究条件和实践中的发展需求，对学校生态系统丰富的构成因子及结构进行了简化。学校构成要素，包括人、事、物、信、时等多方面，本研究主要抓住生态发展最重要的两大因子——人、事，并在两者中进一步厘出最重要的部分——师生（主体）、课程与项目（育人资源及关系的联结中心）、学校管理（组织结构及运行机制）以及学校对外环境（系统开放协同）方面，进行分析研究。

1. 学校生态型育人路径研究

（1）主体优化路径研究

师生是学校育人最重要的主体，对其生态理念的树立、生态自觉的唤醒以及生存生长方式生态性的关注，是学校育人真正生态型发展的前提。应结合生态性理念，通过一定的方式、策略，对其作为发展主体的存在及功能体现状况予以优化。

调动学生发展的自主性、独立性、能动性和创造性。教育者应尊重学生、信任学生，让学生"自主生长、生态发展"的内驱力和自觉性增强。教师是学校教育发展的关键。教师的发展是典型的生态生长过程，体现为一定的阶段性，应结合阶段特点实现培养、发展。生态型教师发展要注重阶段的针对性，使内容、方

法、模式等同教师在不同发展阶段的不同需要相匹配，还要注重价值观引领下的教育理念和专业精神的不断重构，使教师在各阶段葆有强烈的成就动机和职业信念，自主推进专业发展，从而使教师顺利度过不同阶段，获得良好的发展成效，不断提升专业水平，实现可持续发展。研究重点体现为：生态理念的树立、生态自觉激发的培训、体验和实践的内容与方式（如模块化、工作坊、沉浸式、学习体等）；自主性的发挥和多主体互动的协调（基于个体、自律、自调节、协同性）；平台搭建和机会提供（如专题讲坛、系列活动、体验室、网络搭建等）；队伍优化策略（生态位适宜、师生关系融洽、结构协调、骨干引领、合理流动等）。

（2）课程与项目建设路径研究

《基础教育课程改革纲要（试行）》提出"为保障和促进课程对不同地区、学校、学生的适应性，实行国家、地方和学校三级课程管理"，"学校在执行国家课程和地方课程的同时，应视当地社会、经济发展的具体情况，结合本校的传统和优势、学生的兴趣和需要，开发或选用适合本校的课程"。目前对校本课程开发的一般定义为："在国家课程计划规定的范围内，以学校为课程开发的场所，以教师为课程开发的主体，结合社区和学生，依据学校的性质、特点、条件以及学生的需求，旨在满足学生的独特性和差异性，发展学生的个性特长的课程开发模式。"[1]此定义较好地反映了当前人们对校本课程特点的认识，但是从生态课程观来看，则有几点不足：一是仍将校本课程定位为发展学生个性特长的"配餐"，未能发现校本课程在全面育人生态体系中的基础性作用；二是实质上仍强调行政本位、学科中心；三是未能足够体现"校本"在三级体系之间的联结地位和贯通作用。多尔课程"4R标准"表明，课程对普遍性与控制的逃脱，使其摆脱了作为他律性的文化工具的地位，重新回到文化的母体中，回归到真实的生活中，创建了课程生态性的文化场。[2]这展现出"校本"在课程生态中的重要作用。如果我们能够摒弃学科中心、知识中心，回到学生的发展、人的发展、全面发展的立足点，回归到"家园"来审视，我们就会发现"校本"的重要性，以及校本课程的桥梁和基础作用。从即使是国家课程也要在学校实施中落地来看，可以说一切课程都是"校本"的；从学生的发展必须在具体的学校环境中实现来看，可以说校本是基础的；从课程需要生态性的文化场域来看，可以说校本就是这种境域提供的。国外很多学校并没有统一的教材，而只有一个知识系列的纲要，教师结合学校和学生实际进行课程组织和教学安排，这样的课程生态可以说就是"校本"的。为此，我们应以"校本课程"的构造、创造为中心，并以适合学校实际特点的项目建设为突破口，不断推进学校课程建设，使课程真正走进、融入、成为学生的生活，以真正实现人的实在性、全面性发展的课程旨归，促进学校生态型发展。研究的重点为：多级、多维课程整合的方式（以"校本"为中心、结合核心素养、分权整合式研发、跨学科融通等）；优化学校课程生态场（基于学生发展主线、多元的可选择性、丰富的课程形式、课程的生态承载力、课程生态群优化等）；课程的项目化推进（特色项目、项目体系等）；课程实施的生态性方式（课堂的生态性、与场景的适应、与环境变化的适应、评价的生态性等）。

（3）管理变革路径研究

组织变革。在学校生态型育人中，学生和教师是主体性因素，学校的组织结构要保证其主体性作用的发挥。如果把学校视为一张生态网的话，学生和教师的主体性是这种网状结构的骨架和节点。要形成良好的网状管理生态，推进权力非中心化，权力重心下移，促使管理由"外控型"向"内生型"转变。以学生发展为核心，师生主体管理为支撑，学校行政管理为协助，由学生发展的内层需求决定外层工作方向，外层为内层服务，实现学校行政机构"大服务、中指导、小管理"的职能转变。研究重点为：型态变革（如"基本+适变"型、"内生+自组织"型、"扁平+交叉"型、"圈层+射线"型、多中心分布型等）；流程变革（反馈—互动机制、适应—重构机制、平衡—演化机制、链式关联、协调制度等）。

方式变革。作为学校生态型育人，整体性、开放性、平衡性、成长性、可持续性等都是极为重要的标准，因此在管理方式上，必须对此给予体现，应当形成追求管理的广泛性、关注管理的延续性、珍视教育生态的多样性、强调学习成长的深入性、注重管理的柔韧性等特点。研究重点为：自主型管理、学习型管理、关联型管理、弹性管理、差异式管理。

文化变革。学校文化是学校组织发展的内在动力，学校组织中形成的价值观和文化氛围具有重要的凝聚和激励功能，能促进学校组织的优化，提高学校育人的效能。生态型育人的发展，必然要在文化上予以体现和支持。以生态理念促进学校组织文化建设，既要关注师生主体地位、组织凝聚力的形成，以及组织成员间的合作和组织的效能，还应在战略发展重点上着眼于增强组织的情感导向，形成共享的价值观念，体现民主和谐、竞争协同、继承创新以及生命意蕴、文化自觉等特点。研究重点为：物质文化、精神文化、制度文化，以及区域—校本特色文化、校园有机更新等。

（4）学校开放路径研究

学校是一个开放系统，应不断与外部进行物质、能量与信息等交换，这是由生态发展"关注环境变化"的特点决定的。从物质、能量来说，对外界开放，可以更好地互通互联、资源整合、互补共享。从信息来说，对学校育人尤为重要。当信息生态链中没有实现充分的信息共享时，信息流的两端必然出现信息不对称的情况，当它们之间共生共变的关系缺乏某种正式的制度或组织形式予以保证的时候，决策就是分散的，而信息不对称和决策分散必然造成资源的浪费和效率效益的降低。所以，信息生态链上的各主体需要通过一定形式开放兼容、联合起来，以开放性达到整体性。学校的对外开放中，家庭、政府、社区、网络是无法回避的几个方面，要积极对家—校、校—政、校—社、校—网间联系的载体及其运行机制进行研究，充分挖掘其功能，通过对相关因素的整合，实现发展的最大功效。研究重点为：家校开放、校政开放、校社开放、校网开放的平台、机制、模式等。

2. 生态育人实施策略研究

生态学"自主、共生、平衡、多样性、可持续"理念体现在学校生态型育人路径的各个方面，需要结合育人实际进行实践策略研究。具体研究重点如下。

① 生态学"自主、共生、平衡、多样性、可持续"理念与学校育人的契合性以及其对育人策略的变革、优化。

② 以上理念在主体优化、课程建设、管理变革、学校开放等路径方面的实施策略。

③ 整体性范式的研发与项目式推进具体策略的融合。

二、理论与实践的逻辑框架

（一）厘清学校育人基础要求与教育生态特点联结点

用生态特点观照学校教育教学及用教育生态原理指导学校育人（见表1-3-1）。

表1-3-1　学校育人基础要求与教育生态特点联结

生态特点	学校育人基础要求与教育生态特点联结点
自主自觉	教师、学生双向自主自觉发展，教师重视学生主体地位，学生成长促成教师自主发展
群体共生	学校群体动态共生，相互作用、相互适应、协同发展与进步。群体目标、规范、向心力影响群体动力。个性和群体双向发展，面向全体学生，兼顾个体。群体共生是学校生态育人重要目标，群体道德、价值规范应体现互相尊重、温馨和谐、公平竞争、乐观进取，建设充满创造激情和向心力、富有生机的学校
平衡和谐	生态平衡强调主体间以及其与环境间的依存与和谐、平衡与稳定。良好的学校教育是"外环境"和"内环境"和谐关联、具有良性效应的生态系统。学校的"内环境"必须融洽合作。和谐可体现为个性发展与全面发展的和谐、教与学的和谐、师生关系的和谐等
多样性	教育生态应体现多元化与差异性，多样的个体才具有更多的创造性和活力，也有利于维护系统的稳定。尊重学生的独特个性不仅是人格尊严的人文伦理问题，同时也是教育心理互补和社会人格互动发展的必须，以丰富性、多样性培养创新精神和学生个性是育人策略和评价体系的重要目标
可持续	重视学校制度、教育教学、师生发展、质量提升、文化建设、环境设施等方面的前瞻性发展、连续发展、整体发展、协调发展、平等发展，克服发展中的短期、短视行为。重视学生主动性和学习能力培养，为学生终身发展奠基

以"学校"作为研究的主阵地，将生态发展的相关特点和原理同中小学学校育人的教育规律相结合，以发展路径为抓手，梳理学校育人的生态系统逻辑结构以及其为基础的学校育人策略体系，从主体优化、管理变革、环境开放、课程建设、课堂创新、文化浸润六个方面进行细致的探究，结合生态特性提出发展策略，突出学校育人的重点，整体带动和促进学校生态型育人。

（二）设计研究路径

从当前学校育人实践中存在的典型问题出发，结合学校生态育人的研究现状,构建学校生态型育人路径;以生态学"自主、共生、平衡、多样性、可持续"理念为引导,探索学校育人相关策略(见图1-3-2)。

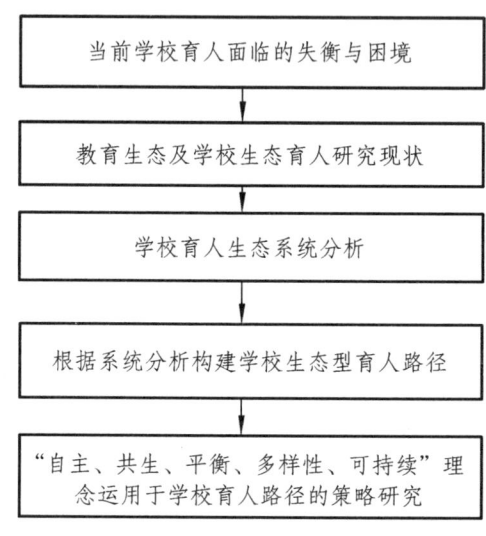

图1-3-2　学校生态育人研究路径框架

同时,根据探索及实践要求,开发探索五点技术路线。

① 寻找支撑点——实现以人为本的全人教育、立德树人、五育并举,树立培养核心素养的理念。

② 坚定立足点——促进学生、教师发展和学校育人,促进学生全面及多样化、个性化成长;满足教师专业化和实践性发展;体现学校特色化、持续性提升。

③ 找准结合点——将全人教育、创新教育、多元智能开发、体验教育、核心素养培养目标等有机结合。

④ 突出开发点——整合项目、资源与环境,结合创新教育、潜能开发、个性发展,开发建构学生潜能激发课程;深入挖掘体验教育内涵,培养良好的思维素养和文明习惯。

⑤ 着力切入点——以点带面,逐步实施,科学管理,注重师生和谐共进,开发利用生态资源,以校本课程为切入点,及时建立相应的课程制度、过程管理条例以及包含行政支持、经费支持、基地建设在内的管理系统和支持系统,促进教育教学观念更新及育人特色发展。

(三)建立探索及实践框架

构建"六维四阶"学校生态型育人基本路径结构(见表1-3-2)。

表1-3-2 学校生态型育人基本路径结构

四阶联动	阶段	因子分析	资源匹配	项目推进	生成演进
	机制	敏感—动力	条件—适应	操作—抓手	生成—反馈
六维整合	主体优化	学生行为习惯差,学习基础薄,自信不足	务工家庭,吃苦耐劳,体育优长	阳光军体教育、生涯规划、善美教育等	完善积累,突破更新,成果效果
		教师专业不深,创新不足,发展主动性弱	教风淳朴,军属较多,教育经验丰富	教师研修院、青蓝工程、教师幸福工程等	
	环境开放	封闭单一,缺乏平台	家校社支持,整合资源	社区生长计划,数字互联	
	管理变革	僵化割裂,协同不足	层级调整,结构演变	现代治理,组织变革	
	课程建设	单一、固化,不够平衡	多样化课程,校本化实践	课程体系构建,特色项目	
	课堂创新	活力不足,方式陈旧	课堂生态性发掘,技术引入	生态性课堂,双线融合	
	文化浸润	特色不显,传承不够	地域、家风文化,敬业奉献传承	善美文化,阳光文化,校园有机更新	

根据学校生态型发展,构建"六维整合、四阶联动"基本路径结构,"六维"包含学校育人的六个重要方面:主体优化、环境开放、管理变革、课程建

设、课堂创新、文化浸润等;"四阶"就是从因子分析、资源匹配、项目推进、生成演进四个步骤逐渐推进,其中,因子分析注重对敏感因子的提取,即在系统全要素中抓住对问题解决、发展推进最关键、最活跃、最能产生改进效益的敏感性因子,来作为生态优化推进的动力点。六个维度和四个阶段协同作用,共同促进学校生态型育人有序发展。

注释

[1] 郑晓梅. 我国基础教育校本课程开发的取向[J]. 教学与管理,2003(11).

[2] 黄长平. 校本课程生态场的作用及其优化策略[J]. 教育科学论坛,2017(1).

第四节　学校的探索与实践

一、探究与实践活动的组织与展开

(一)立项论证和现状调查

2016年5月,本研究进行了开题论证,省、市教科院专家莅临指导,专家们肯定了本研究在普教项目中对于学校育人的重要作用,并给予了建设性意见。学校根据专家意见进行了研讨和修改,对相关概念进行了详细的说明,着重研讨了教育生态特点与学校基础育人核心指标的共通点、联结点,确立了路径建设的措施,全面启动,局部突破。

通过问卷调查、资料查看、座谈、访谈等方式,课题组对课题研究相关情况进行了三次深入的调查和梳理,查阅学校报告、教育局督导评估意见及相关工作记载等资料近30万字,分析了研究对象学校育人的现状。

1. 学校基础条件薄弱

研究对象是成都市武侯区城郊一所涉农初中,学校基础条件较薄弱,生源、师资、硬件设施等各方面都不具备较大优势，连续多年均衡监测都居于区级后位。校舍和运动场馆生均面积严重不足，学生活动空间有限，学校开展教育教学活动受到一定限制。

2. 学生主体发展意识薄弱，综合素质不够全面

学生生源素质相对不高，多年来入学检测水平均在区内中下程度。

3. 教师发展的平台欠缺，专业发展的意识不够强

教师学习深入程度不够，思想较封闭，有的创新意识不强，信心不足，学习积极性不高，探索创新的动力不足。教师专业化发展和教学教研向更高层突破有一定难度，学校育人遇到了发展瓶颈。

4. 学校育人措施单调，特色重点不突出

学校在育人上过于注重平稳和常规，育人措施简单平直，缺乏聚焦点和创新性。以特色和重点带动整体育人的路径不明显。

（二）在调查的基础上，对研究问题进一步聚焦

1. 聚焦重点问题

课题组对学校教育中背离生态型发展的问题进行了调查和集中探讨。根据对研究对象的深入调查，明确了学校基础条件及发展困境，发现了一些学校育人背离生态原则的状况。在结合实际状况的细致分析中，课题组经过反复研讨，将研究问题进一步聚焦，概括出学校育人生态发展方面需着力研究和解决的重点问题：学校育人价值取向陈旧、发展单一；学校育人割裂偏畸，缺乏系统协同性；学校育人外控被动，缺乏主体性；学校育人闭锁单调，缺乏开放性；学校育人过于注重普通常规性，缺乏特色引领。

2. 解决问题的重点导向

用生态观分析出学校目前发展困境中的最大问题就是缺乏活力，缺乏生机，学校环境不够生态，缺少活力；学校文化建设氛围缺乏特色和风格；管理机制不健全，民主管理需加强；课堂教学堆砌时间较多，效率不够高，课堂教学特色不足；学校校本课程及活动开展较单一，不成体系；学校开放性不足，信息较为封闭，主体缺乏动力。研究组进行分析诊断，明确了学校生态育人的路径，即走内涵生态发展途径，以学校生态型育人研究为主干，力图发现当前学校发展的共性现象，找出在教育中影响生态性结构的因素，引入

学校生态型育人的原则和技术，既能够解决当前学校面临的困境，又能为学生快乐学习、健康成长的幸福人生奠定更好的基础，研究和探索出现代学校生态型发展之路。

为此，研究组提出对主体优化路径、课程建设路径、管理变革路径、系统开放路径等六个维度进行调查和研究，对学校现状进行了详尽的分析和评估，并提出了顶层设计、整体架构以及阶段实施重点任务，促进学校育人组织变革、文化生成、课程多样、课堂创新、环境开放、主体优化。

（三）细化推进策略，分段研究相关内容

1. 整体设计，阶段推进

（1）准备阶段

开展问卷调查和访谈，多角度确定管理制度、文化建设、课堂结构、课程建设、教育生态环境开放等方面的研究重点。

（2）探索阶段

迅速推进分项研究，推动学校生态管理和生态文化建设实践。一是优化教育文化环境。二是构建生态型扁平化民主管理组织，解决学校育人的矛盾，并促进教师自主发展。三是促进生态性课程建设和生态性课堂构建，促进教学效益突破性发展。四是组织多方面德育文化实践，提升师生生态意识，创设特色德育生态文化活动，开展"军体固本，立德砺能"阳光军体、"摄美"摄影艺术教育等文化实践。五是构建家校社多元共生、生态共育模式。

（3）总结阶段

整理资料，总结提炼，形成、验证成果。

2. 丰富研究推进措施

（1）邀请专家到校讲座

学校成立项目研究专家咨询组，聘请全国及省、市、区教科院专家对本研究跟踪指导。邀请研究开展涉及的外系统专家到校指导，如四川大学生态学教授、部队官兵、摄影协会艺术家、文联作家等，与师生深度互动，协助学校育人课程建设和活动开展。

（2）加强研究力量水平提升

加强教科研氛围的营造和教师教研专业化水平的提升。学校外派了50多人次

到北京、上海、南京、广州等教育发达的城市学习，围绕教育生态、极课、智慧教学、大数据、精准教学、教科研提升等方面，营造科研氛围，提升教师教科研水平。加强教科研的投入。学校围绕研究活动开展、专门书籍购买、理论学习强化以及组织教师参加相关培训等投入经费30余万元。

（3）建立和推广研究实验试点

明确试点部门、试点班级及"种子教师"。规范和明确学校管理科室的职能与生态型育人的关联度。逐渐推广"种子教师"的教育教学经验，建立研究合作与交流机制。

（4）营造研究氛围，培育研究"气候"和"土壤"

细分设立分项课题，培育学校科研文化，改善学校学术生态，营造浓厚的科研氛围。将项目研究同学校整体工作深度融合，为研究提供优良的"气候"和深厚的"土壤"。

（四）确立学校生态型育人路径实践策略

1. 寻找理论和实践结合点，确立学校生态型育人的实践策略

根据教育生态规律和教育教学理论，从学校教育角度研究学校与外部生态环境之间以及教育内部各环节、各层次之间本质的、必然的联系，确立学校生态型育人的核心发展指标和发展策略：师生主体优化策略；开放多元发展策略；平衡调节策略；适当竞争机制与协同进化策略；资源配置良性可持续策略等。

2. 梳理学校育人基础目标，开展多维整合的学校生态型育人重要策略研究

首先，从生态角度开展学校多维整合发展策略研究。进一步深化学校生态型育人的多维整合策略，优化校园文化教育环境、深化阳光德育、实施多元课程和生态性课堂、细化民主管理、凸显师生自主发展、建构多元生态共育模式，推进学校生态型全面发展。

其次，进行"115"学校生态发展管理顶层设计。学校以本研究为统领，依法治校、文化立校、质量强校，克服学校区位偏、面积小、生源弱、条件不足等劣势，提出了"115"学校生态发展管理顶层设计体系："坚持一种引领、紧扣一个核心、依托五重突破"，即以文化建设为引领，以质量提升为核心，以治理变革、多元共育（环境开放）、师资强教（主体优化）、课程多样、课堂

创新为五重突破，全面、系统推进文化建设、管理优化、质量提升、特色形成等工作，不断营造良好的教育生态，努力建设"小而精"的生态良好、高位发展的优质学校。

最后，建构学校生态型育人新样态。根据整合分析，初步构建了学校生态型育人样态。在这种新样态理念下，学校特别强调自主可持续发展、多元和谐发展、平衡共生性发展。

在一系列理论的探究和实践的探索下，研究对象学校在生态育人的研究方面取得了一定的成效，有力地推进了学校的全面育人和高质量发展。

二、主要的创新与成效

（一）主要创新之处

第一，本研究以"学校"作为研究的主阵地，开展学校生态育人的探讨，改变对以往教育生态学研究中较少关注学校层面的情况。

第二，梳理了学校育人的生态系统逻辑结构以及以其为基础的学校育人路径框架。对生态型育人发展路径的研究，既是对现有研究缺失的补白，也是对学校生态式发展实践维度和适宜层次的确立，既体现了实践的可操作性，又不囿于具体的生态发展方式和指标的微观、细碎，侧重于策略的指导，搭建了理论和实践的桥梁，具有较强的简约性、要核性、通适性。

第三，将生态发展的相关特点和原理同中小学学校育人的教育规律相结合，以发展路径为抓手，着重从教师、学生、管理三大板块，分多个专题展开细致的探究，结合生态特性提出相关发展策略运用，突出学校育人的重点，整体带动和促进学校生态型育人的高效优质推进。

（二）探索实践的初步成效

经过不断的探索和深入的实践，学校育人整体态势得到极大改善，师生精神风貌更加昂扬，师生发展及办学成绩取得长足进步，学校及师生在各级各类竞赛评比中荣获了更多的荣誉和奖励。

第一，通过生态型育人理念在学校工作中的运用，学生素质及学业水平有明显提升，学生发展状态优化。近年来，学校教育教学质量稳步提升，校风优良，学生素质发展全面，社会满意度高。学生学业质量有较大进步，得到了家长和上级主管部门认可。中考被省级示范校录取率从三年前的23.21%上升为40.57%；一次性合格率和全科合格率多居全区前列；入口与出口重点率增幅比居全区最高，2022年达150%。学生综合素质提升明显，参加各级比赛成绩突出。近三年来，学生参加科创、艺术、体育等多方面的活动，获得全国奖30余人次、省级奖200余人次、市级奖500余人次、区级奖励逾千人次；学生区级以上获奖率从37%上升到68%。在学生整体、全面发展良好的同时，特长生、优长生不断涌现。如张欣同学获得2019年"感动武侯"十大人物提名奖和阿里巴巴天天正能量"全国好少年"评选四川地区前十名等荣誉。

第二，教师教育理念转变，能够用生态型育人理念引领德育、教学及自身成长，教师专业发展成效显著。近三年来教师参加说课、赛课等专业比赛获得国家级一等奖、省级一等奖、省级二等奖共20余人次，市级一等奖、市级二等奖30余人次，区级以上奖励61人次。教师各类获奖区级以上达到238人次，全校教师个人区级以上获奖占比率近95%。多名教师的论文发表在《中学语文教学》《四川教育》《教育导报》等重要教育刊物上，教师出版教育专著两部，多人参与教辅读物编写。教师强化专业发展，6人获硕士研究生学历，区级及以上名优教师占53%。全校90%教师参与科研课题，主研省级课题3个、市级课题5个、区级课题10余个，获得省一等奖1项、二等奖2项，市、区级奖10余项。教师微型科研课题百余个，获得区级以上奖52人次，区级微型课题"家校社多元共育生态模式实践研究"获区一等奖第一名。

第三，研究的推进与实践探索，使学校焕发了活力，取得了突出的成绩，社会影响更加广泛。随着研究的不断推进和深入，学校逐渐突破发展面临的问题，改变了发展状态。近年来，学校通过统筹开展生态型育人项目，努力推进学校生态化、优质化可持续高位发展，开展整体性、系统性项目实践，学校整体办学水平、教育质量大幅提升，随迁子女入学待遇同城化效果日益明显，家长、学生满意度不断提高，社会影响日益向好。学校获得了全国国防教育特色学校、全国青少年校园篮球特色学校、全国生态文明教育特色学校、中国教科院综合改革实验学校、全国阳光体育冬季长跑活动优秀学校、成都市新优质学校、成都市阳光体育示范校、成都市教育系统优秀基层党组织、成都市国际理解课程实验学校、成都市廉政文化进校园示范学校、成都市文明校园、成都市绿色学校、武侯区优秀

家长学校、武侯区家庭教育示范校、武侯区十佳教职工社团、武侯区五四红旗基层团组织、武侯区优秀文明单位、武侯区"六好"基层先进集体、《中国德育》联盟校、新教育实验学校、全国新生命教育基地校等荣誉,学校参加区教育综合督导评估连续被评为优秀等级。

第二章 教师篇
——生态育人的动力与生成

第一节 基于生态观的教师专业发展

一、问题的提出

教师是影响学校育人质量诸因素中最核心和最关键的因素,尤其是生源质量构成不占优势的情况下,教师就是学校最宝贵的资源,是学生和学校可持续发展的动力支撑。教师的专业水平极大地影响着学生的发展水平和学校的办学水平。纵观全国发达地区在教育发展上不断取得的成功经验,均可明显观察到教师在教育理念更新升级、教育能力水平提升方面所起到的重要作用。因此,立足学校实际情况,结合本地区的教育发展导向,认真做好"教师专业水平发展促进教育质量提高"专项研究,切实提高全体教师的教育专业水平,是做到面向全体学生提供优质教育的前提和关键。

对于教师专业水平提升与发展这个难题,我们从时代需求和学校发展需求层面进行了思考,对"到底应该培养什么样的教师和怎样培养教师"开展了敏感因子分析。

(一)时代教育发展对教师专业成长需求迫切

首先,"互联网+"时代的来临给传统教育带来了巨大挑战。学校教育正在发生深刻的历史变革,教师专业成长也在经历着悄悄变革,促进教师专业发展已成为教育改革的一个重要课题。

其次,教育及学校发展都必须依赖于教师专业素质的提升。没有教师的专业发展,新课程改革也就难以真正落实。对此,诸多政策的出台也进一步显示了教师专业化发展的重要性。2012年教育部专门发布了《中学教师专业标准（试行）》，对教师专业理念和道德、专业知识、专业能力、终身学习等进行了详细的要求。十九大报告提出："加强师德师风建设，培养高素质教师队伍，倡导全社会尊师重教。"教育部等五部委联合下发的《教师教育振兴行动计划（2018—2022年）》要求："从源头上加强教师队伍建设，着力培养造就党和人民满意的师德高尚、业务精湛、结构合理、充满活力的教师队伍。"时代教育发展和政策要求都进一步凸显了教师专业发展的必要性和紧迫性。

（二）教师应主动促进自身专业发展

从生态观的角度看教师的专业发展，我们既要关注外在的因素和措施，同时也要探寻影响教师专业发展机制的内因。在过去的研究中往往过于强调外在环境的控制性和强迫性，较少从人文、社会关怀角度思考教师专业发展，忽视了教师自身学习的重要性和紧迫性。例如，从国家到地方，不同层面都开设了"国培计划""骨干教师培训""名师工作室项目"，以及线上继续教育培训等一系列教师培训课程，为广大教师提供了学习、实践、提高的良好平台，但是教师在主动参与、真正落实专业成长、着力内涵发展等方面还是不足。

（三）学校高质量育人迫切需要高素质的教师队伍

研究对象学校地处城乡接合部，学校基础硬件、生源结构、师生基础素养都不占优势。其中，学生构成以随迁子女为主，外来务工和本地失地农民子女占75%，学生入学成绩多在全区中后，生源素质相对不高，学生自主能力薄弱，沟通交流能力较弱，缺乏自信心，自我表现力较弱，缺乏学业规划和创新学习能力。教师则有专业发展欲望不强、眼光较封闭、创新意识不够、信心不足等问题，学校省、市级骨干教师和学科带头人严重缺乏，教师专业发展和教学教研向更高层突破仍然有一定难度。社区教育生态环境也不够成熟，周边教育过度竞争对学校发展冲击很大。

面临发展难题，学校重新起步，选择内涵式发展方向，以教育生态建设为引领，走生态型发展之路。面对较弱的生源质量，学校不抱怨、不放弃，力图通过优化师资质量来为周边学生提供持续优质的教育服务。对此，学校迫切需要开展"教师专业化成长"专项研究，切实提高全体教师的专业水平，并用良好的道德修养、健康的心理素质、开拓的创新精神和精湛的教学艺术等实现学校、教师、学生的良性生态可持续发展。

二、相关概念与思路

（一）相关概念

1. 教育生态观

教育生态学的基本思想是平衡、协同、联系、动态。"教育生态观既是一种教育理念，也是一种教育实施策略，它是一种系统观、整体观、联系观、和谐观下的教育观。"[1]其目标是为了促进人的全面发展，其实质是把教育发展看作是全面的、系统的、协调的和可持续发展的生态过程。教育生态观认为教育发展具有整体和谐性、多样共生性、动态开放性、自主独立性和可持续性等特点。教师专业发展也应该具有这些特点。

2. 教师专业发展

教师专业发展是指教师作为专业人员，在专业思想、专业知识、专业能力等方面不断发展和完善的过程，即从新手教师成长为专家型教师的过程。[2]教师在整个职业生涯中，需要依托专业组织，通过终身专业训练，习得教育专业知识技能，实施专业自主，表现专业道德，并逐步提高自身从教素质，成为一位良好的教育专业工作者，也就是从"普通人"变为"教育者"的专业生态发展过程。[3]强调教育生态系统，强调自主发展完善，是基于教育发展规律和教师成长规律的综合考虑。

（二）解决思路

首先，从方向上，在教师内生性、自主性和生态性发展上深入探索。生态取向的教师专业发展主要是指"将教师的成长植根于专业发展的生境中，通过个体的学习、实践与反思，借助教师社群间的信息传递、合作与竞争、专业技能承接等方式，形成教师之间自然合作的文化氛围，建构互利共生的教师专业发展的生态圈，促进教师专业发展"[4]。对此，我们可以把教师的发展看作在一定文化中发展的生态系统，教师是这一生态系统的主体。由于教师专业发展有其自主性、开放性、共生性、连续性和内外协同性等特点，因此，激发教师的内生性、自主性，实现其生态性发展值得我们深入探索。

其次，从方法上，从教育生态观的角度去思考和探索促进教师专业发展的运行机制和策略方法，为普通教师的可持续专业成长提供路径参考。由于学校的转型、生源结构的改变，研究对象学校教师的生态性专业发展实践研究显得尤为重要。因此，以理论与实践相结合为原则，学校从教师专业发展的主要矛盾入手，处理好经验、现实、未来之间的关系，需要、满足和激励之间的关系，尽力做到师资队伍能力优化与理念更新同步，教师队伍建设与管理机制的完善同步，将有效的实践成果及时推广，推动学校乃至区域的教师队伍建设工作的健康发展，同时也为其他同类学校提供借鉴参考。

最后，从路径上，基于教师专业发展特点和素质需求，提出激发教师专业自主发展的可行性策略。针对这个问题，需要分析教师专业发展所处的生态环境，以及对自主发展的影响因子，然后"对症下药"，从自主、互助、团队建设等多个路径构建基于生态观的教师专业自主发展策略。

三、主要内容与策略

（一）聚焦发展核心问题

学校教师在转型时期存在着专业发展问题与困境（见图2-1-1）。

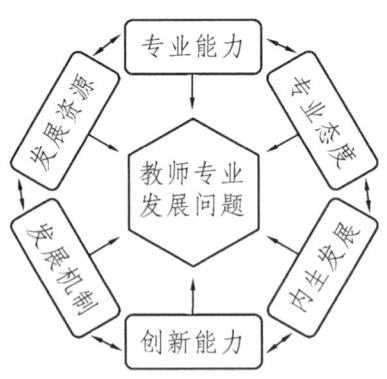

图2-1-1　教师专业发展核心问题

一是教师专业知识结构不适合新课程标准的发展。学生核心素养培养理论和新一轮课程标准的提出，推动了育人三维及多维目标的发展，但教师在核心素养及多维目标能力培养方面自我更新的能力不强。

二是教师的专业态度有待提升。相当一部分教师不注重教育观念或教育理念的更新升级，教师的教育情操弱化。一些教师丧失了幸福感、自豪感，事业心和使命感也相应降低。

三是教师发展内生力不足。由于学校教师整体年龄偏高，青年教师占比较小，教师内生自主性发展不强；学校激励教师内生发展策略也不够；学校发展目标与教师发展目标不匹配；教师发展形式单一，缺乏系统性。

四是创新能力不够。平常的教学活动能顺利实行，但特殊的技能，尤其是优化教学设计的能力、教学评价的能力、现代信息技术的运用能力、校本课程和综合实践课程开发能力等则明显不足。

五是教师专业发展的保障机制有待完善。优质师资来源不足；社会升学压力让学校过于注重考试科目教师的发展，忽视其他学科教师的成长；骨干教师队伍培育不足；评价保障机制片面、单一且陈旧。

六是教师专业发展资源不足。主要体现在教师专业发展的学习资源、平台资源不够，学校内部也缺乏榜样型教师引领。

（二）寻找发展突破口

对于教师专业发展，Hargreaves Fullan（1992）指出，教师发展可以从知识与技能的发展、自我理解和生态改变三个方面来理解。Day（1999）提出一个综合性的概念，教师专业发展包含所有自然的学习经验和有意识组织的各种活动，以能够提高课堂的教育质量为目的。Evans（2002）则认为教师发展是教师在态度和专业表现上的改善过程，其中态度上的发展包含智识性发展和动机性发展，功能上的发展体现为程序性发展和生产性发展。[5]

教师专业发展是教师通过不断地学习、反思和探究，不断接受新知识、提高专业能力的过程。教师专业发展强调教师的终身学习和终身成长，贯穿职前培训、新任教师培养、在职继续教育直至教职结束的整个过程，包括知识、技能、师德、认知等向上发展。

通过文献查阅，我们对想要研究的方向做了初步了解，以知网数据库为基础，关键词查阅结果："教育生态观"318条，"基于教育生态观"122条，"教师专业成长"9 311条，"教师专业发展"4 200条。研读部分文献后发现，国内外关于促进教师专业发展的研究比较多，成果也较丰富。但用教育生态观审视教师专业发展的研究并不多。关于教师专业发展路径也有不少可取建议，如通过教师专业阅读、教育写作、课题研究等方式，但大多浅表化、碎片化，没有形成体系化的培养策略。

从理论研究来看，影响力比较大的研究成果包括美国心理学家和著名学者波斯纳提出的"经验+反思=教师成长"论述。苏霍姆林斯基给教师建议中强调的师德品质，以及认为读书就是一种真正的备课，也是教师成长的重要力量的观点。我国著名的教育专家朱永新教授在"新教育"研究中提出的教师"专业阅读、专业写作、专业成长共同体"为基本框架的教师成长方式，校园里以"书香校园、师生共写"等为基本内涵的"十大行动"，以及给教师成长提出的"缔造幸福而完整的教育生活"新理念等，从理念和理论构建上都给我们提供了重要参考。

鉴于此，我们充分吸收国内外的研究成果，并用教育生态观研判教师专业发展问题，用生态学原理去构建教师专业发展策略与成长体系。基于生态观的教师专业发展，其本质是教师自主性的发展，是教师不断超越自我、实现自我的过程，其根本动力源自教师内在的自我更新激励，需要内化外在的客观要求。这里的专业自主，是专业发展和自我发展两种能力的共同发展，是有条件的自主，是在外在价值引领下的自我完善。通过研究教师专业自主发展的相关理论，让教师专业自主发展"有理可依"，找到生态型教师专业发展的突破口——激发自主性。通过将理论与实践相结合，记录过程，积累经验，用问卷调查法、文献研究法、观察记录法、行为训练法等，逐步探索和构建激发教师专业成长的内在长效机制和学校教师专业自主发展策略。

（三）形成以自主为基础的发展特性结构

首先，人文主义呼唤教师内生性发展回归。人文主义关注教师的内生性发展。人文主义教师专业发展观认为教师在教学中是一个具有能动性与创造性的主体，强调要充分保障教师在教学与自我专业发展过程中的主体性地位。教师专业发展是一个自我发现与自我形成的过程，我们需要把教师当作完整的人来看待，而不仅仅是看重对教师教学能力的培养。[6]对于具体的教师专业发展活动，要注重教师的自我反思与自我理解，与此同时，学校的课程建设及一切教学活动也要为教师专业发展的自我发现和自我形成过程提供必要的信息与资源支持。[7]从这种思路来看，教师自主性专业发展对生态系统的依赖更大，学习成长环境的营造对于教师专业发展的影响明显。

其次，生态视野下的教师专业发展是一个多特性的综合结构。用生态观审视教师专业成长，能帮助我们更好地认识到教师也是这个教育生态系统中的重要组成部分，教师的成长不仅要追溯过去，联系现实的各种要素，还要展望未来，让教师这个有生命的个体在个性化的培养目标下，成长道路更远、更广。因此，生态视野下的教师专业发展具有自主性（内生性、主体性）、开放性、共生性、多样性和持续性等特点，并以自主性为基础和前提，形成一种综合性结构（见图2-1-2）。

图2-1-2　教师专业发展内在特性结构

该结构的主要含义包括以下方面。

一是自主性成长。教师发展一定是以自主发展、自我成长为主，唤醒教师的自我成长是学校的重要任务。生态教育思想强调发挥人的主观能动性。教师基于自身的兴趣与需求，主动去研究和解决问题，是教师主体意识和在教育实践中主体地位的体现，也是教师专业发展的原动力。自主性的激发，就是需求驱动，是对教师内生发展的促进和主体意识的唤醒，是教师专业发展最重要的特性。综合结构其他特性的生成和功能发挥，从根本上说，是以自主性为基础的。

二是开放性接纳。教师只有在开放的系统中才能生发成长的愿望，故步自封、坐井观天、画地为牢不利于教师成长，不管是外部环境的倒逼，还是教师思想境界的提升都需要一个开放的环境才能促进教师反思教学、改革教学模式。[8]

教师作为一个个体，在教育生态系统中始终处于一种生态发展的状态。所以说，教师的专业成长是一个不断充实、丰富、完善、提高的过程，并且具有创新、发展、开放的特点。

三是共生性发展。在生态学视野中，自然界中的各种物种、环境间处于一种互生互补的共生状态，动物、植物和人类之间互相需要，互相支持，构成了一个生生不息的大系统。[9]在教师专业发展中，学校特别强调团队共生性，以学习共同体为解决共生性发展做准备；特别强调互动、合作和团队协作，只有互相渗透、合作共荣、协作共融才能促进团队素质的整体提升。

四是保持多样性和持续性。在生态视野下，教师的专业成长也呈现出多样性的特点。一方面，教师个体间在认知、性格、背景、需求、动机等方面存在着差异。另一方面，教师在专业发展态度和能力上也不同，高素质教师除了能胜任教学外，还应该具有利用现代信息技术的能力、科研能力、与人交往合作的能力等。[10]另外，教师专业发展不是短时行为，必须有长期发展的激励机制和互动发展的文化氛围。学校需要建立一套支持制度，以保障此过程的可持续性。

（四）分析影响发展的关键因子

生态环境因子分析的方式可以帮助我们把握教师专业发展主要矛盾。教师专业发展生态文化圈是由自我、学校、其他教师、学生、制度、社会、氛围等因子构成的复杂生态环境（见图2-1-3），该环境从微观、中观、宏观等维度影响着教师专业发展的自主性和层次性。因此，就需要从这三个层面去思考激发自主发展的对策，同时考虑教师的认知、动机、需求、性格、意识和背景等。

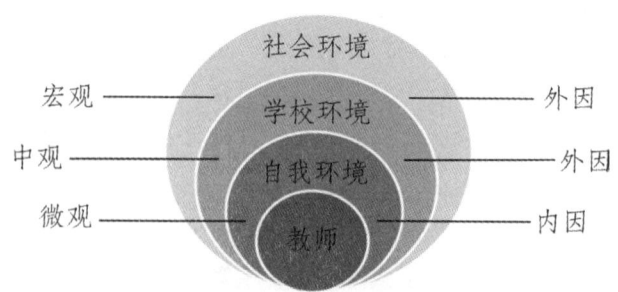

图2-1-3　教师专业发展环境结构

根据以上理论，我们分析出研究对象学校教师专业自主发展存在以下一些关键影响因子（见图2-1-4）。

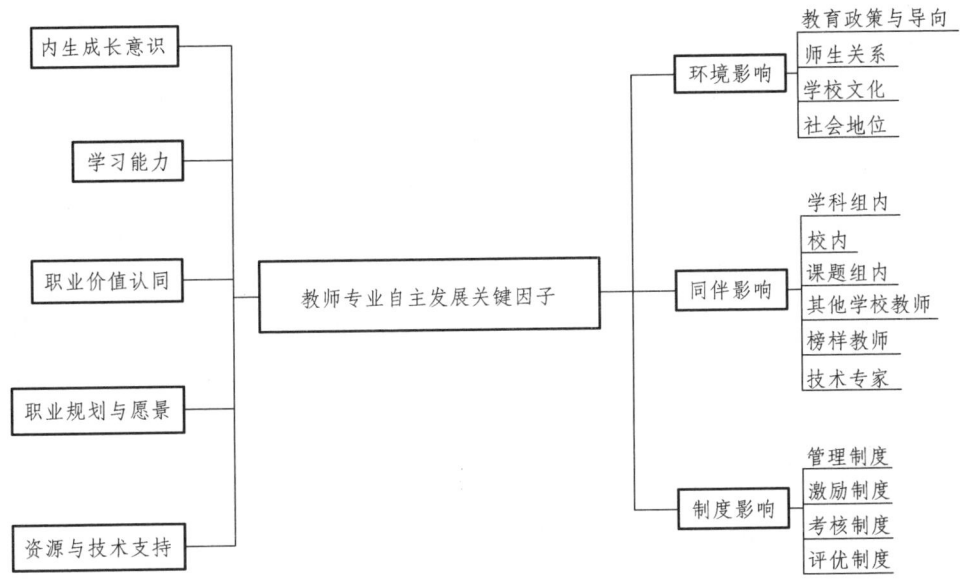

图2-1-4 基于生态观的教师专业自主发展关键因子

结合学校实际，又进一步梳理确立其中最为重要的关键因子（敏感因子）有四个方面。

一是教师发展的资源。学校基础硬件、生源结构、师生基础素养、家长素养都不占优势，各种教育资源整合也不够。据成都市均衡监测数据显示，学校基础硬件监测多年居于全区中学后位，学校资源排位大部分指标居后。另外，学校骨干教师和区域内名优师比较缺乏，"传帮带"资源不足。

二是教育环境影响教师对职业的认同程度。学校生源以外地务工和失地农民子女为主，家长文化程度不高，学生成长环境较差，家校社没有形成良性的有利于学校发展和学生成长的环境。学校周边教育环境发生较大改变，硬件与新兴学校和硬件好的学校相比反差较大，学校转型困难。生源质量的进一步下滑和学校办学的困难，使教师对学校未来发展信心不足，对职业价值和愿景缺乏认同。

三是教师主体性发展。根据师资现状调查分析，学校相当一部分教师创新意识不强，对教研的重视程度不够，对新教育理论与方法学习积极性弱；在教师专业成长方面，教师深度学习力不足，视野较局限，个人成长缓慢，校本教研需大力加强。受环境、生源及软硬件条件影响，教师主体发展疲软，表现为教师专业发展欲望不强，眼光较封闭，创新意识不强。

四是学校激励教师内生发展策略。一方面，学校管理制度不利于教师积极开展自主专业发展。学校存在对教师日常工作的管理缺乏弹性、对教师评价方式单一、对教育目标比较功利、对教师的激励制度陈旧等问题，教师的内部驱动力逐渐被消耗。另一方面，教师发展形式缺乏多样性。由于学校环境不够生态化，缺少活力，管理机制不健全，文化建设缺乏特色和风格，课堂教学效率不高，组织系统封闭、呆板，导致教师发展方式被动，缺乏主体性。教师在职业幸福感较强，能舒展心灵、放飞想象、宽松高洁、明丽清新的校园文化氛围中，能获得足够宽松的自主空间，实现个性自由全面的发展。因此，加大力度完善学校生态环境和制度环境也是激发教师专业自主发展的重要方面。

（五）构建教师自主发展体系

根据教师专业自主发展的生态特点和对研究对象学校生态关键（敏感）因子的分析，我们构建了促进教师自主优化发展的策略体系（见图2-1-5）。

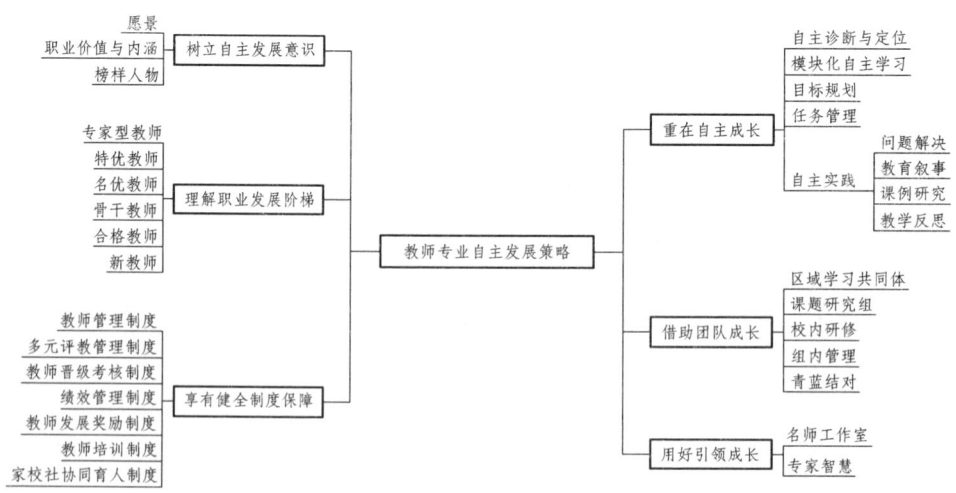

图2-1-5 教师专业自主发展体系

一是树立成长理念和职业信念,具备自我发展意识和发展能力,注重自身职业素养的培育。具体来看,为了激发学校教师的内生发展力,提高职业认同感,学校为教师提供了"教师必读"经典教育类书目和书籍,如陶行知《教育名论精要》、苏霍姆林斯基《给教师的建议》、朱永新《中国著名特级教师教学思想录》、帕克·帕尔默《教学勇气:漫步教师心灵》、于永正《做一个学生喜欢的老师——我的为师之道》、吴非《致青年教师》等,阅读让老师们从丰富多彩的教育名师名家论述和动人的案例中寻找到职业价值与内涵,以情怀树立为根基,以人本和谐为重点,同时习得教育教学、班级管理的方式方法和理念,提高教师的职业认同感、师德素养和教育技巧。

二是把握教师发展的阶段性,以目标为牵引,让教师在希望中奋进。结合阶段特点进行培养和发展,制定阶段性发展目标,并与学校育人目标相结合。为教师制定教师职业阶梯(新教师、合格教师、骨干教师、名优教师、特优教师、专家型教师)对应的软硬件能力要求。特别是让青年教师有更清晰的职业发展和能力储备方向。同时,学校积极为老师们开拓渠道、搭建平台、提供技术支持等,让学校教师既有职业发展愿景,也有职业成长途径。

三是建立专业发展的生态文化机制,建构教师自我发展文化。以机制完善为路径,以渠道畅通为核心,针对教师的职业发展特性,优化学校各类制度,从外因上为教师的"付出与回报"提供制度保障。教师的自主发展离不开内外部条件的共同支持。一方面,发展的根本在于教师内生式的自主管理,价值动力和差异动力靠自主的力量去推动;另一方面,学校的教师发展制度对教师要有导向性和支撑作用。当学校的制度健全化,文化生态化,教师自主发展的积极性自然也会变强。学校制度包括教师管理制度、多元评教制度、教师晋级考核制度、绩效管理制度、教师发展奖励制度、教师培训制度等。从学校层面积极营造良好的管理氛围,打造生态型学校制度特色,加强家校社协同育人,让学校教师能感受到被需要、被尊重、被认可,进而激发老师们更有责任心、更愿意提升自己、更热爱自己的工作。

四是提供多样的教师自主发展路径。自主发展包括教师发展的元认知、自主意识、自主实践、自主策略等。具体来看,学校从三个维度激发教师专业发展的自主性:个体自主成长、团队协作成长和前辈引领成长。分别体现了个体主观态度与自尊、同伴影响和榜样力量三个不同作用力。其中，最关键的是教师的自主成长，包括自我定位、自我规划、自我管理、自主实践和自主学习。借力团队成长方面，校内师徒结对、教研组互助、校内校本研修、科研课题研究组、区域学习共同体等渠道为教师提供学习场景。用好引领成长方面，学校通过"引进来和走出去"，积极邀请专家为教师进行专业指导，让更多的教师加入各级名师工作室，通过名家引领实现教师自身专业素养的提升。

五是模块化自主发展内容。在模块化自主学习内容上，需要注重教师内需性培训内容，构建教师终身学习的内容体系，包括构建以教育科学、儿童心理学、课程标准解读、教学设计与实施、教育法和教师法为主要内容的必修课模块；提高教师人文与科学修养的泛阅读模块；增强教师熟练运用现代教育技术高效开展教育教学活动的信息能力提升模块；以国家课程校本化和校本课程开发案例为主的课程领导力模块；以提升教师自身仪容仪表、语言表达、教学风格与艺术为主要内容的个人魅力提升模块。这些模块训练内容丰富，教师可根据自身需求选择学习，新教师则需在入校前和入校初进行全面学习。模块内容也会不断更新和精简，以便高效利用。

（六）自主发展的具体方法

1. 建立共同愿景和个人成长计划

学校通过无记名问卷调查，了解教师们对学校发展和职业发展的认识与态度，搞清楚学校目标、育人目标与教师个体发展目标之间的共同点和分歧点，然后利用各种场合与方式，积极表达学校发展与教师发展、学生发展共生共进的理念，深挖学校办学文化，以文化人、以文育人。唤起教师们对学校发展、未来教育的共同愿景。教师根据对自己现状的定位和职业的高度定位，确立适合自己的专业发展规划和个人成长计划。学校也积极制定年轻教师三年成长计划、青年教师年度培训计划、骨干教师和名优师三年发展计划等系列规划。

2. 强化教师多元化自我成长路径

根据学校教师的困境，从生态观自主发展角度，学校强化了教师多元化自我成长路径，引领教师自我发展。同时，学校也积极做出相应的支持（见图2-1-6）。

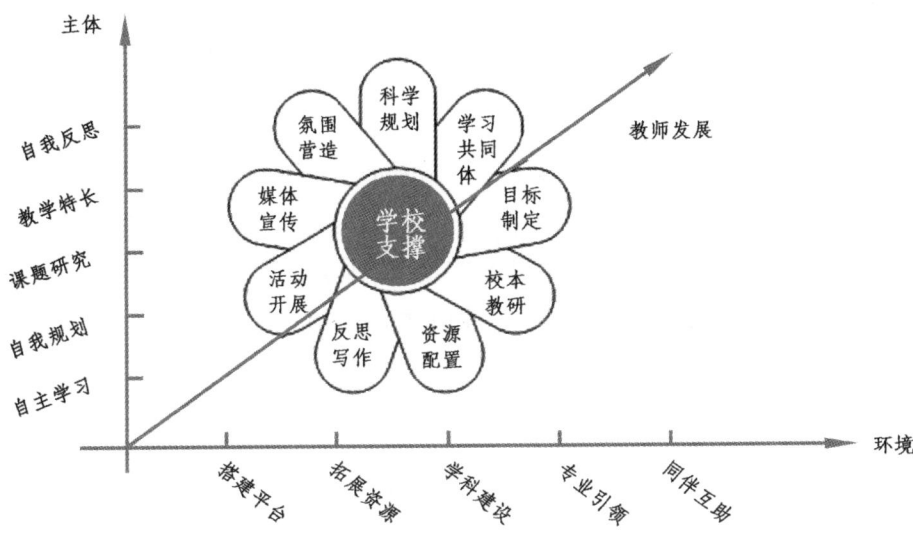

图2-1-6 教师多元化自我成长路径

学校优化生态环境，创设生态成长氛围，夯实教师专业发展的基础；科学规划教师的专业发展方向，多元视角研究教师成长发展问题，找到发展的重点；建设学习共同体和青年教师研修会，积极营造教师专业成长的氛围；确立教师自我规划，形成教师专业成长的"框架"和体系，确立阶段性目标，实施教师阶段性成长规划；搭建"教育叙事"平台，让职业认同成为教师专业发展的动力，让专业反思写作成为常态，串起教师生命成长的碎片，促进教师在反思中成长；通过组建不同形式的教育学习共同体，打造教师成长的生态组织，组建不同的合作团体，构建教师发展的多样生态；加强激发教师内驱力活动的开展，特别是教师职业幸福教育活动的开展；打造梯度发展平台，寻求媒体支持，加强宣传，强化动力，形成教师专业成长文化；完善自主和多元的考评体系，激发教师发展活力；加强校社联动的教育活动，让教师风采充分展示，通过社会认可促进职业成就和幸福感的生成。

3. 构建教师成长发展的机制

（1）多维并进，以行动研究促发展

从教师的阅读、反思、学科教研、课程的校本化四个维度开展行动研究，在行动研究中提升教师专业能力。以学科课程的建设为载体，探索不同学科的学习规律，通过专题教研，发展教师的专业能力。以校本课程的开发为载体，让教师自主寻求专业发展的"生长点"，并持续研究形成特色，在特色生成中发展专业。

（2）构筑教师发展高平台

积极组织学校教师参与课题研究、论文撰写、赛课磨课、教研培训、地市网络学习、片区联盟学习、工作室研修等高平台活动，最大限度地创设教师专业发展的环境。以课题和新教育技术引领带动，提高教师的科研意识和科研能力，实现教师的自身发展。学校加强建设转型时期信息技术与课程整合的融合培训工程，提升教师新型课程研究的积极性。不断总结和提炼教师专业成长的经验，并形成教师成长文化，如课堂文化、研究文化、教师行为文化等。

（3）以生态课堂为抓手，驱动教师更新教学方式

学校以课堂建设为抓手，构建"三段六式"生态课堂结构，促使教师研究和思考课堂教学方式变革。生态课堂的核心特点强调生命、生活、生机、生成。它与传统课堂教学模式不同，生态课堂强调尊重、唤醒、激励生命，努力适应学生的个性发展，为学生的全面发展奠定基础。[11]通过听评"推门课"，当堂会诊、现场交流、及时反馈，帮助教师教学水平快速提高。将"一师一优课"活动和公开课常态化推进，鼓励教师围绕生态课堂研究，生成自身实践性知识和能力。

（4）团队引领策略

充分发挥学校名优教师、骨干教师的作用，与新教师结对，对新教师进行跟踪培养。骨干教师从各个环节精心指导新教师，共生共进。指导教师除了上好示范课外，还要随时向新教师开放课堂及不定时地进入新教师的课堂进行听课指导，让新教师尽快成长，承担起教育教学的重任。与此同时，还将原先比较分散的专业引领资源有效地整合起来，采取"团队对团队"的导师制进行指导，使被指导者（青年教师）受益于"导师团"中不同导师的指导，受到多种风格导师的熏陶。

（5）深入开展教师职业幸福五项行动

以区域推行的教师职业幸福五项行动为契机（包括教师教育生涯回顾展、教师个人才艺风采展、教育教学成果发布、教育思想报告会和武侯教育沙龙），开展"我的教育叙事""师韵武侯·绽放青春""最美教师影展""年度团队拓展训练""我与金中共成长讲坛"等活动，倡导教师快乐工作、智慧生长、幸福生

活,促进教师职业状态和专业水平高质量可持续发展。

4. 深化校本教研

校本教研注重解决教师在教学工作中遇到的问题。教师在探讨、分析、解决问题的过程中,既是研究者又是实践者,是教研活动的主体,研究活动的成效直接取决于教师,只有坚持以教师为本,才能充分调动起教师的积极性、主动性。[12]

(1)校本教研内容从教师中来,到教师中去

以往的教研都是自上而下,内容服从于上级的任务与安排,教师在研究活动中只是实施者和执行者,很少有发言权和选择权。为了激发教师的主动性,学校把教研内容的决定权交给教师,研究什么、怎么研究由教师说了算。各教研团队按照校本教研策略(见图2-1-7),自定主题,有效开展。

图2-1-7 校本教研策略

为了更好地了解教师们的校本教研开展情况,摸清教师们在学期工作遇到的困难和重大问题,学校每学期都会开展《校本教研活动问卷调查》。通过数据分析,由教研组长确定出学期重点解决的问题和每周的教研主题,并将这些问题转化为微型课题,通过学科组共同研究,提出实践解决对策。如语文的"生教生学""批注式学习"、数学的"生讲生学小组合作"、英语的"互联网口语对话能力提高"、地理的"真实情景问题综合解决训练"等。这些问题来自教师实际工作,因此他们感兴趣、有动力,在研讨时能积极参与,畅所欲言,充分体现了教师在校本教研中的主体地位。

(2)营造民主、宽松、和谐的研究氛围

在以教师为主体的校本教研中,学校应为教师自主研究提供舒适的环境,让教师在充满尊重、理解和信任的人文关怀中展开研究。因此,管理者首先要转变观念,由管理转向服务。学校行政班子要经常深入教师中,倾听他们的心声,了解、掌握他们在教育实践中的疑惑,努力为教师营造一个想说、敢说、喜欢说、有机会说的氛围,并以此制订出相应的教研内容。为此,学校实施年级组长负责制,年级组长不仅要进行日常事务管理,还要对年级内学科教师进行校本研究管理,帮助学科教师开展"四个一"工作,即每期一个重点研究问题、一套解决方案、一系列教研活动和一篇研究报告。另外,学校教学部门还会带领备课组研究团队完成全校学科校本培训内容和研究方案制定。

(3)建立团队学习共同体

学校构建了多种形式的发展群体,比如摄美教育课程、劳动教育课程、校园文化建设、精准教学建设等微改革项目组;以阅读与分享为主题的青年教师研修会;各级各类科研课题组、学科备课组;家校教育合作会、校社导师团等。通过共同体组织内的互助共进,促进教师专业发展和能力提升。

5. 丰富教师专业自主发展的共生资源

重视教师的自我需求,开展教育教学实践的反思活动,营造开放、和谐与合作的教师文化,形成具有共同目标与行为准则的教学共同体,整合有利于教师主动学习与和谐发展的各种资源,以促进教师专业自主发展培训策略的落实。

(1)营造教师共生发展的氛围

一是照镜子,进行课堂观察。每位老师上传教学录像,教研组进行交流,针对教学问题进行重点研讨。二是结对子,相互鼓励和指导。三是挑担子,在教学工作中勇挑重担、合作攻关。给予老师们试错的时间和成本,把教学中的问题变成成长的起点。四是量尺子,根据自评表反思自己在教学专业知识、专业技能、教育心理学素养、科研能力、表达与交流能力等方面的进步程度。在此基础上,建立教师成长档案资源,实行自我的发展性评价,并在组内开展多样化的同伴评价,以促进反思和成长。

(2)举行课堂开放周和教学观摩活动

行政、教师、家长在课堂开放周都可以进行教学观摩活动。这种观摩既立足于被观摩教师个体的发展,又有效地促进了学校教研组集体智慧的发挥,特别关注对老师学科知识和学科教学方法的考量，关注老师如何将课改理念转化为实际的教学行为，关注学校教研组内部的交流与合作成效，通过组织这样的教学展示和观摩活动，带动更多的老师关注课堂，提升教学能力。

（3）构建多元共生的校本培训模式

以教师专业成长为根本，着眼教师专业发展需求，着力提高教师的综合素养和教学水平，学校加强校本培训的管理与实践研究，使学校成为教师专业发展的基地。建立多元化、综合化、共生性的校本培训模式（见图2-1-8），包括个体自学、菜单课程、校本培训、协作研修和网络学习等方式，教师结合自身发展阶段和需要，综合使用教师发展范式，即在不同发展阶段，基于个人不同优势，或以某一种为主、其他为辅，或以某几种为主、其他为辅。

基于教师专业发展的开放性、多样性和发展性特点，学校为教师提供了多个选择性学习模块，借助继续教育网、教师研修网、武侯云平台、学科网、武侯教育、省教育资源库等多个资源平台，以及本校教师自制视频、网络相应优质视频、文档等，为学校教师整理和推送模块训练主要内容，在教育学习资源上为教师们提供支持。

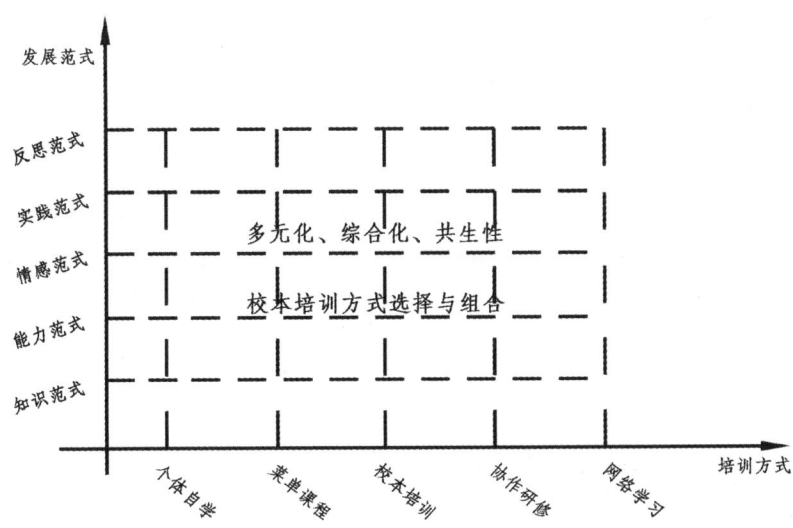

图2-1-8　教师专业发展共生型培训模式

（4）构建名师工作室

学校鼓励教师申报市、区名师工作室，并在校内开展学科及项目名师工作室活动，引领青年教师进行专业阅读、优质课观察讨论、教学实践活动模仿操作、反思式个人分享活动，在学习中获得专业提升。同时，以工作室为平台，邀请各级专家讲学交流，同校外工作室互动教研，共同探讨，促进工作室成员逐步成长为具有独立探究与实践能力的研究型教育者，并在学校整体育人工作中起带头示范作用。

（5）设立青年教师研修院

研修院每月都有专家讲座、理论研讨、实践展示，青年教师研修院的老师们也根据自身关心的话题确立科研项目，在项目任务的驱动之下，积极参与对比实验，主动寻求专家指导和同伴互助，在知识、经验和思维方式上互补共享，发挥各自专业背景的优势，形成专业发展的团队，大幅度提高了专业引领的实效。

（6）依托信息技术开展网络研修

在线听评课、在线组卷、在线阅卷，以及多分系统、极课系统、"三顾云"平台、智慧教育等平台促进了教育资源开放、教学思路分享，深度融合教师业务工作，促进教师教育教学方法的改进、教育新技术能力的提升。比如，利用"学习通"App开展课堂直播和网上研讨，只需要将链接发到学校微信群，全校教师都可以直接观看和评议。

（7）共建教师工作成果案例库，推动研修范式革新

定期收集教师研修成果，建设数据源库。教科室分享论文、案例、课例、报告经验；教导处分享优秀教学课件、精品课例，引领教师学科专业基础知识和教学法知识提升；德育处分享优秀治班策略、优秀班级活动视频，促进班主任队伍专业化发展。

四、实践成效

（一）教师教科研一体化逐步形成

自学校教师专业自主发展文化建设以来，教师们逐步转变过去被动、惰性的状态，开始学会针对教学的疑难问题或紧迫问题开展课堂行动研究和微型课题研究。在阳光德育策略、"一二一"课堂、"生讲生学"分享型课堂、导学案讲学

稿模式、自主合作学习、少教多学模式、生态课堂等方面进行了多项专题研究。近四年来，由学校教师参与并完成立项课题研究18项，包括2项国家级子课题、3项省级课题、5项市级、8项区级课题，其中2项获得省级奖、6项获市级奖、14项获区级奖、10项课题结题。每两年一次的教师微型课题评奖中，教师参与率达到80%，数十项区、校级微型课题结题或在研。这些课题从不同方面及层次回应了学校发展及学生培育的当务之急。通过教科研结合，解决了许多教学过程中的困惑与问题，取得了一系列成果，促进了教育教学质量的提升，促进学校发展向纵深推进。同时，也极大地提升了学校教师的各项业务能力。

（二）教师在教育教学上收获多项成果

近四年来，教师赛课获国家级奖3人次、省级奖15人次、市级奖30余人次；论文在市级以上获奖或者发表达上百人次；全校教师个人区级以上获奖占比近95%；多名教师的论文发表在《四川教育》《教育导报》《时代教育》等重要教育刊物上，教师出版教育专著两部，获省优秀成果评比一等奖一项，多人参与教辅读物编写。有10余名教师在"朗诵教学""诗歌传唱""跨学科融合"等方面形成独具特色的教学个性和风格。

（三）教师校本课程开发能力提升明显

现已形成了《军体固本》（阳光军体读本）、《光影世界的秘密》（摄美教育读本）、《金色年华，生命花开》（心理健康读本）、《礼在中国、礼在金中》（礼仪读本）、《光荣的劳动》（劳动教育读本）等多个校本课程读本，以校本课程为导向的综合实践项目被评为区微改革项目优秀奖。以课程项目形式，极大地促进了教师主观能动性的发挥，丰硕的成果也进一步激励了教师在专业发展上的主动追求。

（四）教师专业发展实践成果影响力扩大

教师素质提升较大，成立区级名师工作室1个，选拔市级领航培养对象1名，20余名教师成为区、市学科带头人或学科中心组成员，区级及以上名优教师占比达55%，省、市级骨干教师达30余名，爱岗敬业、爱校乐学的教风基本形成。学校多次承办区级以上教育教学研讨会及观摩课，如全国新教育展示活动（在线）、市综合实践教研活动、区体育智慧课堂、区化学教研会、片区地理教研会、历史教学研讨会、生讲生学分享型课堂等。教师们的研究成果、课堂模式、自主发展的个人叙事、创新的教学研方式等在区内外推广，并受到中国网、四川教育在线、今日头条、搜狐网、《教育导报》等多家媒体的报道。

注释

[1] 王素玲，苏世宽．高等教育生态发展的教育生态学审视[J]．高等农业教育，2008（9）．

[2] 王蕾．信息技术教师专业发展视域下名师工作室构建机制研究[J]．中国信息技术教育，2019（11）．

[3] 王萍．美国中小学教师教育发展研究[D]．武汉：华中师范大学，2012．

[4] 靳玉乐，殷世东．生态取向教师专业发展的理念与策略[J]．教师教育学报，2014（1）．

[5] 马莹．学校管理对农村教师专业发展的影响研究——基于一所农村小学的个案分析[D]．兰州：西北师范大学，2008．

[6][7] 雷励华．技术扩展背景下教师专业生态发展研究[D]．武汉：华中师范大学，2017．

[8] 谢华兴．教师应该如何呵护自身专业成长[J]．当代教育论坛（教学研究），2011（6）．

[9] 边霞．试论"生态式教育"的基本思想[J]．早期教育，2002（17）．

[10] 浦黎霞．农村小学科青年教师专业成长现状的调查研究[D]．苏州：苏州大学，2010．

[11] 彭嘉宇．浅谈从名师生态课堂中看小学语文教学技巧[J]．教师，2017（1）．

[12] 耿岩．落实校本教研引领教师成长[J]．百科论坛电子杂志，2020（1）．

第二节 生态性课堂构建

一、问题的提出

（一）学校教学面临的问题

现代学校教育工作中，统一性、系统性、技术化、模式化、功利化的倾向严重。浮躁功利的教育目标、对成果的过分追逐使教育逐渐偏离其本质，日复一日地消耗教育者与学习者的生命热情，压缩其个性化、可持续发展的空间。从生态观角度看，学校教育教学发展失衡的问题较突出。

研究对象学校是成都市城乡接合部一所普通涉农初中，典型性较强，在校学生900多人，随迁子女及本地农民子女占全校人数90%以上，其中，外来随迁子女占71%。受地域和环境的限制，教育水平和城区中学有一定的差距，周边环境对教学影响大，社区环境不够成熟，教育资源匮乏；家长文化程度普遍不高，70%以上的学生家长为普高或者中专以下文化水平，教育意识淡薄。学生具有诚实守信、吃苦耐劳、勤劳朴素等优秀品质，但学生成长环境差、自信心不足、知识面窄，文明礼仪、学习能力、遵守规则、交流合作、自立自制、运动与健康、审美与表现、环保卫生等方面的意识和能力有所欠缺，尤其是求知欲望不浓、沟通交流素质较弱、自我表现力较弱，缺乏学业规划技能和创新学习能力，综合素质不高。

全校88名专业教师中有30人进修本科毕业，有的是非师范专业学历，外出学习的机会很少，眼光较封闭；有的创新意识不强，信心不足；有的习惯于凭经验教学，对新的教育理论和方法兴趣不高，学习积极性不够，探索创新的动力不足；学校省、市级骨干教师和学科带头人严重缺乏，教师专业化发展和教学教研向更高层突破仍然有一定难度，学校教学提升存在困难。

经过实践调查，还发现学校存在多方面发展缺乏生态性的问题。如学校教学支持环境差，资源配置不协调；学生自主性和主体性生命发展活力不足，个性发展不充分；教师职业幸福感不足，学校教学发展内涵欠缺等，这些都严重影响教育教学效果和学生能力的培养。

为解决当前学生在融入城市化进程中所表现的综合素质不够全面的问题，提升教育教学发展水平，焕发学校育人生机与活力，学校抓住"课堂"这个促进学校发展和学生素质提升的主要阵地，引入生态性课堂核心构建，既能够解决当前学校面临的困境，又能为学生快乐学习、健康成长的幸福人生奠定更好的基础。

（二）课堂缺乏生态性问题

受到传统工业化及班级化教学影响，传统课堂环境缺乏生态性和活力不足表现在许多方面。管理机制不健全、不民主；课堂文化建设氛围没有特色和风格，个性化教学不强；课堂活动开展较单一，不够灵动；教学组织封闭、呆板，层级固化严重，缺乏活力；课堂不尊重学生成长规律，学生张扬的个性、开放的思想、创新的品质没有得到重视；课堂关注当前学生生命质量较少，为未来升学或就业考虑较多；课堂智慧碰撞和心灵对话不足，课堂共享和互动交流成为摆设；课堂较少关注学生终身学习和持续发展，小组学习、合作学习、探究学习只存在于公开课。

经过调查分析，发现学校学科核心素养研究不够，学生核心素养培养不足，学校发展存在教育生态性问题。利用现代教育理论和教育技术等进行场景营造，可以实现生态性教学方式和生态性课堂的转变，纠正城市涉农初中教学上的偏颇，突破学生多元核心素养培养问题。用教育生态建设引领学校发展之路、学科发展之路，进行课堂教学方式的变革，无疑是较好的选择。

为此，学校开展了生态育人建设，强调教育教学生态有活力，强调观念更新及教师专业成长，强调师生地位平等，强调教学活动有机生态，强调学生阳光健康成长，教学注重实效高效，注重突破课堂环境限制，强调师生沟通，但是课堂教学改革还是有一定的难度。将社会、学校、家长、教师、学生有机整合在一个良性生态系统里，让学生在明丽与清新的校园中健康生活、快乐学习，在宽松的课堂空间里学会责任担当和创新实践，学校课堂生态发展才会有活力，才能培育出全面发展的人。

二、相关概念与思路

（一）相关概念

1. 课堂生态系统

课堂生态系统是在一定的教学时空内，以课堂教学为中心的教师、学生和教学环境相互影响、相互作用的具有信息传递功能的统一体。[1]根据这种理论，课堂生态构成的要素很多，课堂生态因子非常复杂，从维度上有环境因子、生物（人物）因子、教学内容因子、师生关系因子、课堂生成因子。从二级维度还可以细分，比如生物（人物）因子还可以细分为环境、物质、精神等，精神也可以细分为情绪、态度、个性、气质等，各种因子相互交错，构成丰富立体的课堂生态系统，传递有效而富有生机的信息。这种系统不仅仅像计算机网络可以复制和传递信息，而且更如生态环境中生物生长接受各种营养物质并最后选择最佳生存方式成长。课堂生态系统为建构师生共同成长提供了系统支撑和运行平台，生态课堂建设是减负提质环境下普通学校提升教学质量的重要举措。

2. 生态性课堂

生态课堂是指激发课堂生态自觉、遵循课堂生态规律、优化课堂生态效益的课堂类型。生态性课堂就是运用生态学整体和联系观念，在主体与环境、平衡与失衡、动态与静态、竞争与共生以及可持续发展等方面对课堂内容、方式、策略等进行探究引导，使课堂系统具有自主性、多样性、平衡性、共生性以及可持续性等特点，促进学生全面发展、个性发展。[2]

生态性课堂是实施全人生态素质教育，提高课堂学习效率，落实学生的主体地位，探究学习优效路径的理论依据。从理论上描述生态课堂就是要从整体和联系、主体与环境、平衡与失衡、动态与静态、竞争与共生以及可持续发展角度对传统课堂进行全新提升，锻炼学生的探究能力，激发学生的创造性，以人为本，培养学生的健全人格，实现教、学、做合一，促进学校教学的和谐发展。

生态性课堂的核心理念为尊重、唤醒、激励生命，课堂基本追求为有趣、有情、有效、有机。

（二）解决思路

1. 课堂改进因子分析

生态性课堂就是以生态的角度整合课堂教学元素，在课堂各种因素相互联系和相互作用下，在共生与合作中，组合成生命发展共同体。特定的环境、良好的课堂自然要素、有机的课堂时空结构（如良好的座位编排方式）、现代化课堂设施设备、良好人际关系等都能够为课堂生态带来互动交流沟通，营造良好的生态氛围。

从课堂生物因子看，课堂教学生态主体包括教师与学生，他们具有一定的主观精神面貌、生态特征。在传统教学中，教师是课堂教学的主体或者主导力量，容易压抑学生的学习积极性；在生态性课堂教学中，师生互为课堂教学主体，良性互动，共同构成既矛盾又合作互动的主体关系。[3]

课堂教学的客体主要是指课堂教学环境，包括课堂的物质环境与精神环境。传统课堂只注重课堂教学的物质环境，而且只侧重于教材的提供、教具的准备，很少重视座位的编排、光线的选择、场景的布置等。那么，在生态的课堂教学中，课堂教学不仅关注课堂物质环境，而且更加注重培育课堂精神氛围，注重课堂主体与客体的有机融合，使有形的课堂与无形的课堂相互照应，共同构成生态的课堂。

2. 生态性课堂创生路径构建

生态性课堂创生路径结构是在生态多维系统中，课堂按照因子分析、资源匹配、项目推进、生成演进四阶梯度变迁，最后形成具有生态性和生态式的生态型育人特色。根据学校建构的生态型育人"六维四阶"理论，本项目以自身学校课堂教学为研究对象，对课堂维度进行了有效的探索，着力四阶联动。第一步，着眼敏感因子分析，改变单一、陈旧、活力不足的课堂模式，促进课堂动力生成；第二步，整合资源精准匹配，利用个性化集体教研、精准教学、情景与体验教学，达成课堂条件适应性；第三步，进行操作策略建构，着手项目推进，促进课堂更加有机生态；最后一步，经过生成、反馈、演进环节，多元互动，生成演进为新生态课堂形式。同时，学校科层通过扁平化服务与向学术管理靠近等措施，进一步促进多元多级校本课程体系建设和生态性课堂课改，促进学校育人质量提升。

课堂创生路径的构建，就是使课堂成为学生校园学习及生活的主要场景，成为各种价值观念、思维模型生成的关键地。师生、生生在课堂场景中，产生能量交换，实现共生，并依据"共生"路径特点，确立互动多元生态性课堂思路，建构"三段六式"生态性课堂基本框架，努力探索课堂新生态样式。

3. 推进教学方式变革的生态性课堂实践

（1）坚持生态性课堂四个基本要求

一是自主学习。让学生真正成为学习的主体，成为学习的中心，积极主动地参与到学习的全过程。二是激发学习生趣。要时刻关注学生的课堂学习状态，努力培养自主、合作、探究的学习方式，为学生营造优良的学习氛围，激发浓厚的学习兴趣，指导优秀的学习方法，培养主动的学习情感。三是生成快乐的生命体验。精简烦琐的教学环节，切实提高课堂教学成效，把控好学生的学习任务。让学生充分享受课堂学习及生活的无限乐趣，为学生创设一个天真烂漫的幸福空间。四是创设个性教学方式。把情景化教学、体验式教学、活动式教学常态化地运用于课堂之中，丰富学生的课堂体验，"眼耳手脑"都参与其中。

（2）主动适应新课程改革，促进教育教学方式变革

把课堂还给学生，学生是学习的主体，课堂是学生学习的主要场所，教师应真正理解学习的科学过程，用讨论代替讲述，用互动改变被动，用争论取代提问，让学生在思辨中主动学习。充分发掘学生潜能，因人施教，启迪学生的智慧。教师在适应新课程改革中，需要由抱怨学生到喜爱学生，由精英培育到全面教育，由"填鸭教学"到"超市提供"，让每个学生按自己的需求主动学习。认真研究学习过程，教师设计在先，引导在后，组织先行，调节其后；学生预习有效，集体展示充分，个性反馈及时，在教师的指导下学生学会积极主动学习。

三、主要内容及策略

（一）厘清课堂生态对教学质量提升的重要作用

1. 生态课堂贯彻以生为本、立德树人新理念

新课程改革理念要求育人为本，树立开放的大课程观，重视课程的创新价值，课程为学生发展奠基，教学与课程充分整合；构建平等互动的师生关系；整合课程目标体系，建立充满活力的开放与生成课堂体系；树立自主发展的课堂活动观；学会终身学习；树立评价促发展的观念；注重从现实生活提高学习效果。课程理念变革能够促进现代教育立德树人根本目标的实现，新课程理念就是要创建适应社会发展的、更富有生命力和生机的教育，生态性课堂教学就是以激发生命活力作为主要目标的教学方式。

2. 和谐自然的生态性课堂促进主体健康成长

卢梭说过，教育必须顺着自然——也就是顺其天性而为，否则必然产生本性断伤的结果。国内一些专家认为目前教育的弊病是学校、家庭、社会对学生的期望太高，注重短期效益，而成才是一个漫长的过程，是一个比较自然的过程。自然的即是和谐的，师生关系和谐，教与学和谐，学科之间和谐，课内与课外

和谐，教学目标、内容与方法、手段和谐，教育与教学和谐，师生会在和谐中自然地成长，教师的主体精神和学生的主体精神都得以充分地展现。把课堂自由发展空间还给学生，还学生真情洋溢的世界，还学生心向自然的情愫，不需要太多模式和拘束，教师的教学应该春风化雨，师生关系应该阳光和谐，学生学习应该乐观奋进，校园环境应该阳光健康。[4]

适合学生的生态教育以及生态性课堂得到了有识之士越来越多的关注，一些专家、学者对其进行了深入研究，吴鼎福、诸文蔚《教育生态学》（江苏教育出版社，2000年版），郭思乐《教育走向生本》（人民教育出版社，2001年版），朱开炎《生本教育的生态性课堂教学模式》（《课程·教材·教法》，2004年第5期），罗志定《新课程理念下的生态性课堂》（《绍兴文理学院学报》，2005年第1期）等，都从理论层面进行了研究。

本项目着力加强具体实践层面的研究。为此，学校提出了实施学校教育生态发展，构造生命互动课堂这一项目，从教育生态学的视角，重新审视课堂教学，侧重实践操作层面的探究，探索出对各学科课堂教学具有指导意义的实施策略、课堂教学模式并整理出典型案例，从而进一步深化课程改革，实施素质教育。

（二）加强学习探究，为生态性课改提供有力的技术支持

1. 现代教育及信息理论为生态性课堂提供了良好的教学论基础

其一，系统论、控制论、信息论为新课堂整合与建构提供了新的思维方向。教学过程从静态的、一维的转向动态的、多维的。教师要充分学习和理解传播学中信息的结构、处理方式，并引入教育设计范畴中，使之成为教学设计的理论基础。反馈和控制是信息传播学的重要内容，教育传播过程中信息的流向是双向的、互动的，应重视师生间的双向信息交流活动，并充分认识和了解学生已经有的知识结构、兴趣爱好，使其作为优化教学的前提。[5]

其二，学习理论为教学方式的改变提供了依据和原则。行为主义、认知主义、建构主义学习理论和教学理论为课改提供了较好的理论依据。建构主义强调教与学的策略，特别关注学生的学习方法。一是要用探索法、发现法去建构知识的意义；二是在建构意义过程中要求学生主动去搜集并分析有关的信息和资料（情境），对所学习的问题要提出各种假设并努力加以验证；三是联系已知，思

考未知，加强有机联系，把交流、讨论的协作过程结合起来，学生建构意义的效率会更高，质量会更好。

由此，建构主义学习理论为教学方式的改进提供了较好策略[6]：一是激发学生的学习兴趣，帮助学生形成学习动机；二是通过创设符合教学内容要求的情境和提示新旧知识之间联系的线索，帮助学生建构当前所学知识的意义；三是为了使意义建构更有效，教师应在可能的条件下组织协作学习，开展讨论与交流，并对协作学习过程进行引导，启发诱导学生自己去发现规律，自己去纠正和补充错误的或片面的认识，使之朝有利于意义建构的方向发展。

新建构主义也为课改提供了学习策略的创新[7]：一是提出了"学习就是建构、建构蕴含创新"的理念，注重学习、应用、创新过程，将创新作为终极目标；二是针对信息超载和知识碎片化，尽可能减少冗余信息，以零存整取式学习为主要方式；三是强调学习应该以个人需要为中心、以问题解决为中心，认为学习包含"顿悟"过程，个人隐性知识可通过内读法和深谈法进行挖掘；四是指出显性知识可以通过教师的讲授而传递，为双线融合混合式学习提供了新的理论依据；五是提出了一整套网络时代个人知识管理的策略，包括"搜索—选择—写作—交流—创新"五个环节；六是提出了"兼容性思考"的概念和具体做法，作为将碎片化的知识组合成全新知识体系的基本思维方法，我们不但需要逆向的批判性思维，需要正向的平行思维，还需要兼容性思维，即将一些看似互不关联甚至互相矛盾的思想、观点、理论经过一定的加工改造，使之互相兼容、有机组合、融为一体的思维方法。

现代教育教学理论为生态性课堂改进带来了强有力的理论支持，现代教学实践为生态性课堂提供了典型的实例。探究性学习、重视集体讨论、师生平等等，使教学过程由传统的传承型转变为探究型。教学活动更重视获取、筛选以及研究性学习。教学评价更重视创新思维导向。强调互动协作学习方式培养，强调论辩性阅读和写作，强调听说读写多方面能力的综合开发。

2. 教育技术探索为生态性课堂提供了技术支持

现代化的信息技术与教育的融合，使教育教学实现了空前的优化，教育技术驱动教育水平不断地提高。现代信息技术正有力促进教学内容体系改革，推动教学方法革新，改变现有课堂教学模式。[8]如何实现新型的教育信息技术与课堂教学的有机性、生态性整合，是摆在所有教育教学者面前的重大课题。

其一，从应用层面来看，教育云服务是教育信息化建设的发展方向之一。国内外已经出现了很多基于教育云服务的应用案例，但相对于传统的教育信息化建设方式，教育云服务是一种比较新的模式，还未形成可进行广泛推广的典型案例和标准规范。目前对教育云服务的研究，大都集中在宏观层面和具体的技术部署实现方面，对于区域层面教育云服务的建设方法、云服务体系及服务效果评测指标体系的研究，以及教育云服务应用下教师教育信息化应用能力现状、信息化应用能力体系结构与能力培养方案等一系列应用问题，成果数量、研究内容、研究方法都显薄弱，需要更多的学术投入。因此，在这种大背景之下，学校应为教育云服务的实践提供有效的个性化实践和个别化数据，感知运用的困惑和高效的惊喜，积累成功的经验、失败的教训。

其二，现代信息技术的快捷性、网络化、即时性、交互性为课堂互动生成提供了极大的可能。这种在新技术支撑下的互动式教学课堂就是生态性课堂的发展方向，强化生命与生命之间的有机互动，以学生为主体，强调每一个学生的需求、欲望和意识，兼顾学生的个性发展，通过现代课堂新技术教学手段，实现教学与学生发展的真正统一。[9]

目前随着技术的不断发展，教育云服务可以让老师与学生在课堂上依靠移动设备（ipad或智能终端）实现实时互动，畅通反馈，同时可根据课程的实际需求，选择恰当的互动教学方式，大大增加学生的兴趣和体验性，增进其对知识的理解和学习，形成良性互动的师生关系。

其三，利用新型技术媒介，可以实现课堂生态生活化。生态课堂强调有机性、有效性、有趣性、有情感。学校教师对云服务、云平台在理论和实践上进行了较好的探索，尤其是新冠肺炎疫情下的教学策略建设和网络文化、网络道德建设，为生态性课堂构建了初步的形态，建构了较完备的多元化课程体系。学校教师已经全员注册和使用了"武侯三顾云"网络学习平台，进行了"极课"教学学习，掌握了电子白板与移动媒体间的互联操作，初步建构了学校资源库，积极利用VR（虚拟现实技术）平台改进教学，收集了较多的微课资源。各学科组收集整理了学科教学网中的精品课件，能够熟练运用云平台资源相关技术，能够把辅导软件、腾讯课堂融进课外辅导学习，学校在移动互联教学领域大胆探索，及时更新选用适应性强的技术媒介，建构较为完善的教学资源库，积累较好的云服务教学方法，为生态性课堂提供了技术支持。

（三）夯实课堂教学精准化管理，为生态性课堂奠基

生态性课堂是富含生机和活力的课堂，学校和教师要将环境因子、生物因子、材料因子、管理因子、思维情感因子综合调节到非常优化的程度，从而顺理成章地构建出充满活力的、互动的生态性课堂。要达成有机、有效、有趣、有情的课堂，教师必须加大精准化教学实践，注重"精耕细作"，以"低耗费，高效益"为生态课堂精准导航，准备精细的背景材料，所以教师必须要进行精准化的管理、精细化的教学实践。由此，学校开展了"三精教学"管理实践。

1. 注重过程精细化，夯实效益基础

一是细化常规管理。细化协作管理，细化专题活动，细化阶段管理。特别强调集体备课展示活动，强化定时、定责、定主讲、定主题、定环节的"五定"，实施规范集体备课管理、强化集体备课流程、创新集体备课内容形式、更新集体备课载体、管理督导到位等五大措施，破解备课难题。学校多个备课组在区级集体备课展示活动中获多项荣誉。二是优化学科组互助活动。鼓励教师校内外磨课赛课，公开课通过"自主申报—循环安排—说课指导—同课异构—课例反馈"等环节进行细化，提升组内相互融合、同伴互助的力度，呈现高质量课堂。三是落实"抓好课前，精细课中，关注课后"阶段要求。倡导目标教学、量化管理，定人负责、定时检测、定量分析、定期反馈，做好记录，强化考核，促进教学管理效率提升。

2. 推进方法精准化，倡导教法多元

一是注重学科教学策略精准化。在学科教学中，各学科依据学情状况、学科特点和教学目标的侧重，区别性地精准选择相应教学方法，倡导多元化精准化教学策略。推广"生讲生学"学习策略、少教多学专题研究、思维导图活动、体验式学习、自导式阅读训练等。二是注重课堂教学策略精准化。为更好促进课堂教学"低负优质"，效益提升，学校倡导基于精准策略的生态性课堂，以精准分析、精准导学、精准回馈的教学手段和多样、互动、开放的课堂格调相结合，不断提高课堂教学效益和质量。三是注重信息技术运用精准化。开展"现代教育技术课堂教学大赛""三顾云"创新课堂移动终端教学等活动，充分利用"多分系统""学习通平台""极课系统"对学生学习过程进行精准分析，倡导利用大数据实现精准教学，力图为未来智慧教学奠基，全面提升课堂吸引力和参与度。四

是注重分层分类辅导精准化。倡导个性化有效性辅导，针对学情分层分类辅导，分类评估班级及学生学习情况，发掘其问题症结，定准辅导方向与标准；注意学生过手训练与生成性获得，实行章节过关和定检制度，做好学生检测结果分析和反馈；倡导师生"问学式"辅导，鼓励学生主动提问，驱动辅导流程，精准帮助学生答疑解难；抓好班级的协调管理，个性化提出课后要求，促进学生、家长、教师形成合力。

3. 把握课堂生成，演绎课堂精彩

一是优化教学设计，为动态生成性课堂的构建创设自由的空间。二是培养学生的问题意识，这是创建生成性课堂的关键。从自主合作探究学习入手，从鼓励学生提问、鼓励学生合理想象做起，给予激励、启发、点拨，促进学生学习，使他们的心灵处于动态发展之中。[10]三是善于发现和利用临时生成性教育教学资源，发挥教师的引领引导作用。教师要敏锐洞察课堂的学情，把握新知的切入点和生成点，驾驭好整个课堂。四是树立课例精品意识。引领教师高标准对待每一堂课，倡导做到"上好每一课，课课皆精彩"，促进课堂教学质量全面提升。五是抓实成果评价，促成精品课例。一方面通过"推门听课""组内听课""校内赛课"等常规方式，发现、推选优秀课例；另一方面，大力利用"三顾云""超星移动听评课"等网络平台评估课例，由学校教师及特邀校外专家在线听课评课，筛选优秀课例。六是开展典型课例研究。学科组以"同课异构"为抓手，发掘教学思路，整合优质设计，做实校本教研备课、上课、反思交流"三大步"，营造校本教研的浓厚氛围，并抓住典型课例进行多次磨课，不但注重课例有效高效，还要围绕主题展开探究，坚持设问、设计、反思、总结等步骤的深化，提炼总结，形成优秀课例或成果。七是收集推广优秀课例。在做好常规优秀课例收集的同时，借用"三顾云""一师一优课""微课赛"等平台活动，大力收集推广优质课例，在整理修订、逐渐完善的基础上，建立学校精品课例资源库。

（四）探寻生态性课堂基本样态

经过几年的生态性课堂实践，逐渐形成了生态性课堂的基本样态（见图2-2-1）。其基本样态主要体现在绿色教室、阳光课堂、和谐教学、多样生命几个方面，其核心要义主要为"尊重、唤醒、激励"，效果及达成目标是生命多样、生机蓬勃。

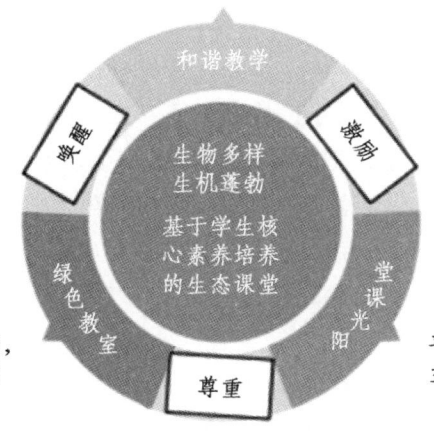

图2-2-1 生态性课堂样态

1. 绿色教室，体现生态有机

绿色教室不仅要求物质环境如光、声等和谐温馨，设施设备条件也应该充分生态化，不可过于强制化，成为学生学习的负担。比如利用学生喜闻乐见的艺术形式或者借鉴新型云服务艺术媒体，可以让课堂不再单调乏味，充满艺术氛围，成为富有生活化、动态性、生成性及生机活力的课堂，可以实现课堂的有机性、有趣性、有情感，善于创造和生成学生感兴趣的问题。主体（师生）同教室的环境（物质的、感受的、氛围的等）建立了有机、互动、适宜的深层联系。

2. 阳光课堂，体现温暖有情

第一，平等、民主的氛围体现为师生之间和生生之间民主、平等、和谐的关系。教师平等对待每一个学生，对学生进行正面评价，以激励为主，让学生增强自信，勇于表现自己。第二，分层分类，个性发展。面向全体，分层分类教学，利用小组合作等方式给予全体学生个性化的展示平台。第三，培育积极主动、乐观自信、温暖上进的课堂氛围，激起学生学习欲望。教师要走下讲台，深入学生当中，倾听学生的想法。第四，互助合作，建构学习小组、兴趣小组、阅读小组等帮扶模式组织，促进不同层次的学生共同进步。第五，自主自觉。积极主动培养学生的自学能力，不断增强学生学习的自主、自觉、自信意识，让学生以开朗、积极、阳光的状态投入到课堂之中。

3. 和谐教学，体现互动有效

第一，以学定教，回归本体。第二，自主可控，导学释疑。第三，尊重沟通，因材施教。第四，改善关系，协调平衡。把教育活动看作师生进行的一种生命与生命的交往、沟通，把教学过程看作一个动态发展着的、教与学统一的、交互影响的过程。[11]在这个过程中，通过优化"教学互动"的方式，即通过调节师生关系及其相互作用，形成和谐的师生互动、生生互动、学习个体与教学中介的互动，强化人与环境的交互影响，以产生教学共振，达到提高教学效果的目的。

4. 生命多元，体现活力有趣

生态性课堂的核心特点强调生命、生活、生机、生成。生态性课堂强调激活生命，健康成长，为学生的全面发展奠定基础。生态性课堂尊重学生，激发学生积极主动探求的愿望。生态性课堂必须保持民主平等、自然和谐、自主合作、探究与生成、开放与选择、多元与个性融合，才能体悟生命、生机、生成、生活。追求生态课堂"有趣"，既有生命内驱的兴趣、互动的乐趣，更有坚韧的志趣。

（五）建构生态性课堂"三段六式"

生态性课堂的教学不再是教师简单地执行教学计划，学生被动地接受知识的活动，而是要创设能引导学生主动参与的教育环境，激发学生的学习积极性，培养学生掌握和运用知识的态度和能力，使每个学生都能得到充分的发展。其一般模式追求的是这样一种课堂教学环境，即让作为生命实体的师生在良好的条件下自然和谐自由地生长发展，充分整合资源，利用师生的天性和无限的潜能，使学生自主、互动、愉快地学习。教学内容的选择既要适合社会规范的要求，更要尊重知识生成规律和学生学习的特点。由此，学校根据多年的校情、学情，探索出生态性课堂"三段六式"基本框架（见图2-2-2）。

"三段"是课前、课中、课后。"六式"是整体定位、因子导航；多样平衡、互动生成；体验反馈、融通延展。

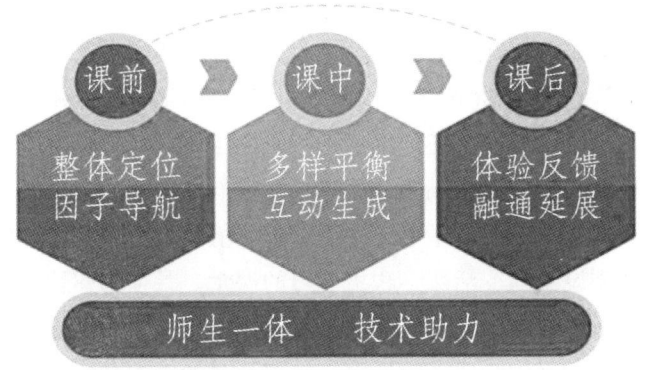

图2-2-2　生态性课堂结构

1. 整体定位、因子导航

其一，整体定位。教师课前备课时，参照学科学段或单元思维导图、知识树等整体知识架构，基于学生核心素养的生命成长系统，以及所授内容的课标和中考考核要求，分析该课在这些整体体系中的前后关联与作用，从而确定基础教学目标和课型课类。其二，因子导航。以观察、前测、作业反馈等方式分析师情、学情以及课程资源配置等条件，对该课基础目标进行梳理，找准障碍点或重难点，进一步分析出其主要影响因子，在知识、思维、技能、心理、情感、资源、情境等方面确定突破口，选择适宜的方式方法，由此展开课堂结构设计。

2. 多样平衡、互动生成

其一，多样平衡。课堂教学中既要注重保护课堂的多样性、适宜性，同时又要平衡发展。多样性体现在课型的多样性、师生的多样性、方法的多样性、活动的多样性等方面，平衡性体现在差异与尊重的个性平衡，问题与解决的认知平衡，注重自主与协作的方式平衡、师导与生练的行为平衡、竞争与共生的状态平衡、效率与效果的目标平衡等。其二，互动生成。在教学过程中注重师生、生生、主体与资源环境多元交互；在预设与适变、契机与突破、整合与迁移中达成动态生成。

3. 体验反馈、融通延展

其一，体验反馈。课后要注重学生对教学体验的深化（有些课型也包括课中），同时结合极课大数据等练习及评价分析，反馈课堂教学的有效性，为下一步教学提供依据。其二，融通和延展。教学或练习实行跨学科融合或跨章节融合，以及向生活延伸，学以致用，用以促学。

"三段六式"生态课堂教学模式不是机械僵化的模式，只是对生态课堂结构的简单梳理，在教学实践中还需灵活运用，利用有趣、有情、有效、有机的课堂材料，达成尊重、唤醒、激励生命的目标。我们在教学实践中总结出了一些规律：一是着力和谐教学。要给学生人格上、精神上的自由。教师要将学习的主动权还给学生，要创设生动、活泼、积极学习的课堂。二是构建快乐课堂。导之以情，晓之以理，激励其趣，让学生肯学、爱学、乐学。努力捕捉学生在知识和技能上的闪光点，给学生体验成功的平台，发现学习的乐趣和价值，让劳动之乐、成功之乐、意志锻炼之乐充满快乐课堂。三是创新逼真环境。为学生提供形象、直观、逼真的教学环境，利用声形色图文的作用，刺激视觉、听觉，促进大脑兴奋，把枯燥、单调的知识变成活生生的画面。让学生在潜移默化中接受知识、增长能力。教学实践证明，生态性课堂教学离不开逼真的媒介，离不开快乐环境和快乐活动，更离不开师生生命互动体验。大力推进生态性课堂教学，让学生在生命成长的空间里积极观察、思考、发现、分析、创造。

（六）以生为本，建构生命灵性的课堂

1. 充分激发主体活力

其一，关注学生生命体的变化，在互动与合作中创生策略。学习内容和形式以学生兴趣点和活力点为旨归。每个生命个体都是生态网络上的一个结点，占据一定的生态位，并相互关联而存在。生态性课堂作为一种新的教学模式，有着全新的教育理念，能够激发师生课堂活力，提升教学效益。教师可以通过培训、专题会议和学习理念来提高自身的理论涵养，改变观念认知，适应生态性课堂[12]。注重师生互动、生生互动、合作学习、有序竞争。互动产生合作，合作学习能主动促进部分生态位重叠，促进师生创生共生发展。

其二，发展平等师生关系，确立以生为本理念。首先是确立以生为本的改革理念。以人为本，育人为本；树立开放的大课程观，重视课程的创新价值，课程为学生发展奠基，教学与课程整合；构建平等互动的师生关系；构建开放与生成的充满活力的课堂体系；整合课程目标体系；树立自主发展的活动观；学会终身学习；树立评价促发展观；注重知识与现实生活的联系。[13]新课程理念变革促

进了现代教育立德树人的根本目标的实现，新课程理念就是要创建适应社会发展的、更富有生命力、生机的教育，这与生态性课堂变革理念不谋而合。其次是"中心"消解，倡导民主和平等的关系。再次是创生共生，通过知识能力、生命之间互动及提升质量和价值来实现自身生命价值。最后是互动对话，双方互相吸引、互相包容、交流对话、共同参与、共同进步。

2. 强化生成性目标达成

其一，要关注学生发展，在完成知识、技能等基础性目标的同时，还要注意学生发展性目标的达成。教师要认真研究课堂生态教学策略，把学生放在主体位置，激发学习热情，鼓励探究，促成高阶目标实现。教师引导学生生成知识树结构，充分发挥学生在学习过程中的能动性。其二，推进教师专业成长。依据新课程评价目标的要求，教师成长不仅在于教师的课堂教学结果，还在于教师课堂教学中学生提出问题的高度，在于教师制定的个人发展目标和个人发展需求达成度，以提升教师的专业水准促进课堂生成效益。其三，重视以学定教生成性评价。要真正体现以生为主、以生为本，"以学论教"强调以学生在课堂教学中呈现的状态为参照来评价课堂教学质量。提倡"以学论教"，主要是从学生的情绪、注意、参与、交流、思维、生成等方面状态评价课堂质量。[14]

3. 优化自主探究合作学习实践

其一，对学生状态多维分析。开展课堂行动研究，倡导生本课堂，改变传统的"课堂讲授"为"合作学习"，让课堂精准有效。积极倡导生态性课堂，让每一个生命体（师生）都能在教与学中共生共长、能量互换，在师生、生生的合作与分享中培养学生勇于探究、乐学善思、沟通交往和问题解决的能力。其二，多样化、个性化学习升级。找准个性的突破口，让个性在教育教学中变成真正的特色和优势，利用先进的媒体手段创设情境，利用现代互动媒体促进学生自主管理，利用互联网进行有效交流和沟通，促进个性化服务升级。流程化管理、可控性管理将从人为阶段走向量化和规范化，达到互动反馈。比如利用学习软件，轻松实现家校合作育人；利用监测软件，对学生作业中改错、背诵等学生自主学习内容进行监控和指导，把个性化教育项目落实到以生为本的学习中。部分教师能够利用软件进行课堂评价，或者借用网上资源随时生成教学资源，还有部分教师能够开放网络资源给学生，让学生掌握获取信息技术的能力。其三，构建学习共同体。一是肯定合异之同，学习共同体自觉自愿形成学习性组织，在相互交流争论中理清学习脉络，在相互肯定中进步，在相互交流中激发灵感，在矛盾认识中激发兴趣和共同进步，鼓励异步、同步学习以及异步合作学习。二是开发多样形式，以课堂学习目标任务及学生发展为中心，把合作、探究、自主性、实践性学习等合理建构起来，形成一个完整的生态教学系统。三是按照共同体基本程序，确定主题、准备资源、组织成员、确立共同愿景、建立相应交互规范、安排多元任务、生成评价反馈和总结。

4. 丰富教学手段和方式

其一，注重开放式体验式教学。一是多层开放。强化全面性、适度性、自主性、教育性原则，开放以服务课堂教学、学生成长为总原则。二是情境浸泡。创设真实的教学情境；创设问题情境，注重启发诱导；创造性地使用教材，形成各类专题化、内涵化的情境；给够学生思维、情意参与的时间和空间，保证情境浸泡的深度参与性。三是体验积淀。以"情境—会意—感悟—积淀—反思"生成，学生在课堂生命活动中，获得认识、体验与感悟的内化、沉淀与积累。转变教案的设计思路。教案设计是每位教师的必修课，传统的教案设计基本依据课本，贯穿始终的是抽象的知识，学生能够参与的练习、体验较少。生态性课堂强调学生全程全面参与课堂学习，要求教师在设计教案时全面了解学情，扩展备课资源，设计学案。让设计、探究、谈论等活动贯穿始终，学生全程参与，也要适当让学生有充分的时间展示学习成果。四是学与教的重构。生态性课堂中学与教的关系主要是"学以自主，以学定教，学中施教"，力图在发挥学生自主作用、主体因子间互动作用、主体因子与环境交互作用等方面实现集成、整合、建构，促进学生优适性发展。

其二，多元教学方式组合。比如抛锚式教学，从创设情景、确立问题、自主学习、合作探究等教学方式来看，可以更关注教学主动性、建构性、生成性、生长性等方面；认知学徒模式，学习者通过专家实践共同体活动与社会交互，提高核心技术思维和技能，更加强调创新实践，即通过允许学生获取、开发和利用真实活动中的认知工具的方法，来支持学生在某一领域中的创新学习；应变式，即在开放动态的生态性课堂中，现场、即时、随机地生成，是生态性课堂的创新。[15]应变式教学需要增强课堂合作与互动，培育友好型、活跃型、机智型、建设型课堂教学文化氛围。同时教学策略应多样化变革。倡导对传统教学技艺的吸收与现代教学创新实践相结合，不可偏废一方，也不可不加考虑地乱用。运用资源拓展延伸教学，创设开放的学习环境；巧妙预设情境，激发阅读兴趣；突出阅读重点，降低教学难度；直观展示，引出精彩生成。[16]但利用网络资源和信息资源必须学会取舍，不然容易引起学习的负效应。

（七）构建多元立体评价体系

1. 根据课堂的特点初步建构生态性评价标准

改革教学评价标准，改变课堂教学行为。可以建构学习小组、兴趣小组，构建小组文化、帮扶模式。由于学生的认知水平存在差异性，在教学过程中学生的表现参差不齐，多元的评价方式有助于促进学生个性发展。[17]

通过对比分析和调查了解，可以评估教学质量和师生关系改变的关联，评估新教育技术运用与传统教学方式的差异，积累相关数据，为教师生态性课堂建设提供相关的成功经验，改进学校教师教学方式。项目组组织教师进行了云平台教学及功能使用体验，初步评估了其中的教学得失，初步认识到云平台融合教学的广阔未来。

构建生态性课堂评价指标和体系，推进生态性课堂实践。按照生态性课堂的特点初步建构评价标准，一是民主平等。这包括生生平等、师生平等。二是自然和谐。三是自主与合作。生态性课堂教学不同于传统课堂的"满堂灌"，要按照学生的认知水平确定教学方案。做到先学后教，能学不教，以学促教。四是促进探究与生成。五是达成开放与选择。六是多元的评价方式与个性发展。通过师生共同评价促进课堂生态的形成。

2. 根据生态性课堂结构达成多元生成性立体评价

生态性课堂在原有结构基础上更加注重整体定位、因子导航，多样平衡、互动生成，体验反馈、融通延展；更加注重尊重、唤醒、激励、互动生命；更加追求有趣、有情、有效、有机。从教学组织、教学过程、教学效果等方面落实新课标要求，倡导自主合作、体验探究、拓展延伸教学体验，帮助师生完善互动生态过程，落实教学目标。采取师生家校多元共同评价，既注重教学过程的完整性，又注重教学方式的多样性、互动性、生成性。评价还要求课堂生成激励性，以问题为导向，实现课堂生成和演进，能够解决生活问题，体现关注生活、关注运用、持续发展的绿色特点。多元、立体、绿色评价帮助师生课堂不断演进，不断生成发展（见表2-2-1）。

表2-2-1　生态性课堂评价指标及内容

评价指标		评价内容	权重	得分
整体定位 情景适宜		1．情景适宜。建立学习小组，师生和谐互动，课堂环境有生气。 2．教学工具。多媒体辅助教学利用恰当，黑板展示工整美观，资源开发适度。 3．导学设计。问题设计科学、有梯度，满足不同层次学生学习需求。教学目标注重学情和三维，重难点有突破措施	10分	
精准教学 精彩活动	自主学习 因子导航	1．学习目标恰当、具体、可测。 2．学生独学思考探究问题有主见，能总结提炼学习所得。 3．自主学习过程完整，不以教代学，先学后教落实有效	10分	
	合作学习 多样平衡	1．小组合作目标明确，学生独学有反馈、对学有落实、群学有效率。 2．合作分工明确，积极参与。 3．教师及时准确掌握学习动态，科学利用课堂小组团队评价	15分	
	和谐交流 展示激励	1．展示任务分配有序，全员参与，内容全覆盖，形式灵活多样。 2．学生互动积极，展示语言流畅，声音洪亮，表达准确。 3．学生思维受阻、回答偏题、讲解不到位时，教师引导学生恰当点拨修正，及时补充完善。 4．课堂评价适时恰当，激励性、指导性强。 5．课堂预设与生成关系处理得当，利于知识把握和能力形成	15分	
	引导升华 互动生成	1．充分捕捉、利用课堂生成资源，引导升华。注重对规律、方法和知识结构的整理归纳。 2．注重探究、创新及发散性思维的培养，使学生养成良好的思维习惯	12分	

续表

评价指标		评价内容	权重	得分
精准教学 精彩活动	体验反馈 融通延展	1. 当堂检测精选试题，兼顾差异，注重知识拓展创新；注重理论知识与生活实际的联系及运用。 2. 限时当堂完成，当堂反馈	10分	
目标有效 多元评价	知识掌握	快速掌握当堂知识，课堂检测准确率高，知识目标有回馈、有落实，达成度好	5分	
	能力形成	学生发现问题、表述问题、解决问题、综合运用等能力得到训练和提升，形成有效的学习策略，养成良好的学习习惯，能力目标达成度高	8分	
	情感发展	学生学习过程愉悦，生动有趣，思想情感积极向上，提高情感态度与价值观	5分	
整体印象		1. 结构基本完整：整体定位、因子导航，多样平衡、互动生成，体验反馈、融通延展。 2. 教学有特点：师生平等、自然和谐、自主合作、探究生成、开放选择。 3. 体现核心理念：尊重、唤醒、激励。 4. 展现课堂追求：有趣、有情、有效、有机	10分	
总评			100分	

3. 建立多元发展评教机制

基于生态观的教师自主性课堂教学力是生态性课堂改革的难点，探索多元生态评教管理机制，对教师在各环节进行跟踪评价，规划具体，采取定量与定性相结合的评价方式，引入学生评价和业务考试制度，帮助教师寻求课堂资源，促进课堂生态因子的分析和融合，加强教师自主性发展性评价，驱动教师与学生共同进步，提高教师课堂教学力，是生态性课堂建构的关键。学校制定职称评聘、绩效考核、年度考核、师德考核、考勤和课堂监控等多项考核细则，并集结成教师手册，使职责更加明确具体，激励更加落实到教学；学校还相继完善了教师成长手册、三年提升计划、三年教学目标导航等一系列自主发展策略，让教师多元自主发展和能力提升落地，促进生态课堂的重构。

四、实践成效

（一）学生发展状态优化，学习力和学习兴趣增强

随着生态课堂实践的推行，学生学习状态良好，主体意识增强。中考学业成绩实现"四连升"，在同类学校中独树一帜，继2020年，学校中考成绩创历史新高，省重点率从以前的23.21%提升到40.57%后，2022年中考升省重点人数增幅（出口、入口比）达150%，提升幅度全区最高。教学质量多次受到区教育局和区教科院的表扬，受到社区百姓的高度认可。每年新生就学率位居全区前列。疫情期间，学生通过在线云平台学习，学习、生活、心理状态良好。师生对于生态课堂能够主动接纳，自主学习，调整学习状态，增强了学生学习的积极性和自信心。

（二）学生学习习惯和自我管理较好，主动学习品质不断提升

学生能合理地规划每天的学习计划，学会自己整理知识，采取思维导图、撰写日记、制作错题集、错题讲解视频等方法，自我反思，自我管理，自我学习。目前，学生上放学文明有序，学生的纪律意识、集体意识、爱国意识、健康卫生意识、劳动服务和体育运动意识都有所增强。

（三）教师互动教学理念增强，自主专业发展成效明显

一是教学的主动性增强。教师主动融入新时代课程改革，希望成为一名专家型教师，能积极转变传统教学观念，改变学生观、教学设计理念，明确教师的角色定位，理解生态性课堂教学的内涵、特征，强化自己对生态性教学要求的认同感。

二是增强了生态性课堂教研意识。经过集体教研，教师对教学形式进行了改变，翻转课堂、智慧教学、精准教学、混合式教学等方式在教学中逐渐实施。教师教学交互设计能力增强，建立了以教研为单位的教学技能发展共同体，成立了教师学习共同体和青年教师研修会，能够针对关键问题加强讨论交流分享，进一步加深对生态性课堂的研讨，提升研究能力，保证学习效果；进行课程教学的专题设计，重视课堂，不断激发学生的学习兴趣，保证教学效果。

三是增强了新技术教学意识。年轻教师主动学习生态课堂、网络教学等新形式，老年教师也逐渐融入技术革命的圈子，网络道德、网络文明、网络安全、大

数据、精准教学、App、多分系统成为教师教学的热词。

四是学校和教师增强了深化教改提升质量的意识。围绕提升教育质量，促进学生发展这个核心，积极探索实施智慧教育、劳动教育、美育和课堂变革，坚持以大数据"三精"教学、网络生态性课堂理念为引领，探索形成"四维六阶"学校项目发展模式和生态性课堂"三段六式"模式。学校专门成立教师发展研修会，并以此为平台，以常规教研、课题科研、智慧教育探研"三研联动"为方式，强化"过程精细、方法精准、课堂精彩"的"三精管理"，促进教师专业发展和能力提升。

五是教师发展获得了较好的成绩。近几年来，学校省级课题、市级课题、区级课题多项顺利结题；教师发表或者获奖论文市级以上50多篇；多名教师获得市级以上赛课一、二等奖及成都市和武侯区优秀班主任、优秀德育工作者、技能大赛优秀奖等荣誉称号；学校组织了两次线上教学论文评奖，有90多人次获得校级论文一、二等奖，其中与生态性课堂关联的有20多篇；在省级以上专业杂志上发表线上课堂教学和生态性课堂相关论文8篇。

（四）学校学习风气发生变化，生态课堂理念辐射推广

近年来，学校通过统筹推进生态课堂研究，努力推进学校可持续生态优质高位发展，从整体、系统上开展顶层设计，尤其是开展新课程改革和生态性课堂改革，促进了学校整体办学水平、教育质量大幅提升，教学效果日益明显，百姓满意度不断提高，社会影响日益向好。生态性课堂教育理念辐射推广到周边学校。学校生态教育理念在中国教科院综改实验区一些学校、德阳市部分中小学、区内部分学校中推广辐射，学校生态特色构建对学校改革的深化在同类学校育人中引起了较大反响，成为成都市部分同类学校育人学习借鉴的重要范本。学校部分生态教育研究成果、大课间活动、自制体育教具课堂、太极拳武术操课堂、备课组活动、语文阅读思维能力培养课堂、地理与摄影融合课堂等在区域推广，教改影响力越来越强。

注释

[1] 张福华．思想品德新课程"生态课堂"的基本特征[J]．辽宁教育，2012（3）．

[2] 孙明娟．生态课堂的特征[J]．教育研究与评论：中学教育教学，2018（4）．

[3] 回颖．高中生物生态课堂的构建，实施及效果分析[D]．天津：天津师范大学，2014．

[4] 胡芬霞．生态课堂 魔力作文[J]．语文世界：教师之窗，2011．

[5] 徐晓雄．从麦克卢汉思想看教育技术学的发展[J]．现代教育技术，2004（3）．

[6] 康燕梓．信息化条件下中学英语教师备课模式研究[J]．科学咨询(教育科研)，2014．

[7] 陈本华．论建构主义学习理论及发展[J]．科技创新与应用，2012（12Z）．

[8][14] 杨邦军，徐伟．重构课堂模式,重建课堂生态——以参加2018电子电工"三新"课堂教学观摩评课活动为例[J]．职业教育，2019（2）．

[9] 朱诚诚．浅谈任务驱动教学法在信息技术课中的运用[J]．新高考（升学考试），2017（7）．

[10] 张晓晨．如何创设快乐的英语课堂[J]．新课程：教研版，2012（1）．

[11] 黎作安．初中数学教学中应融入德育教育[J]．读书文摘，2016（10）．

[12][15] 陈治年．基于生态型教学理念的课堂组织与实施——以《推销原理与应用》课程为例[J]．时代经贸，2013（22）．

[13] 吴海英．新课程背景下普通高中构建和谐师生关系的思考[D]．长春：东北师范大学，2008．

[16] 王宏宇．运用现代教育技术构建语文情境教学模式的探究[D]．北京：首都师范大学，2008．

[17] 余晓秋．新课程高中物理课堂教学评价指标体系研究[D]．上海：上海师范大学，2018．

第三节 DIA混合教学探索

一、问题的提出

随着现代信息技术的飞速发展，基于互联网的各类线上教学成为一股热潮，从美国可汗学院的视频微课教学模式火爆全球，到现在各类国产在线辅导产品涌现，一度引发社会关注。人们开始发问：未来线上教学是否会直接取代传统的线下学校教育？学校如何把握和运用这种趋势？对此，我们不禁开始反思，传统的学校教育不管从教学方式还是教学手段上，确实已经不能完全适应当前的社会发展需求了。

（一）国家未来教育规划导向

2017年，国家《关于深化教育体制机制改革的意见》中针对义务教育就提出，义务教育要均衡优质发展，强调要建立以学生发展为本的新型教学关系，切实减轻学生过重课外负担，建立健全课后服务制度，改善家庭教育。其中"优质均衡发展"的本质目的就是希望广大学生能够获取公平的教育资源。线上教学的最大优点就是更有利于实现教育的公平化和提高效率。

2019年2月，中共中央、国务院印发了《中国教育现代化2035》，文件指出："加快信息化时代教育变革。建设智能化校园，统筹建设一体化教学、管理与服务平台。利用现代技术加快推动人才培养模式改革，实现规模化教育与个性化培养的有机结合。"2020年3月，教育部关于《加强"三个课堂"应用的指导意见》指出，到2022年，全面实现"专递课堂""名师课堂""名校网络课堂"在广大中小学校的常态化按需应用。由此可见，线上线下混合教学将会在未来教育中占主流趋势，开展智慧化教学环境研究与实施，也是国家教育的战略发展方向。线上线下混合教学将成为实现信息技术和教育深度融合共生的核心。

（二）学校教学方式变革的呼唤

2018年4月，教育部启动教育信息化2.0行动计划。教育信息化由1.0向2.0跨越，人的因素是关键。为此，行动计划将教师队伍建设作为工作重点，特别强调推动教师适应人工智能等新技术挑战，提升教育教学能力。

从发展趋势来看，今后教育活动中势必会有越来越多人工智能的身影。它可以作为助教或家教老师，为孩子们提供实时反馈和答疑服务；在教学中，通过图像识别和语义分析技术，帮老师批改作业和答卷，减轻老师的负担；人工智能还能帮助增加优质教育资源的供给，让更多孩子享受"名师"服务。

作为学校，融合不同的教学方式和内容，有效提升教学质量和教育公平是其责任所在。线上教学倒逼教师敞开胸怀拥抱未来教育，转变过去传统教与学的方式，提升孩子们的学习力。这里最需要注意的是处理好教学与技术的关系。传统课堂教学与终端化的线上教学各有优势，随着信息网络技术的普及与发展，线上教学将必然占有教学服务的一部分份额。教师们要逐渐拥抱技术，将技术与现有教育教学进行对接。技术与教学的完美协同，将给教育教学将带来前所未有的前景，利用网络信息技术的线上教学将具有无限潜力。

（三）疫情推动下的学校新时代教育发展需求

在2020年年初新冠肺炎疫情防控期间，为了能让全国青少年学子居家继续学习，教育部、工业和信息化部联合下发了关于中小学延期开学期间"停课不停学"的有关工作安排通知。"停课不停学"一经提出，各地方教育部门、学校和全体教育工作者积极响应，满怀热情地投身到了这次线上教学的大潮中。在准备的过程中，大家遇到了很多问题。学校管理者需要解决软件硬件严重不足所带来的各种问题；教师需要应对技术不适、线上教学设计能力不足和学生管理不畅的问题；学生需要面临技术操作、自主学习能力等问题；家长也需要面临居家学习组织监督的问题。

学校线下教学全部转为线上教学有史以来还是第一次，学校基础教育教师基本都没有线上教学的经验，没有较完善的在线课堂系统和线上教学系统的支撑。尽管问题重重，但是最终挺过来了，甚至发现，线上教学是线下教学很好的补充，尤其在打破时空局限性，信息传递的及时性、广泛性和公平性上有明显的优势，诸多信息也可以进行存储和保留，便于数据的分析使用。

不过，如何有效地实施线上线下混合教学，怎样做到教学过程精细化、教学方法精准化，教师在适应新技术、新方法时又如何保障学生学习效果和教师授课质量等，成为开展双线混合教学研究的重点。围绕这些问题，学校开始了DIA混合教学策略的探索与实践。

二、相关概念与思路

（一）相关概念

1. 混合教学

混合教学是指一种基于网络的学习行为与传统课堂的教学行为的共生模式。混合教学主要由学生自主在线学习过程和受监督的面对面传统课堂学习两部分构成，且这两部分共同构成一个整合性的课程。[1]单纯的远程教学和多媒体教学都不能称为混合式教学。混合教学的优点体现在可以将传统课堂教学与现代化信息技术有效融合，真正将持续发展、多元生态育人教育推动起来，实现规模化教育与个性化培养的有机结合。

2. 教学策略

关于教学策略的含义，各个研究者的阐述各不相同。从教育心理学角度看，教学策略是教师在教学过程中，为达到一定教学目标而采取的一系列相对系统的行为。此处谈及的主要是指学校、班级及教师在实施线上线下混合教学过程中的教学思想、方法模式、技术手段、管理方式等方面的集成。

3. DIA混合教学

DIA混合教学是指基于Date（数据）、Internet（网络）、AI（人工智能）的线上线下新型混合教学方式，主要包括大数据精准分析、网络时空突破、人机互动以及个性化的智能服务。本书谈及的DIA混合教学具体是指以班级为单位组织授课和双向互动的线上线下融合教学，其主要形式包括"录播+线下答疑""线上微课+线下课堂答疑""线下集体学习+线上个性化辅导/线上检测""线上自主导学+线下精准辅导"人工智能辅助教学等形式，包含采用线上线下混合模式的课后辅导。

（二）解决思路

在教学过程精细、教学方法精准、课堂教学精彩的理念引领下，DIA双线混合教学可从认知迁移、教学策略灵活化、平台运用广泛化、管理系统生态化、教学评价多样化、监督机制完善化等六个方面进行探索实践，以期突破双线混合教学的运用瓶颈。

具体来看（见图2-3-1），双线混合教学系统的搭建，就是要依托各类资源平台和区域数字教学项目，为师生提供丰富的线上学习资源和方式，同时优化教学管理生态，通过场景再造、数据赋能和结构优化等方式，促进学生个性化学习和教师差异化教学的实现，进而引领整个学校的教学方式变革，最终实现教学生态优化和教学效益提升。

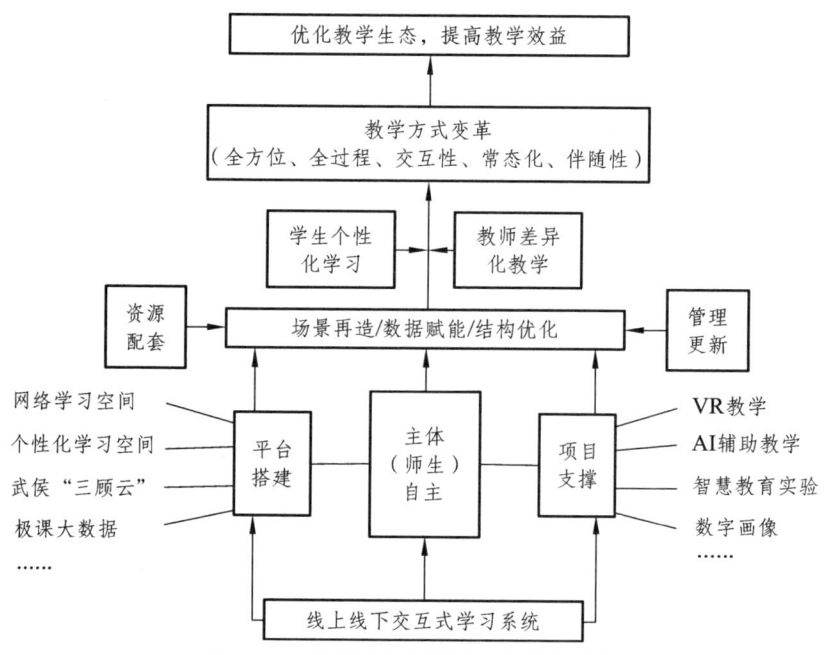

图2-3-1 双线混合教学系统的基本框架

三、主要内容与策略

（一）梳理理论，调查学情

1. 混合教学理论依据

为了帮助教师寻找较好的线上教学理论和在线学习理论，我们整理建构了一系列线上教学理论校本培训内容，这些理论依据能够帮助解决线上教学中的教与学问题。

（1）强化基础教育原理的运用

教育原理包括建构主义学习理论、发现学习理论、行为主义学习理论等。建构主义学习理论认为，知识是学习者在一定的情境即社会文化背景下，借助其他人（包括教师和学习伙伴）的帮助，利用必要的学习资料，通过意义建构的方式而获得的。美国教育家布鲁纳提出的发现学习理论认为，学习的实质是把同类事物联系起来，并把它们组织成赋予它们意义的结构，学习就是认知结构的组织和重新组织。行为主义学习理论则要求教师掌握塑造和矫正学生行为的方法，为学生创设一种环境，尽可能在最大程度上强化学生的合适行为，消除不合适行为。为了强化对这些重要教育基本原理的运用，学校以教研组为单位，鼓励积极开展有效的双线混合教学研讨，特别强调知识结构的建立、情境创设与综合问题解决、以学生为主体的教学活动设计，以及规范的课堂行为培养等。

（2）推动主体性教育理论的深入学习

一是通过信息传播理论的学习，掌握线上学习的优势和劣势。教育过程也就是教育信息的传播，教育信息传播是由教育者按照一定的目的要求，选定合适的信息内容，通过有效的媒体通道，把知识、技能、思想、观念等传送给特定的教育对象的一种活动，是教育者和受教育者之间的信息交流活动。[2]然而，信息传播的效果受到传播者、受传者、传播渠道和传播环境等因素的影响。由于信息以平行或者交叉的方式传播，学生在线学习可能受到的干扰较大，如何排除干扰，聚焦学习目标是学校实施线上教学需要重点思考的内容之一。二是通过以学生为中心的主体性教育理论学习，明确以学生为中心需要重点把握"个性化学习"和"能力培养"。由于每个人资质不同，背景知识的层次不同，所以一些学生学得快，一些学生学得慢，每个学生学习进度不同或者理解能力不同是正常的现象，这就要求我们必须开展个性化的教学，以适合每个学生独特的学习需要。同时，还要特别注意学生在进入下一个学习内容时已经掌握了前一个知识的内容、运用等，拥有能力进行新内容的学习，这样基于"个性化和能力"的线上教学，才能促使学生成就感最大，进而激发自主学习热情。

2. 线上教学与线下课堂教学的比较研究

线上教学在现在的网络时代已经很普遍，线上教学系统相对于传统教学来说有不可替代的优势，但也具有一定的劣势，它主要的优势和劣势体现在几个方面。

① 教学流程可交互、可控制，方便快捷。线上教学系统对教学、学习、自我

测试、考试及统计等功能进行了流程式设计，较好覆盖了教学全环节，达到交互使用的目的。可以根据不同层次设计不同的教学课程及内容。

② 学习方式较灵活、开放。用浏览器或者App登录即可使用，学生参与性较强，学习方式也较为灵活。各类型的使用人员都可以不受地域、时间的限制随时随地进行学习、自评、参与考试等操作。学生的学习由自己来安排，极大地提高了学习的灵活性，App也能对老师的日常工作和教学数据进行统计，对学生进行考核统计，是很好的监督辅助工具。尤其对于学习主动性、独立性较强的学生，可以极大提高学习效率。

③ 促进教学资源的高效生成。线上教学系统能够使老师们积极寻找和制作精美的教学课件，以吸引学生的课堂注意力。在教学过程中产生的大量优秀教学课件可以集合在线上教学平台中，方便学生随时取用，获得利用的最大化，也为学校构建了宝贵的教学资源库。

④ 存在的劣势。主要包括不易达成情感目标、不利于学习力弱的学生、缺乏群体学习氛围等。网络教学的虚拟性容易导致师生对知识的过分依赖，对于教学中应该有的多维目标难以达成，思想教育和情感态度受到忽视。由于学习方式的开放自由，主动学习的学生可能进步较大，独立性不强的孩子不能长时间坚持学习，很难有效利用。教学过程不如课堂教学实在、实地，可能出现学习氛围、群体交流互动不足，协同合作完成的力度不够等情况。

3. 初中生线上学习问题调查

根据早期的问卷调查和文献分析，网络浪潮在带给中学生大量丰富的信息和强大的感官享受的同时，也给学生学习力的形成带来了负面影响，比如交流沟通虚拟性增强，自主管理弱化，策划学习和专注精神更加不足。他们在线上学习中容易出现的问题有：

① 自制力不足者容易受到其他信息的干扰，进而不能形成专注的学习习惯。

② 与家长冲突较大。具体表现为有的学生学习上缺乏主动性，喜欢投机取巧；有的学生学习上懒散，缺乏目标，贪玩心重；有的学生特别喜欢玩游戏和刷短视频。这些行为，不仅没有发挥线上学习的优势，反而在家长督促与学生不规范使用电子设备的过程中，产生了诸多亲子冲突。

③ 缺乏学习目的性、意志力不强。一是学习计划性不够强，不会科学利用时间。二是不求甚解，学习惰性较大。三是知识结构不够完善系统。四是对学习特

点认识不足，对自身的状况和条件认识不足，意志不够强，需要有人监督。

④ 主体意识增强，但思想情绪不够稳定。长时间的线上学习缺乏情感的释放，在某种程度上容易产生心理问题。

我们认为，对线上教学进行理论和实践分析，对未来在线智慧教学及线下教学具有重要的前瞻价值。

（二）提升教师教学前认知与技能

1. 增强教师混合教学前认知

针对学校教师刚刚接触线上线下混合教学的情况，学校首先开展了认知更新活动，由研究组分享线上线下混合教学认知策略（见图2-3-2），包括双线混合教学特点认知、网络特点认知、师生关系认知、教学方式转变认知、师生身心健康认知，让教师对线上线下混合教学有前认知策略，迅速找到教学的突破点。

图2-3-2　线上线下混合教学认知策略

增强教师混合教学前认识，对教学活动的开展有很大帮助：梳理线上线下混合教学的特点，尤其是对学情的分析和线上线下混合学习认知方式的了解，以便更好地开展教学设计；分析网络的特点，提高教师对网络的利用率，充分发挥网络优点，在教学上做到"顺势而为"；引导教师重新理解线上线下混合教学的师生关系，提高服务意识；转变传统教学方式，提高线上线下混合教学的有效性和趣味性，重视"吸引力"法则；提升师生生命教育的思想意识。在利用发挥网络教育优势的时候，也要注重师生的身心健康教育，加强生命教育。

2. 强化教师线上平台运用技能

平台运用策略是指双线混合教学所需的优质教学平台运用策略，主要通过对各类线上线下混合教学软件的测评、技术指标分析、应用体验等，获取参考数据，指导教师进行平台选择和使用操作，帮助师生尽快适应线上线下混合教学环境。

（1）整合新媒体网络教学平台，建立平台技术保障机制

整合QQ直播、"三顾云"、腾讯课堂、智学网、学习通、钉钉直播以及"不懂就问"等网络平台，成立"线上线下混合教学管理中心"，通过整合集成多类平台、设置通用管理公众号等措施，"一机一屏一号"即可查看全校师生"直播课堂"，构建起"多而不乱，一屏监管"的管理架构，确保教学有序开展。

（2）确保网络环境和技术平台对双线混合教学的支持

一是着力解决网络及硬件问题。学校了解到有些运营商可以为教学教师和学生家庭免费升级网络，实现学生和教师线上线下混合教学不卡顿，保障线上线下混合教学顺利进行。二是提供双线混合教学技术培训，扫除技术障碍。学校多层次开展相关技术培训，并借助大数据，精准分析教师教学实施情况和学生学习效果，为教师提供自我教学反思和学情分析的依据，有利于提升双线混合教学的技能，改进混合教学的方法。

（三）丰富双线混合教学方法

1. 明确双线混合教学的内容分配

线上线下混合教学要综合考虑各种情况，包括课程性质、客观条件、学生情况、教师偏好等。教学设计及课程资源必须进行制作编辑，充分考虑平台效果，实现智慧教学的可控性，努力让学生形成自动化、序列化学习。因此，要求教师熟悉课程标准、感知教材、理解教材，进而牢固地掌握教材所规定的教学内容，根据学生的学习能力、认知程度以及平台功能特点，确定线上和线下所要达标的学习内容，然后再进行相应教学设计。新课导入、新知学习、互动环节、课堂或者课后检测都尽量与网络相适应。

2. 熟悉了解双线混合教学结构

鼓励教师进行多种多样形式的探索，比如开展翻转课堂、基于数据分析的课前自学检测等，常见的混合教学结构有"录播+线下答疑""课件+线上直

播""微课+线下答疑""自主导学+线下答疑"等形式。课后辅导采用线上线下混合模式，例如教师利用QQ老师助手进行作业布置和批改，学生利用QQ相册进行实践活动展示，利用"智学网"进行学习的反馈练习等。同时，鼓励学生参与网上学习资料收集和分享，师生共同提出新的学习思考和问题，教学相长。

3. 掌握一般线上线下混合教学课堂策略

混合教学课堂策略包括符合线上师生适应特点的学科教学目标、课程内容、课堂形式、课堂容量，以及课后辅导方式。根据学生学情，挖掘教材背后的内容，搜集整合资源，以多种形式进行课堂学习，提高学生的学习兴趣。为了帮助老师们提高双线混合教学课堂效果，我们梳理出线上线下混合教学一般课堂实施策略（见图2-3-3），包括时间、任务、教法、学法、组织形式、评价方式等。

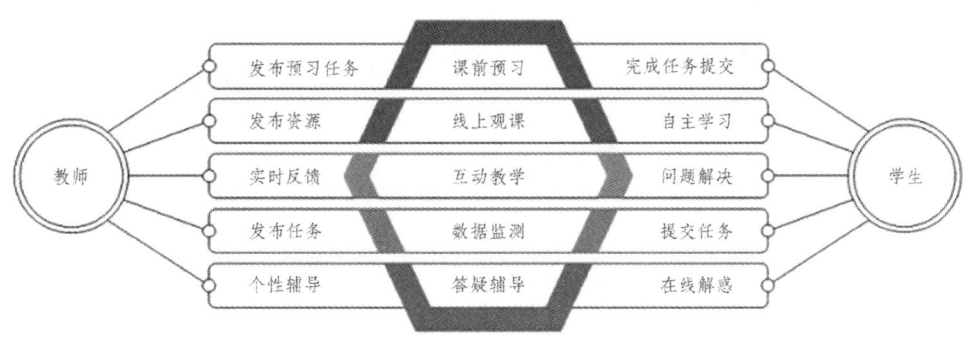

图2-3-3 双线混合课堂教学一般策略

以上活动，可根据实际，在线上或线下组织进行。

学生们在平台上不但完成了课前任务，同时线下还要参与课堂讨论。双线教学需要实现师生教与学角色翻转，才能够调动学生学习的主动性、积极性，培养其自主学习能力。

4. 借助教研活动，提升教师线上线下混合教学设计能力

教师是保障线上线下混合教学的关键，研究对象学校由行政干部、技术人员、学科教师、部分区教研员组成"DIA双线混合教研共同体"，从时间、流程、内容、技术等方面推动落实线上教研，引领线上线下混合教学水平提升。在教研组长组织下，坚持"每周一研，线上随研"，教研形式主要是每周一次专题研究，研讨教学方案，分享教研视频，破解技术难题，探究教学细节，做到教学

计划、教学进度、教学内容"三个协同"。每周组织开展优秀教学案例分享及表彰活动，鼓励各教研共同体、教师大胆尝试，抢抓机遇开展混合教学，快速提升专业能力和教育信息化素养，推动课堂革命，推进教与学方式的转变。

5. 注重集体备课，校内资源共享，做好课前设计

学校要求教师之间必须教案、课件共享，内容和进度协调，备课组进行沟通，结合课程特点和现有条件，从学生的学习效果出发，共同拟定各班线上线下混合教学方案。双线混合教学与传统课堂教学差异性较大，教案的撰写发生转变，在课堂教学设计上必须打破传统的课堂教学模式，项目式、任务式、活动式教学在课程中得到充分应用，使学生充分知道每一堂课的学习任务与学习目标，并将学习结果及时进行大数据反馈。

6. 家校合作，全面育人

充分发挥家校合作"立德树人"实效作用，注重培育学生自主自律的学习习惯，注重五育并举，全面育人。对学校主题性德育活动进行线上直播，通过班级家长微信群、QQ群推送温馨书信，介绍学生线上线下混合学习方法及学习案例，积极参加区教科院线上线下混合教育方案编制，帮助家长有效引导孩子线上线下混合学习与生活。班主任、学科教师通过"云家访"，针对个别学生在生活环境、网络环境、意志力等方面存在的问题，师生、家长线上讨论、分享心得，切实帮助家长解决孩子混合学习难题，帮助学生建立现代、高效、积极的学习心态，培养学生自主自律的良好习惯。发挥学校心理教师专业优势，开设心理疏导热线，主动干预孩子线上线下混合学习的情绪和心理状态，及时纾解学生、家长的心理问题。

（四）构建DIA混合教学主干路径

DIA是Date（数据）、Internet（网络）、AI（人工智能）的英文缩写。学校实施大数据精准分析、网络时空突破、人机互动和个性化的智能服务等线上学习策略，作为线下课堂教学的重要补充。

1. 充分利用智学网开展大数据分析与精准教学

智学网大数据教学为老师们提供了教学监管、测验报告、精准教学、考试阅卷、练习中心、选题组卷等多种智能化的数据采集和分析功能（见图2-3-4）。

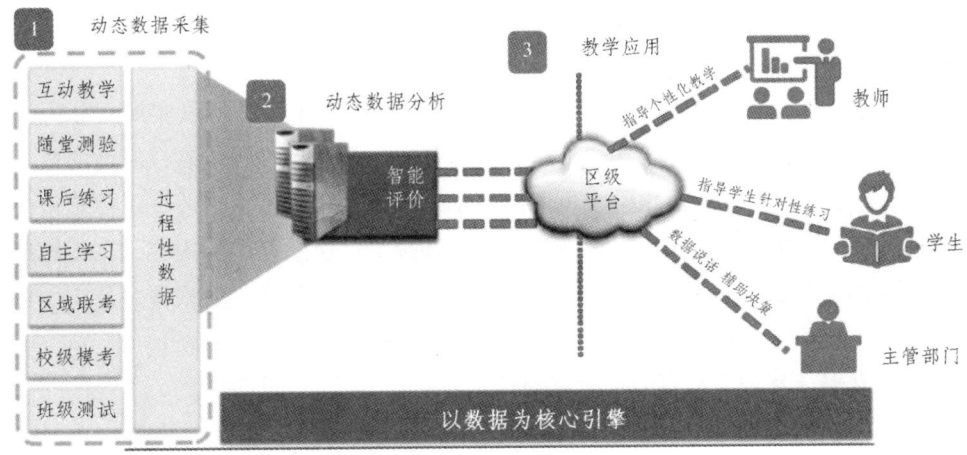

图2-3-4　极课大数据采集与运用

其中，教学监管模块可看到教师对系统的使用频次以及对学生的测试情况，学校可以参考本模块对教师进行考核，方便管理，促进教学质量。

测验报告模块包含了三种类型的报告：联考报告、校级报告及班级报告。对于一线教师，班级报告功能使用最为频繁，教师可以进行学情总览（平均分对比、学业等级分布、需关注学生、高频错题等数据模块），对薄弱知识点及共性错题数据一目了然。教师可以通过"试卷讲评"查看班级均分/得分率数据，也可以查看每道题的数据分析结果，实施精准教学，教师根据学生得分率重点讲解共性错题，或者查看到每一个学生的作答情况，对试卷进行重点题型讲解筛选。也可以组织学生相互辅导或通过其他方式对个别学生的非共性问题进行精准教学指导，提高教学成果。"试卷分析"则对试卷的难度系数、难度比例、难中易层级、测验学生真实性成绩区分度等进行分析。"成绩单"中包含每个具体学生的检测次数、得分，也可以查看学生的数据报告及原卷。

精准教学模块里的"学科学情""学生详情""考点分析""学业分析"等也都为老师们进行有效教学提供了科学的数据依据。比如，"学科学情"可以系统统计分析近半年内的检测次数，并对考核知识点、薄弱知识点及共性错题进行统计汇总，提示出需要注意的知识点，便于教师有针对性地备课和讲解。"学生详情"则可查看到每一个学生对每个学科知识点掌握情况，系统根据学生的数据呈现的颜色模型和标志符提示的上升、下降、波动及临界学生，生成成绩趋势

图。"错题本"模块中,系统生成每次检测或考试的错题本收录,方便教师因材施教、因人辅导。

所以,依托互联网学习的个性化、智能化等特点让学习可以实现"私人订制",即针对学习者个体的学习需求、学习基础、学习风格提供有针对性的教学方法或者学习内容。个性化学习可以提高学生上课的积极性,也改变了传统集中式和粗放式的教学方式,可以让学生个性化选择自己所感兴趣的内容,真正做到个性化学习、全面发展。智能AI评估学生的学习情况,附带学业报告,分析优势学科与弱势学科、知识点漏洞等,让学生清楚知道自己哪里仍需提升。

2. 依托互联网突破学习的时空局限

"教育互联网+"可以突破传统的时空局限性,为学习者开辟新的学习空间,更好地实现教育公平、教育精准扶贫。突破时空限制,整合多种资源,丰富学生学习体验,促进意义建构。

从时间维度来看,学习时间不再局限于单一的课程教学,学习者在科技的支持下能够在任何时间进行即时学习或碎片化学习,从正式学习转变为正式学习和非正式学习相结合。[3]另外,在移动互联网的影响下,学习时间贯穿于课前交互、课中交互和课后交互的始终。

从空间维度来看,在科技的影响和支持下,学习空间从现实空间走向虚拟空间,由封闭、固定的学习场所走向开放、自由的网络空间,集中体现为由狭小的教室空间转向相对开放的区域空间乃至全球空间,再到更为开放、自由的网络空间乃至宇宙空间。[4]

科技提供了丰富的信息表现形式,从传统的口耳相传、纸质书刊到音频、视频、录像等全媒体的多种数字化表现形式,丰富了学生认知世界的方式,信息化、智能化、可视化教学成为课堂常态。[5]

此外,技术实现了学习资源的无限可复制性与广泛通达性,大大增加了有学习意愿的学习者的机会。各类学习App也可以辅助学生课后学习,如开展英语听读、英语配音、限时练习、巧学巧记等。学习的时间、地点、内容、形式这些边界都被打破,教育资源的普惠化使得占有知识不再是少数人的特权,学习者可以通过在线教育网站、运用移动设备或终端进行形态各异的交互学习,共享丰富的线上和线下学习资源。

教师围绕教学目标,选取线上教学资源,制作微课、PPT,学生可以根据自身情况在任何时间和地方完成任务。线下补充讲解,侧重教师与学生、学生与学生之间的交流互动,推行"生讲生学"以解决学生动力不足、教师兼顾不到的问题。在传统模式下,老师在布置作业后催交、批改作业需要投入大量的时间、精力。哪些人没有交作业,哪些人没改错,改错的质量怎么样,这些问题都十分烦琐,令人头疼。而在线利用智学网布置作业后,学生有没有完成作业、完成作业的情况怎么样、有没有订正,系统都会有直观的反馈并且一直记录在册,教师可以根据需要随时查看,学生提交作业后马上可以看到每道题的解答过程,方便自己及时改错。学生做作业不受时间和地点的限制,也方便查看反馈信息,还符合在网络环境下成长的孩子的特点和习惯,让学生乐学。

由此可见,时间和空间将不再是人们进行知识生产、传播与应用的限制性因素,相反,在多种学习新形态下人们的学习将更加自主、自觉和自由。

3. 利用人工智能解锁新的学习形式

随着人工智能时代的到来,学习越来越呈现出实践性、情景性的特征,单靠死记硬背就可以掌握的能力逐渐失去价值。我们必须更加重视学生的参与和体验,鼓励他们在做中学。人工智能辅助教学是学校教学方式变革的重要支撑系统。目前,图像识别、语音识别、人机交互等人工智能应用已经在学校教学中发挥了重要作用。[6]例如,通过图像识别技术,人工智能可以使教师从繁重的批改作业和阅卷工作中解脱出来;语音识别和语义分析技术可以帮助教师进行英语"一对一"口语测试,还可以纠正和提高学生的英语发音;人机交互技术可以帮助教师在线为学生答疑。此外,人工智能在个性化学习、智能学习反馈、机器人远程志愿者教学等教育领域也为学生提供了很多便利。

对此,学校先后建立了"英语听说教考平台""VR虚拟学习情境课堂"等,通过人机互动,提升学生学习活动的参与感。

通过"英语听说教考平台"(见图2-3-5),安排学生每周进行20分钟左右的人机对话练习,培养学生口语水平与自主学习的能力,实现以练促学的目标,营造学生自主学习口语的环境与条件。学生的兴趣浓厚,表现兴奋,对课程的关注度很高,为课程的顺利开展奠定了基础。在应用层面,目前重点关注学生AI人机对话时的口语表达与课文朗读。利用情景模式下的AI人机对话,提升学生的口语表达能力与信心。

图2-3-5　英语听说教考平台

　　虚拟现实是一种可以创建和体验虚拟世界的计算机仿真技术，利用计算机生成一种模拟环境，模拟人类的听觉、视觉、触觉、嗅觉等感知，使用户融入该环境中，给人以身临其境的深刻体验。[7]利用技术创造"真实"学习环境，从而达到学习内容与现实环境有意义的关联和互动，促进知识的深层次理解。例如通过iPad、投影仪、VR眼镜等设备，开展多元化授课，让学生更好地理解知识；在儿童早教以及STEAM教育（科学、技术、工程、艺术、数学的融合教育）中，利用教育机器人吸引学生注意，同时协助老师上课。

　　不过，把虚拟空间变成学习情境，不能为技术而技术，要从任务入手，将现实中难以实现的情景用技术来呈现。设置富有挑战性的问题，鼓励不同观点的碰撞，寻找解决问题的多种途径。为学生经历和完成复杂的、挑战性的任务提供情境，增强学生学习动机和学习投入，促进学生自我导向的学习，扩大学习交流范围和交流对象，帮助学生发展社会基本技能。

（五）建立生态的管理机制，推动双线混合教学快速发展

　　线上线下混合教学管理策略主要研究的是学校对线上线下混合教学工作或任务进行管理时采取的策略。在管控的过程中以更敏锐的"嗅觉"来应对混合教学环境的变化。

　　1. 学校领头试点，以点带面助推双线混合教学

　　线上线下混合教学对大多数教师来说都是初次探索体验，面临教学方式与

技术应用不够熟悉的现实。学校开展班级试点，以技术攻关为核心，以互动教学为着力点，反复进行"录播+线下答疑""课件+线上直播""微课+线下答疑""自主导学+线上答疑"等线上线下混合教学形式教学流程试验，探索各种信息技术与教学行为的结合，并召开教学视频会，试点班级进行现场或直播展示，全校教师观摩学习。在此基础上，开展了以班级和学科组为单位的网络技术运用培训，并以备课组为单位，统一提交线上线下混合教学实施书面意见，鼓励教师提出疑问，动员有经验的教师总结分享有效做法，全面解除教师线上线下混合教学的疑虑，提升线上线下混合教学水平。

2. 协同管理双线课堂，推动混合教学快速发展

实现年级管理，分配干部下沉班级，每天不定时巡查各班双线教学情况，督促教学精细管理。实现教师管理，由班主任和学科教师组每天及时收集汇总线上线下教学、家校合作、心理疏导、网络安全、网络文明等情况，积极向德育处、教导处反馈双线混合教学情况。实现学生自主管理，充分发挥班干部、科代表作用，坚持每节课都由学生自主管理。

DIA混合教学的开展，离不开学校网络服务中心给予的技术保障，同时也要求教师加速教学方式变革、加强学科教研开展、积极提升线上教学水平。另外，适用于线上的家庭人员辅助管理和班级、校级的管理都对混合教学的有效开展产生了重要影响（见图2-3-6）。

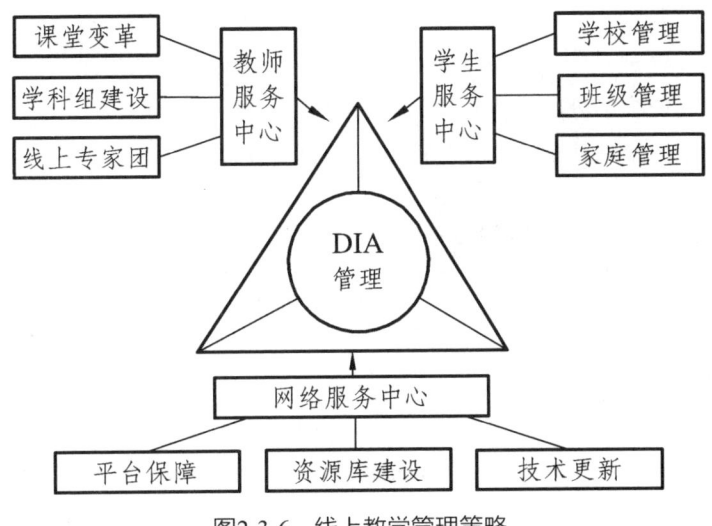

图2-3-6　线上教学管理策略

（六）创设丰富的学习评价形式

在大数据时代下，借助人工智能和教育的融合，较好记录学生学习过程中的行为模式和思维过程，能够对学生的学习进行全面诊断和分析，进而也促进了学习评价从终结性评价向形成性评价和终结性评价结合的方式转变。在这个过程中，老师们将更多关注学生学习过程中存在的问题和困惑，优化教学目标和策略（见图2-3-7）。

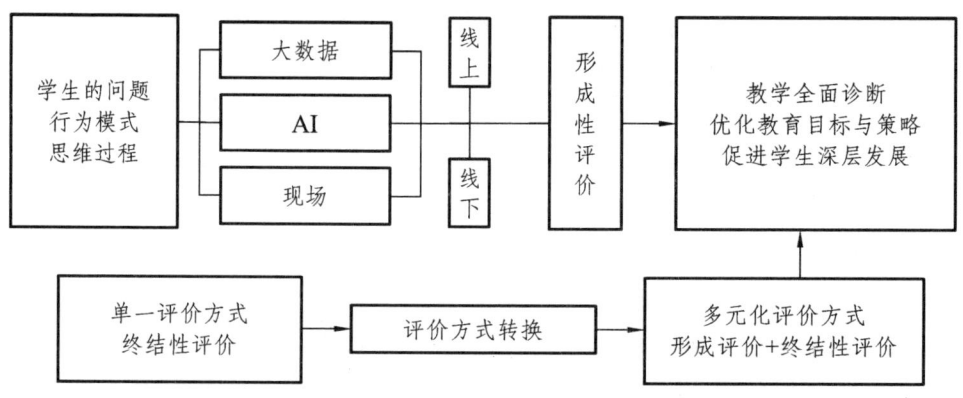

图2-3-7　DIA双线混合教学的评价方式转变

例如，我们利用智学网进行个体行为偏好的大数据分析与跟踪，确定学习者所需的学习资源类型，通过智能推送学习资源和个性化学习服务支持，记录每个学习者的学习基础、学习速度、学习进度以及交互情况，为学习者提供有针对性的学习建议。这种基于大数据证据的学习环境，能对学习效果进行过程控制和隐性评价，改变传统以分数为核心价值取向的单一总结性评价。

混合教学的学习评价方式大体可以采用如下方式。

1. 教学前置方案检测

教师通过网络平台提前布置预习任务，学生通过网络、书籍等完成预习任务，教师在课前实施精准评价，从学生情况出发微调整课堂内容，实施精准化分层教学。

2. 即时点评

教师通过"录播+线下答疑""课件+线上直播""微课+线下答疑""自主导学+线上答疑"等线上线下混合教学形式，建立起开放互动的双线课堂，线上线下都能实时展开点评。

3. 课后实时诊断评价，发布个性化作业

教师可在线下教学中布置线上随堂检测任务，教师实时收集课堂反馈，调整教学方法，向学生再次发布个性化课后作业，通过实时错题整理和在小组活动中答疑解惑，对疑问点进行定制辅导突破。

4. 延时性评价

私人订制错题收录，永久保存。减轻学生题海负担，通过线上教育逐一订制出私人错题本，老师针对错题范围再次在教学中突破教学漏洞，以期达到持续发展的、多元的生态育人效果。课后通过网络视频、校会才艺展示、社区实践服务等将课堂延展到课外或社会，同时融入学生生活，建立了持续的师生、生生、家校一体的生态化持续性发展教育。

四、实践成效

（一）学校双线混合教学体系构建基本成型

一是完善了软硬件系统建设。学校依托项目建设，完善了全校的高速网络宽带建设，组建了专门的平板互动教室，全校师生在"尝试—适应—熟练"的过程中，现已基本能顺利使用相关软硬件设施，特别是智学网数据分析、VR情景平台、武侯"三顾云"平台等。二是建立健全了管理机制。学校从无到有，快速形成了双线混合教学的信息管理部门和指导小组，对全校师生在实施双线混合教学中存在的问题进行及时解决，做好技术支持。三是创建了配套的资源库。为了提高老师们对双线混合教学的适应度，学校专门组织人员创建了不同学科的资源库，将本校教师，省、市、区级优秀教学资源以及网络精品资源导入到本校资源库，让老师们线上备课、教学、作业布置更便利，从而促进新型教育方式的推广。

（二）教师DIA混合教学意识与能力提升明显

经过一段时间的培训和广泛参与，教师DIA混合教学意识增强，能够主动适应混合教学的发展。一是教学的主动性增强。教师主动融入新时代教育改革，积极转变传统教学观念，以生为本，明确自身的角色定位，理解混合教学的内涵、特征，强化自己对混合教学要求的认同感。二是增强了混合教学教研意识。教师针对教学形式进行了改变，翻转课堂、智慧教学、精准教学、混合式教学在教学中逐渐实施。教师教学交互设计能力增强，建立以教研组为单位的DIA混合教学技能发展共同体，聚焦关键问题的讨论交流分享，进一步加深对混合教学要求和经验的学习，成立混合教学攻坚组，专门就线上线下混合教学的有关问题进行研究，提升研究能力，保证学习效果，进行课程教学的重新设计，不断激发学生的学习兴趣，保证教学效果。三是增强了混合教学新技术运用意识。年轻教师主动学习网络教学的新形式，老年教师也逐渐融入技术革命的圈子，网络道德、网络文明、网络安全、大数据、精准教学、各类教学App、多分系统、极课系统成为教师教学的热词。

学校组织了两次相关主题的教学论文评奖，有90多人次获得校级论文一、二等奖，其中将生态理念与混合教学关联探究的有20多篇；在专业杂志上发表混合教学主题论文4篇，形成《线上线下混合教学论文集》一部，包括"线上教学喜与忧""混合教学问题""强化教师网络信息技术与教学有机协调统一""双线融合教学的生态化路径"等主题。

（三）混合教学下的学生状态良好，自主学习能力提升

针对双线学习，学生和家长都克服了一定的困难，并主动接纳，学生能合理地规划每天的学习计划，家校社联系更加紧密，家庭监督也比较到位，主体的自主学习意识也逐渐增强，初步成功构建有效运行的混合教学生态系统。混合教学让项目式和任务式教学成为可能，依托数据为教学提供了精准分析，也为学生提供了更加个性化的辅导。线上的学习内容与方式也增强了学生的信息素养和学习兴趣，提高了学生掌握基础技能的速度，减少了学生投入的时间，进而让学生有了更多的自主时间。根据"混合教学学习效果调查"的数据，82%的学生都认为对自己的学习有较好的帮助，100%的学生都愿意积极接受混合式教学。

双线混合教学案例展示

课题名"Thanksgiving in North America"

教学目标：

1. 知识目标：能够借助Key points进行看图复述，了解中西方主要节日的含义、庆祝方式等习俗，比较中西方相似节日的异同点，能用简单英文短长句比较

清楚地对其进行描述，能初步用英语介绍祖国的主要节日和典型的文化习俗。

重点单词：celebrate, mix, fill...with, cover...with, traditional, finally

重点句子：In most countries, people usually eat traditional food on special holidays.

Families see Thanksgiving as a time to get together and usually celebrate it with a big family meal.

First...Next...Then...When it is ready...Finally...

2．能力目标：学生能通过图文结合读懂文章，并能书面表达食物制作过程，增进学生对世界多元文化和本土文化的理解，锻炼交流与合作能力，提升英语运用能力，获得民族自豪感。

3．情感目标：学生能够了解西方国家中的人际交往习俗，了解世界上主要的节假日及庆祝方式，关注中外异同，加强对中国文化的理解，使学生具有国际责任感、民族自豪感和全球意识。

教学重点：阅读能力的培养和国际化意识的提升。

教学难点：食品制作的方式和活动的有效开展。

教学方法：小组合作，情境教学，交际法，体验法，角色扮演法。

教学过程：

1．课前线上布置前置学案。通过"三顾云"发布课前预习任务。

学生分成八个小组，每组抽签挑选一个任务完成，在上课时分享交流。任务：在网上搜集北美感恩节介绍资料并用英文做简短概述；在网上搜集中国国庆节介绍资料并用英文做简短概述；准备制作粽子的食材并熟悉制作步骤；准备制作月饼的食材并熟悉制作步骤；准备制作饺子的食材并熟悉制作步骤；准备制作汤圆的食材并熟悉制作步骤；准备制作长寿面的食材并熟悉制作步骤；准备制作家乡菜的食材并熟悉制作步骤。

学生预习，教师在上课前完成预习任务的批改，了解学情，再次调整上课策略，以期达到最佳效果。

通过"一起作业网"完成跟读任务。

2．课中全面开展双线互动教学，用VR设备进行场景再现，身临其境过节日，连线外国友人，并录制学生食品制作过程，分享到家长群、班级群，同时开展多种学生体验活动，让学生动手动口，身临其境地感受交流课堂，达到生态共育。比如：

（1）小组合作调查法：通过网络等查找资料，了解北美感恩节和中国国庆节，在具备国际意识的同时培养文化自信。

（2）小组体验法：小组合作准备食材，在课堂上展示制作中国传统食物的步骤。

（3）交际法：邀请外教展示食物制作过程，介绍国外文化。

（4）VR场景再现：利用VR教学设备中提供的节日视频和食物制作视频，实现场景再现和人机互动。

（5）角色扮演法：学生扮演不同文化中的角色，能用简单英文短长句比较清楚地对其进行描述，让学生在中西方比较叙述中体验"异文化"。

（6）网络资源：感恩节的教学视频以及学生找的中国国庆节的教学视频。

3．课后通过"一起作业网"和学生练习册同时发布"分层作业"，做到因材施教。打破传统一刀切的英语作业，分层布置，实时反馈，让学生真正地从"要我学"转入"我要学"的状态，以期达到良好的生态教育效果。

"分层作业"有若干种形式，比如"背诵分层""听写分层""习题分层"，同时建立游戏闯关模式，为分层作业建立晋升通道，做到"分层不固定层"，调动学生积极性，建立常态化、流动性生态教育模式。

4．通过"智学网"实时监测教学效果，调整课堂教学。教师通过书籍、资料、网上资源等编写出课堂知识点题单或者单元检测卷，通过测验及"智学网"分析，精准找到漏洞知识点和高频错题，教师实时改进课堂教学，学生实时整理错题。

5．一周学习结束后，在"AI英语听说系统"中完成相关的人机对话练习，进一步巩固学生的口语表达。

（设计人　赵丽丽）

注释

[1]迈克尔·霍恩，希瑟·斯泰克．混合式学习[M]．北京：机械工业出版社，2015．

[2] 南国农，李运林．教育传播学[M]．北京：高等教育出版社，2005．

[3][4][5] 张海生，范颖．"互联网+教育"时代的学习新形态：主要类型，共性特征与有效实现[J]．高等学校文科学术文摘，2019，36（1）．

[6] 庄彦利．人工智能辅助教学系统公校推广现状及路径探究[J]．科教导刊（电子版），2020（9）．

[7] 李萱．浅析人工智能对教育的影响及其应用[J]．神州，2019（8）．

第三章 学生篇
——生态育人的探索与突破

第一节 基于教育生态观的学生核心素养培养

一、问题的提出

21世纪是知识经济、信息化和全球化时代，社会发生了巨大变革，我们的基础教育方式已经不能满足时代发展需求，我们应把孩子们培养成能解决复杂问题的人，而不是知识的存储器。为此，落实学生发展核心素养培育，明确各学段、各学科具体的育人目标和任务，成为近年来教育改革和实施的重要方向。

（一）国家教育改革导向

2014年，教育部印发《关于全面深化课程改革 落实立德树人根本任务的意见》，文中提出了引人关注的词——核心素养体系，明确了学生应具备适应终身发展和社会发展需要的必备品格和关键能力。2016年发布的《中国学生发展核心素养》研究成果，进一步明确了"全面发展的人"所需具备的六大关键素养。2017年9月，中共中央办公厅、国务院办公厅印发《关于深化教育体制机制改革的意见》，再次明确了四个"支撑终身发展、适应时代要求的关键能力"。由此可见，培养对学生终身有益的核心素养已成为人们关注的焦点。

"核心素养"考虑了时代性和前瞻性，反映了21世纪经济社会发展的最新要求，符合全球化与本土性的双要求。从2005年欧盟发布《终身学习核心素养：

欧洲参考框架》(*Key Competences for Lifelong Learning：A European Reference Framework*)，到2016年我国发布《中国学生发展核心素养》框架，多年来，各个国家和地区提出的核心素养，都基本涵盖了创新创造能力、信息素养、国际视野、沟通交流、自主合作、社会参与及贡献、自我规划与管理等素养。核心素养成为每个国民应对21世纪挑战都应具备的基本素养。

2019年全国教育工作会议上，教育部部长陈宝生强调："要以凝聚人心、完善人格、开发人力、培育人才、造福人民为工作目标，朝着'改过来'的目标下功夫。重点针对长期以来疏于德、弱于体和美、缺于劳的问题，换脑筋、换思路、换办法，改环境、改途径、改习惯，让立德树人回归社会、回归家庭、回归生活，以新的方式推进立德树人工作，培养德智体美劳全面发展的社会主义建设者和接班人。"

因此，就国家教育改革方向来看，落实立德树人目标是教育根本方向，而学生核心素养的培养则是落实立德树人目标的重要内容，是纠正教育偏颇的重要举措。学校将国家人才培养导向和国际社会人才培养研究热潮相结合，以"培养学生核心素养、落实立德树人"作为生态育人基本方向，具有重要的社会价值与意义。

（二）学校育人实现生态可持续发展的现实需求

学校多年靠苦干实现教学业绩增长的方式弊端显现，师生都疲于教与学，学校教育与立德树人的要求存在明显差距，重智轻德，过分追求分数和升学率，学生的社会责任感、创新精神和实践能力薄弱等问题凸显。以教育生态观审视学校育人现状，发现教师对学生核心素养理解不足、培养意识不强，学生对自己能力和品格的追求不够，家长对孩子的教育和培养意识淡薄。研究对象学校自身受条件所限，在与城内学校学业水平同等竞技下，管理和教育的压力非常大，导致没有时间和精力投身高质量的教育教学研究，从而在学生核心素养的培养与立德树人方面也做得不好。这些问题阻碍着学校、教师、学生等生命主体的生态可持续发展。

近年来，学校积极探索生态育人路径，想清楚"培养什么样的人"是关键。当前的学校教育不再只是培养基本知识与技能，而是要落脚于培养能够适应社会发展需要的新时代公民。他们需要健全的人格、健康的心理、强健的体魄、持续的学习力以及对社会和国家的认同感和责任感。因此，强化学生核心素养培养，不仅有利于学生的终身发展、全面发展，也能促使学校教师转变教育教学方式，守住教育根本任务，从而实现学生和学校生态型发展。

（三）学生面向未来社会需要核心素养

人类当前已经进入信息智能文明时代，各类知识浮在云端，浩如烟海，随时可查、随处可查。因此，问题解决能力与创新思维能力才是现代竞争力的核心。可持续的学业成绩来自学生的学习力而非知识灌输的数量与次数，当前提倡的学生核心素养培养摒弃了单一的学科知识体系，更加关注获得知识的方式及过程，这也是素质教育真正落实的表现。

福建师范大学基础教育课程研究中心主任余文森曾讲道："中学阶段是学生核心素养形成的关键期，错过了就很难弥补。核心素养作为学生最基础的、最具生长性的关键素养，就像房屋的地基，只有这些关键素养形成了，才能安全构建更高的上层建筑。"因此，在中学阶段，转变教育教学方式、强化学科能力培养、构建完善的课程体系、搭建丰富的活动平台，从认知能力、合作能力、创新能力和职业能力等方面培育学生的核心素养十分重要。

研究对象学校作为一所城市边缘薄弱学校，2017年1 205名在校学生中，随迁子女学生884人，占全校人数73.4%，城市化进程中本地失地农民子女占22.5%，进城务工人员子女和失地农民子女共占95.9%。经学校摸底调查数据显示，学生有诚实守信、吃苦耐劳、坚强朴素等优秀品质，但由于学生成长的家庭和社区环境差，学生的沟通交流能力不强，自我表现力弱，缺乏自信心，志向水平低，审美情趣较低，自律性也较差，在学业生涯规划和创新学习能力上更为欠缺。家长文化程度普遍不高，80%为高中或以下文化水平，教育意识淡薄。显然，从学生终身发展和全面发展的角度来看，这一切都迫切地需要得到改变。特别需要依托学校教育获得面向未来、适应当代的关键能力和品格，为其未来幸福人生奠定基础。

二、相关概念与思路

（一）相关概念

1. 学生核心素养

学生核心素养主要指学生应具备的，能够适应终身发展和社会发展需要的必备品格和关键能力。2016年9月，北京师范大学研究团队发布了《中国学生发展核心素养》研究成果，以科学性、时代性和民族性为基本原则，以培养"全面发展的人"为核心，从文化基础、自主发展、社会参与三个方面，提出了人文底蕴、科学精神、学会学习、健康生活、责任担当、实践创新六大素养。具体细化为十八个基本要点：人文积淀、人文情怀、审美情趣、理性思维、批判质疑、勇于探究、乐学善学、勤于反思、信息意识、珍爱生命、健全人格、自我管理、社会责任、国家认同、国际理解、劳动意识、问题解决、技术运用。

需要特别提出的是，本研究所谈到的"学生核心素养"主要是指具有城市涉农特点的初中学校学生核心素养，包含五大方面：文明与审美、运动与健康、劳动与责任、合作与交流、学会学习与自我管理。以上五类核心素养是通过问卷调查和文献调查归纳得出城市涉农初中学生的诸多特点，同时结合学校多年学生素质教育实践情况、全国初中学生综合素质研究，再根据文化基础、自主发展、社会参与等核心素养18个要点的综合分析，集中聚焦，最后研判而来。

2. 教育生态观

教育生态观是生态学的"生态平衡与生态和谐"概念在教育上的移植、借用，它强调运用生态学原理、法则，思考、理解、解释复杂的教育问题，是以生态的方式来开展教育理论与实践的理念。强调教育要以人为本，教育要促进人的全面、可持续发展，强调教育的持久性、连续性、可再生性发展。

教育生态观认为教育发展具有整体和谐平衡性、多样共生性、动态开放性、自主独立性和可持续性等特点，学生核心素养培养也讲究多样整合性、动态持续性、自主性、全面开放性等特点，它们有许多关联性。教育生态观强调学习的自主探究和多元互动，注重知识、技能的动态生成，并具有开放性、整体性、共生性、和谐性、多样性、协变性等特点。核心素养培养着力学生全面发展，这与学校可持续发展的目标是统一的。在多样、共生、动态、开放、平衡与可持续性的

环境中，让孩子们收获终身受益的关键能力与必备品格。

（二）解决思路

教育生态学认为，生态的教育应该具备多样性、共生性、平衡性、动态性、持续性等特点。根据这个原则，学校从多角度构建核心素养培养策略，包括明晰城市化进程中城市涉农初中学生核心素养培养目标，以学科核心素养培养为导向实施生态课堂，基于核心素养培养的学校课程体系优化与建设，在核心素养视野下创新德育活动，以及将核心素养培养融入跨学科教学中开展综合实践课程等。

1. 理论探究

通过文献阅读等弄清核心素养内涵，梳理国内外研究现状，在充分认识核心素养概念和培养意义的认知下再进一步开展实践探索。

2. 实情调研

通过问卷调查、资料查看、座谈、访谈等方式，深入调查学生生情、学校自身的基础条件与开展学生核心素养培养的困境。将研究问题进一步聚焦，比如具有城市涉农初中学生特色的核心素养体系是怎样的？应该具有什么样的内涵？如何依托教育生态观的理论去构建城市涉农初中学生核心素养培养的路径与策略？

3. 框架构建

通过学生、家长、教师问卷调查和文献整理归纳得出影响城市涉农初中学生个人终身发展和适应社会的最关键能力和素养。再结合学校多年学生素质教育实践情况，全国初中学生综合素质研究，以及全国中学生发展核心素养的综合分析，总结出符合城市涉农初中学生发展需求的核心素养培养目标。

4. 实践推进

用"核心素养目标—存在的问题—拟采取措施—达成行为目标"的方式初步梳理出城市涉农初中学生核心素养培养不足问题的解决措施，在此基础上归纳提炼，形成可参考、可推广的核心素养培养的策略（见图3-1-1）。从课程改革、德育建设、活动组织、教师发展、课堂教学、合力共育等方面入手，围绕"培养新时代新公民，为孩子们打下幸福人生基础，实现学校生态发展"的目标，逐步形成学生发展核心素养培养的可操作性措施。

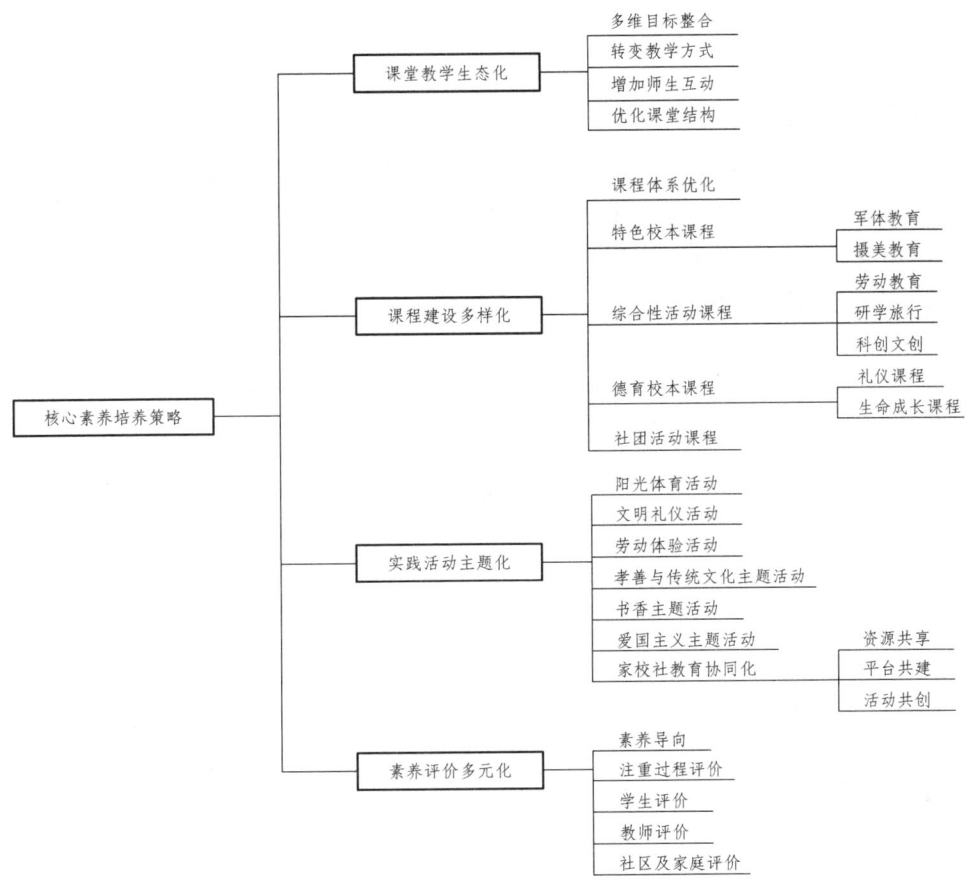

图3-1-1 学生核心素养培养策略构建思路与方向

三、主要内容与策略

（一）分析核心素养培养研究现状

2014年，教育部印发的《关于全面深化课程改革 落实立德树人根本任务的意见》中提出了核心素养体系，明确了学生应具备的适应终身发展和社会发展需要的必备品格和关键能力。

2015年，北京师范大学褚宏启教授在《人民政协报》上发表了自己对如何培养21世纪中国首都学生核心素养的相关研究结果。[1]他针对学生学习动机、学习方式、教师教学方式、作业布置方式、教研方式、教育部门管理方式等做了细致调查与分析，研究了北京地区的学生应当具备什么样的素养，并提出当前必须转变教育发展方式的重要论断。其研究结果为全国开展核心素养培养与研究奠定了基础，明确了方向。

程先国等对核心素养的特性做了研究，认为核心素养是通过实践获得的发展性的知识、能力和态度，具有高迁移性和高生长性，培养学生核心素养的关键在于培养健康的创造性思维素养。[2]王芳则结合现阶段我国基础教育现状，提出以课程整合为核心，辅以核心素养教学和德育的观点。[3]辛涛等从可操作性角度出发，指出我国义务教育阶段学生的核心素养遴选应注重一贯性、发展性与时代性，必须对教师日常教学、教育评价、教育改革发展起到指导作用。而学生核心素养模型的建立归根结底就是为了促进教育模式的转型。[4]刘健则将"生态学校"建设与学生"核心素养"相结合，提出以学生核心素养发展为标准来设计和评价生态学校。[5]吴乐乐等提出了从解读学生核心素养、开发配套课程资源、改进课堂教育教学、完善学生素养评价、跟进师资队伍研修等方面培养中小学生核心素养。[6]

总体来看，国内外相关研究主题主要集中在"核心素养框架、体系、内容的建构与界定""核心素养的本质辨析""核心素养的培育策略""学科核心素养建构""核心素养的教学改革""核心素养的培育评价"等方面。可见，核心素养的体系建立与深化发展已经成为顺应国际教育改革趋势，增强国家核心竞争力，提升国家人才培养质量的关键环节。

由于核心素养是对知识、能力、态度的综合与超越，它是高于学科知识的，因此在策略探究上更倾向于跨学科整合与综合。但当前对核心素养培养策略的研究更多的是基于学科特点开展学生核心素养培养，研究成果主要来自一线教育工作者。因此，对于核心素养培养策略的探究应主要围绕通过课程改革、优化课程结构、整合课程资源、转变教学方式、修正教育目标、转变教育质量评价和学业评价标准等几个方面。所有的培养策略均围绕"以学生为主体"而开展，针对不同教学与学习个体，研究自我发展和互动规律，使核心素养培养在教学中落到实处。

（二）构建学生核心素养培养目标

核心素养是学生最重要的素养。与一般素养相比，核心素养具有更为强烈的优先性，它是一个学习者在学习过程中所必须习得的关键性能力与品质。[7]反观当前的《中国学生发展核心素养》中的六大核心素养指标，所涉及的"人文底蕴、科学精神、学会学习、健康生活、责任担当、实践创新"，在内容上面面俱到，固然具有较强的科学价值与创新性，但是这看上去似乎更像"综合素养"，难以彰显"核心"意蕴。从生态的角度看，"核心的"应是适应的、内赋的、阶段的、可持续的、驱动性等特点的统一。

因此，根据《中国学生发展核心素养》三维六目标十八分目标体系，研究对象学校通过学生、家长、教师问卷调查和文献整理归纳得出影响城市涉农初中学生个人终身发展和适应社会最关键的素养和能力。并以生态观为指导，结合学校多年学生素质教育实践情况，全国初中学生综合素质研究，以及全国中学生发展核心素养的综合分析，认为研究对象学校的学生在健康与审美、责任与担当、沟通与交流、学习与发展等方面应该进行重点培养。同时，结合五育并举的立德树人目标，更进一步明确了思想道德、人文素养、审美情趣、学习策略、劳动实践等方面能力是城市涉农学校应该着重培养的。最终提炼出符合学校学生实际的核心素养培养目标——文明与审美，运动与健康，责任与担当，合作与交流，学会学习与自主管理五大方面（见表3-1-1）。

表3-1-1　学生核心素养遴选

教育环境	城市涉农初中学生特点	核心素养培养目标
信息环境	网络普及，沉溺网络娱乐，但缺乏信息搜集与转化能力	学会学习、自主管理
国家意识	家国历史意识淡漠，国防意识下降	责任担当
城市环境	立足城市，安身立命，自信乐观成为"蓉漂"孩子必备的心态	责任担当、运动健康、沟通交流、文明审美
家庭环境	家庭教育不足，与父母交流较少，与外部世界接触有限	沟通交流、自主管理、责任担当
自身素质	文明修养不足，审美情趣缺乏，学习习惯较差，学习方法不足，心理问题增多，身体素质下滑	文明审美、学会学习、自我管理、合作交流、运动健康

用"核心素养目标—存在的问题—拟采取措施—达成行为目标"的方式初步梳理出城市涉农初中学生核心素养培养的问题和可能的措施,通过系统化思考,归纳提炼出可参考、可推广的核心素养的培养策略(见表3-1-2、表3-1-3)。

表3-1-2　学生核心素养培养"问题—措施—目标"

学生存在的素养问题	学校采取的突破措施	达成的行为目标	对应核心素养
文化基础、学习策略、学习习惯、自主学习、反思探究不足	合作式、探究式、情景式、参与式学习；生态课堂；学习习惯养成；学习方法心理班会	乐学善思	学会学习
自律和自觉性较差,主要依靠被动管理	创新学校学生自治管理平台；学生自主管理习惯养成；家校合育培养学生生活自律习惯；自管理方法心理班会；树立责任意识	学习与生活的自主管理与自我负责	自主管理
学生不自信,沟通交流能力不佳,缺乏语言表达力,在学习中合作探究精神不足	注重合作交流表达的学科生态课堂；改进课堂教与学的方式；开展主题丰富的学生展示和交流活动,搭建平台；构建演讲与口才社团活动；各类兴趣社团活动课程	学生敢于在不同场合表达自己、展示自己,并能清晰表达观点,能与人和谐共处	合作与交流
学生在生态文明、礼仪文明、行为规范上有待提高,审美能力、尚美情趣不足	艺术社团活动、艺术节；环境保护活动；文明礼仪示范活动；尊师重道、尊老爱幼德育活动；多元阳光校本课程(礼仪课、法制课、摄美课等)	讲卫生、讲文明、讲礼仪、讲规则；爱美、尚美、创造美	文明与审美
运动不足,缺乏正确运动方式,心理健康、安全意识需增强	阳光体育运动课程,心理健康课,趣味体育活动,运动主题系列活动	会运动、爱运动；具有积极阳光的心态	运动与健康
责任感不强,责任意识不足,缺乏时代担当的问题	国防教育,军体校本课程,军体节；志愿者主题系列活动；学科教学中价值渗透；国旗下风采展系列活动；德育班会课价值输入；家校共育活动；爱国主义教育、劳动教育；理想与信念教育	能够自主管理、服务他人；热爱劳动；具有崇高的理想信念和家国责任感	责任与担当

表3-1-3　学生核心素养培养策略研究内容

培养策略	指导思想	预设实现措施
基于学生发展核心素养的课程体系优化	针对性、多元性、综合性	1．在开足国家课程的基础上，开发多元阳光校本课程，着力核心素养培养； 2．根据城市涉农初中核心素养培养目标，打造符合校情的德育校本课程； 3．开设兴趣社团课程； 4．打造基于学科融合的综合实践活动课程
构建促进学生核心素养形成的多彩德育活动体系	符合学生身心发展特点，符合公民素养需求，符合未来社会发展需要	1．提高学生对家国文化的认同，从传统文化中汲取营养，打造系列传统节日主题活动； 2．根据学生身体健康素质现状，打造系列运动主题活动，帮助学生形成爱运动、会运动的习惯； 3．开发志愿者服务、爱国主义教育、理想信念教育等主题鲜明的系列德育活动，提升学生社会责任担当意识，形成家国情怀； 4．大力开展劳动教育，培养职业兴趣，提升职业规划能力
转变教学方式（学习方式、教育方式），构建基于核心素养培养的生态课堂	在生态课堂框架下最大化促进学生核心素养形成	1．倡导发现学习、自主学习、合作学习； 2．注重兴趣培养、自信树立，增强学生合作交流能力和积极分享意识； 3．加大教师专业化发展培训，提升教师专业研究能力； 4．推动启发式、探究式、讨论式、参与式、情景式教学探索； 5．挖掘学科教学资源，培养学生核心素养
转变评价方式，形成学生核心素养培养综合评价体系	科学性、适应性、共生性	1．设计可视化的学生核心素养养成综合评价体系； 2．设计可量化的学生核心素养形成测试量表； 3．多主题形式评价

（三）重构生态课程体系

课程的结构、内容、形式的设置，很大程度影响了学校人才培养效果。我们认真梳理了研究对象学校的课程及问题，提出以生态学的教育观、价值观、认识论和方法论来解决课程问题，构建有利于落实学生核心素养培养的生态课程体系。

在生态课程建设上，一是构建开放多级的课程体系。既要认真落实"自上而下"的国家课程，也要给予教师团体"自下而上"开展课程决策与开发的权利。二是各级课程间做到开放包容。国家课程管理在宏观上给地方课程和学校开发课程以指导，而地方课程和学校开发课程则把上述指导具体化、多样化。三是以学生发展为主线。

1. **课程整体设计**

学校"生态课程"的设计理念以学生发展为核心，将国家、地方、校本课程进行资源整合，重新调整和设计，建立了基础性学科课程、精品化社团课程、社团开放自主活动课程、主干特色校本课程等（见图3-1-2、图3-1-3）。

在课程实施上，研究对象学校抓住"国家课程校本化，校本课程特色化"的主线，力求用丰富的课程与活动，让学生在体验中感悟，在感悟中内化。一是课程资源校本化开发。整合校本课程进行学科教学，注重课程综合实施，力促学生人文底蕴、科学精神、健康生活、责任担当和实践创新等素养的形成。如数学学科整合财商课程，化学、地理学科整合环保文明教育，生物学科贯彻劳动技术和生态文明教育，语文学科整合读写、播音主持、书法课程等。二是整体优化校本

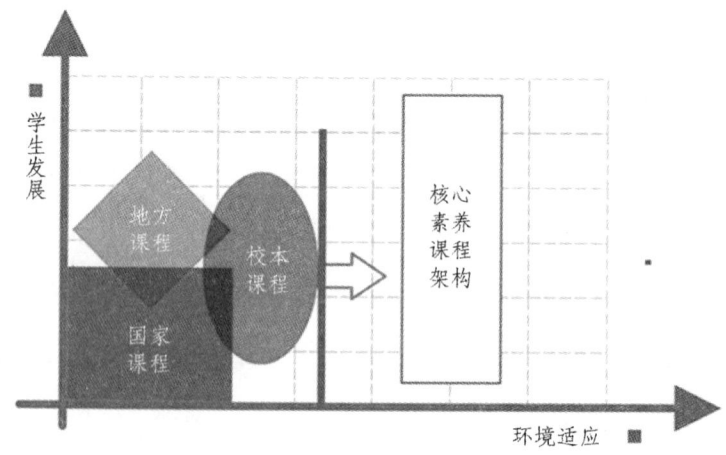

图3-1-2　学校课程建设与生态教育规律融合

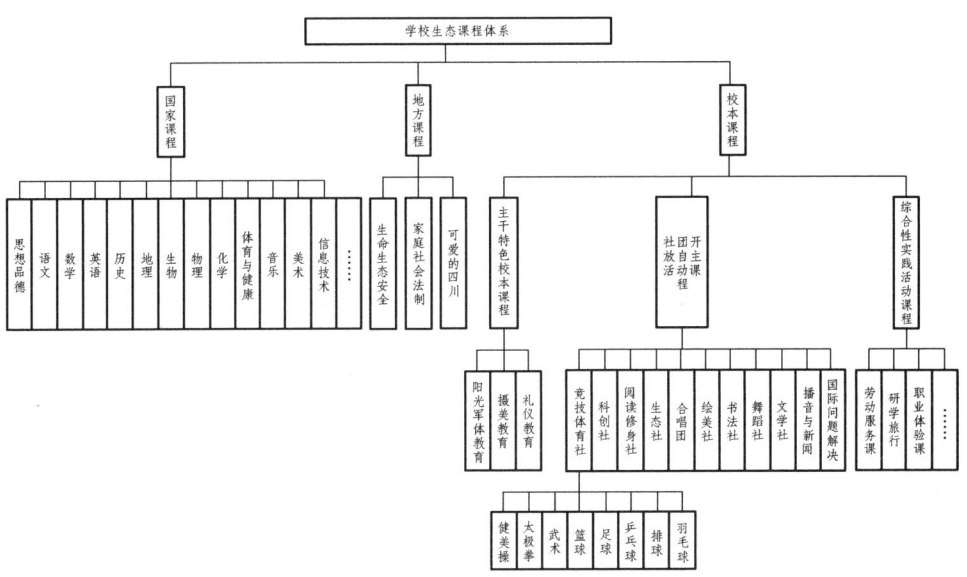

图3-1-3 基于学生核心素养培养的新课程体系

课程结构。结合学校教育教学实践，挖掘地方文化资源、社区资源，根据城市涉农初中学生特点，开发独具特色的校本课程。目前形成三大校本课程体系，学校主干特色校本课程、社团开放自主活动课程、综合性实践活动课程。

2. 特色课程建设

"军体固本"国防军体课程和"摄美"摄影艺术课程已发展成为研究对象学校的特色校本课程。学校的"立德砺能、至善共美"美育教育以社会主义核心价值观为先导，以"立德树人"为价值取向，围绕阳光德育、核心素养等教育核心理念，以军体教育和生态合育为抓手，兼具文化浸润、科研引领、制度保障，培养学生自立自信、互助合作、进取拼搏、纯洁正直、团结友爱的现代公民优良品质。将国防教育和体育深度融合，从家校社多元共育、生态合育多方面培育学生身体素质、家国情怀、价值观念、纪律规范、文明礼仪等核心素养，促进学生德能全面发展。摄美教育课程则是以"师生及学校发展"为中心，形成"教育—摄影—文创"的三维互联互动结构。让孩子们学会发现美、表达美，最终达到至善共美的人生境界。

3. 开发生命教育校本课程

为了增强学生珍爱生命、健全人格、社会责任、家国认同等关键意识，学校不仅组织大型德育文化活动，如军体节、艺术节、孝善文化节、快乐体育运动会等，还积极开发生命课程，促进学生健康成长。以学生核心素养培养为导向，以培养全面发展的人为己任，积极构建符合城市涉农初中学生生命发展需求的生命教育课程，根据不同阶段生命教育的培养目标和主题内容，将学生核心素养目标融入生命教育课程目标，力促学生成为身心健康、德智体美劳全面发展的人（见表3-1-4）。经过资源整合，形成生命校本课程"一棵小嫩芽的成长"，解决了学校德育发展一直比较薄弱的问题。

表3-1-4 不同阶段生命教育的培养目标和主题内容

阶段	核心素养培养目标	参考方式	对应课程
七年级上	1. 自我管理 2. 文明审美 3. 健康生活	1. 开展习惯养成主题班会 2. 健康生活习惯引导	1. 培养劳动服务意识，打造有洁、有序、有爱班级 2. "教室是我家，干净靠大家"主题班会 3. "改变自己，重获新习"主题班会
七年级下	1. 文明审美 2. 珍爱生命 3. 健康生活	1. 开展文明行为、文明精神相关的主题班会 2. 开展基于自我保护的安全教育 3. 开展心理健康建设的方法课，树立健康的生命观、世界观	1. "播文明之种，开文明之花"主题班会 2. "心有千千结"心理班会 3. "闲暇乐活族"主题班会
八年级上	1. 自主管理 2. 学会学习 3. 合作交流	1. 开展树立学习目标、自我管理的主题班会 2. 开展职业体验活动 3. 举行快乐学习、高效学习的讨论活动	1. "沟通训练营"心理班会 2. "读书三境界"主题班会 3. "做自己的主人"心理班会
八年级下	1. 家国认同 2. 责任担当	1. 开展爱国主义教育系列活动 2. 开展家风家训传承活动	1. "感恩，涌流在心间"主题班会 2. "爱我中华"主题班会 3. "小家书，大家风，长传承"主题班会

续表

阶段	核心素养培养目标	参考方式	对应课程
九年级上	1. 健全人格 2. 健康生活 3. 自我管理	开展激励学生坚强意志，转化挫折情绪的主题讨论和活动	1. "阳光总在风雨后"主题班会 2. "做得了钢铁侠，坐得住冷板凳"主题班会 3. "青春手拉手"主题班会
九年级下	1. 责任担当 2. 理想信念 3. 沟通交流	开展有利于学生树立责任意识和职业生涯规划的活动	1. "唯有理想信念让我不惧艰难"主题班会 2. "规划青春，演绎精彩"主题班会 3. "职业万花筒"心理班会

4. 丰富社团选修课程

学校将校本课程与阳光德育结合创立了阳光校本课程。开发多元阳光校本课程，与阳光德育凸显"多元发展，多彩人生"主题融合，提供学生个性特色发展的平台。为提升学生个性学习能力，创编国际理解、心理健康、法制教育、文明礼仪教育等多样校本课程，提升学生核心素养。同时，优化选修课，构建学生个性发展平台。选修课涵盖体育、音乐、美术、语言等领域，包括吉他、合唱、健美操、太极、武术、篮球、足球、乒乓球、剪纸、手绘、主持人、摄影、象棋、书法等，培养学生体艺技能，学生自主选择参与面达到100%。

兴趣选修课为学生个性与特长发展提供了绝佳机会，极大地增加了学生展示自我、增强自信、交流沟通的机会。"为了一切学生"，为了每一个孩子都有爱好和特长，学校为学生精心打造与选修课匹配的、涵盖文学艺术、摄影书法等领域的多个社团。学校把每周二下午第三、四节课统一调整为社团活动开展时间，学生们根据兴趣积极参与，逐渐把兴趣变成特长，做到"人人有社团，兴趣变特长"。每个社团活动有组织、有管理、有考勤，定时间、定方式、定内容地开展，规范到位、秩序井然。丰富多彩的社团活动，得到了学生和家长的热烈欢迎，每年艺术节、文化节等将展示社团活动成果。如今摄影社团已经推出了十余期成果展，文学社团已经开展了丰富多彩的阅读体验活动，艺术社团在每年的艺术节上成为主力。孩子们开阔了视野，培养了兴趣爱好，提升了核心素养。学校还结合核心素养形成一系列跨学科社团，组建环保、演讲、科研社团等。

（四）形成以素养培育为导向的教学生态

1. 倡导师生互动，培养课堂生态氛围

基于核心素养培养的生态课堂，是让每一个生命体（师生）都能在教与学中共生共长、能量互换，在师生、生生的合作与分享中培养学生勇于探究、乐学善思、沟通交往和问题解决的能力。

生态课堂以学生为主体，强调生命、生活、生机、生成，抓住生态的多样性和共生性，通过现代课堂教学手段，既兼顾全面公平性，又不压制学生个性，实现教学与学生发展的真正统一。研究对象学校生态课堂的实施促进了教学方式的转变。课堂以教师讲授为中心转变为以学生学习为中心，突出启发式、问题式、探究式、讨论式、体验式、情景式的教学方式，以促进学生核心素养的养成。

2. 借力信息技术平台，增强师生信息素养

以备课组团队为主体，以教科研项目和课改项目为平台，拓展教师专业发展空间，提升教师教育教学及教科研综合能力。依托信息技术推进教法改进。利用在线听评课、在线组卷、在线阅卷，以及多分系统、极课系统、"三顾云"平台、智慧教育等平台促进教师教学方法的改进、教育新技术能力的提升。同时，学科教学培养思路转变，学生学习主动性、沟通交流能力、自信心增强，更加懂得从合作与分享中汲取养分，更加乐于探究和思考，信息意识和信息技术能力均有增强，学生学习方式转变，能够充分应用现代媒体和信息工具学习，如"碎片化学习""翻转课堂""在线听读写""在线订正作业""在线二次辅导""在线错题再练"等，学生信息素养大幅提升。

3. 强化探究式学习研究，不断创造情境化教学实践研究

学科教学中要提倡问题式学习，培养学生的问题意识和反思能力，在不断的自我追问中寻找到自己的精神家园。比如生物课强化生活资源开发，语文课强化阅读氛围培养，体育课开发活动工具，理化课强化实验操作。

学校积极倡导"问题化学习"，即教学要以学生的学习为主线进行设计，让学生能在解决真实问题的过程中生产新的认识，回归学习本质。这需要老师们去理解人是如何学习的，大脑是如何留存重要信息的。通过对脑科学知识和认知建构主义的理解，我们深切意识到让学生在情景中、活动中、实践中和问题解决中

学习是最好的方式，也是最高效的方式。由于问题与情景是紧密联系的，问题往往产生于情景。真实的生活情景在以核心素养为本的教学中具有重要价值。情景也是知识形成的媒介和手段，是知识转化为素养的重要途径。对此，我们在主题教育活动的基础上，还倡导学科综合实践活动，比如语文课组织经典诵读和诗词大赛，科学课强化实地测量与实验，生地课组织跨学科研究活动，艺体课强化社团活动和阳光实践活动，以各类研究项目为任务驱动，让学生自由组合、自主选择、主动参与。

4. 创造学习实践平台，改变学习方式

因材施教，变教为学，让学生"爱"学习，"会"学习。强化小组合作学习和探究式学习，依托大数据和网络促进个性化学习，开发创客课程解放学生思想，提倡实践类课程，松开学生的手脚。学生通过动手操作、探索交流进行学习，强化了主体意识，激发了创造力，成为学习的主人。高效的小组合作学习不仅促进了同学间和谐有效的沟通与交流，还能有效提升学生的学习能力，在不断地展示和表达中提升学习自信心和表达能力。

强化阅读教学，培养终身学习能力。学生终身学习能力的养成离不开课堂教学。课堂教学除了完成本节课的三维目标，还应注重学生终身学习能力的养成，为学生的幸福人生奠定基础。学校特别注重强化阅读教学的探讨，如个性化阅读教学法、结构阅读教学法、合作阅读教学法、情境阅读教学法。培养良好的阅读习惯就是培养孩子终身学习的能力。学校结合实际定期开展"美文诵读赛""读书笔记展评""读书手抄报展"等各类读书活动。建设班级图书角，开设专门阅读课，固定阅读时间，明确阅读要求，开展阅读活动。落实阅读评价，建立学生的"读书成长册"，学校将把各班"书香校园"建设情况纳入评估项目，不定期开展阶段性的系列交流和评比活动，全校逐步形成一种爱读书、勤读书的良好学习氛围。

5. 大力倡导和精心设计学科活动，实现教学模式的变革

学生的学科能力和学科素养是在相应的学科活动中形成和发展的。开展学科活动的目的是让学习者的亲身经历与学科知识建立联系。学科活动要体现经验性，让学生通过经验的获得来重构知识；要体现主体性，尊重学生的主动精神，让学生成为活动的主体，而不是"被活动"；要体现校本性，应该结合不同区域和环境的特点选择资源和组织活动；要精心设计活动，充分体现活动的教育性，在核心素养的目标下，结合学科内容和特点设计活动。[8]

在学科教学中,各学科依据学情状况、学科特点和学科核心素养的侧重,区别性地精准选择相应教学策略:数学组针对"融通与运用"的教学目标,推广分享型学习课堂研究,实施"生讲生学"学习策略,不仅培养学生数学抽象、数学建模、逻辑推理等学科核心素养,同时也强调问题解决、合作与分享、语言表达等能力;语文组、历史组依照"文化传承与理解""家国情怀"目标,针对学习的拓展性与趣味性,加强少教多学模式的专题研究,同时开展个性化阅读研究,打造生态语文课堂,培养学生语言运用、鉴赏能力和文化理解力;英语组针对体系性知识构建大力开展学科知识思维导图活动,着重情景教学,强化国际理解和语言能力培养;生物组、化学组、物理组侧重"科学思维""科学探究""社会责任"目标,积极开展体验式、参与式、探究式学习,形成凸显体验和实验的生活化教学;地理组致力于提升学习主动性、实效性,努力推广自导式地理阅读训练课,强调人地协调观、区域认知、综合思维和实践力的培养,注重文化理解、家国情怀、责任担当素养的形成。

(五)拓展育人实践活动

1. 以阳光体育引领学校运动与竞技活动开展

为提高学生运动意识和技能,学校加强阳光体育素质训练,创新大课间活动,确保学生每天锻炼1小时。大课间活动采取灵活设计,变换形式,音乐调控,交错方阵。活动形式多样,包括长跑、素质跑、太极拳、武术操、健美操等生存健康的教育,还注重主题教育,与自主管理结合,培养自主自立自强的品质。严格落实上下午半小时大课间制,提升学生健康素质。学校操场空间有限,学校把有特色的太极拳和武术操逐渐渗透到趣味运动和文化活动中,开展拔河、乒乓球、篮球、中长跑等活动。学校结合体育活动开展文化活动,诠释传统文化。联合社区、家长培育太极拳和武术操的氛围,营造学校教育文化特色。目前,每年上半年的篮球月、乒乓球月,下半年的军体节、趣味运动会等都已成为学生最期盼的活动。学校还以获得"全国亿万学生阳光体育冬季长跑活动优秀学校"称号为契机,抓实冬季长跑活动。丰富多彩的阳光体育活动,培养了学生笃实、乐观的"阳光品质"。

2. 以文明礼仪活动提升学生审美及文明素养

加强文明礼仪教育和行为习惯养成教育,培养学生文明尚美的气质。针对城郊学生文明习惯养成不足的情况，重点研究提高城郊学生的文明素养的策略和方法，创建文明校园。利用文明校园环境，督促师生文明习惯养成，开设礼仪教育课，开展礼仪活动，形成了文明礼仪校本课程读本。注重落实常规管理，贯彻文明礼仪教育。结合节日及文明城市复检进行主题教育活动。利用传统节日和升旗仪式，学习中华民族优秀传统文化，以中华经典诵读、课本剧演绎、诗词朗诵等形式诠释和传承传统文化，提升学生素养，营造文明和谐的校园环境。

3. 开展劳动服务周和综合实践主题活动，培养学生责任与担当

研究对象学校十余年来坚持校园环境卫生劳动服务周活动，每周分班轮流值周，净化美化校园、创建卫生文明校园，有评比、有总结、有监督机制，提升学生劳动服务意识，增强环保和卫生意识。开展光盘行动、余餐称重等活动，培养学生尊重劳动、尊重劳动者、爱惜劳动成果等好习惯。加强学生生活劳动实践和社会劳动服务，开展到鞋都等社区劳技基地参加职业体验教育、到天府芙蓉园与清洁工共事共护美景、到敬老院扫除、参与金花社区农耕文化体验活动等劳动实践和社区公益志愿服务。开展家庭劳动"十个一"活动及"爷爷奶奶教我做家常菜"家庭劳动传帮带活动，培养学生劳动意识、习惯和基本技能。每期一次"同眼看社区"、劳动服务评比、志愿者清理社区脏乱死角、野外生存实践、勤劳家风展示、手工艺品制作等活动，强化实践育人、活动育人、氛围育人。2020年，研究对象学校还在江安河边新辟了一块劳动教育实践基地及生态社团活动基地，邀请社民指导孩子们劳动，让孩子们亲近劳作，感悟生长，尊重劳动者和劳动行为，为生态文明、环境建设和社会服务做贡献。

科创活动、研学旅行、职业体验等倡导求真求实、热爱生活、崇尚科学等品质。科技制作与比赛能激发学生的求知欲、上进心。近三年在成都市青少年科技教育系列活动中，学校均获得成都市团体一等奖，获奖面达500余人次，学生自制的电子显微镜获区特等奖，并在市级展示，科技探究的浓厚兴趣促进了学生求真上进品质的形成；研学体验生活、服务社会，"乡约金花·和美映月""金花记忆·手绘金花""不忘初心·国庆展示"等活动培养学生爱国家爱社会的自豪感；参观都江堰、三星堆感怀中华文明的魅力，采茶体验、鞋都观摩、野外生存体验劳动智慧与生命奇迹。

4. 开展传统文化和孝善文化主题活动，培养学生家国认同和文化自信

根据孝亲尚爱文化内涵（见表3-1-5），研究对象学校在阳光主题教育活动中

倡导尊师重道，尊老爱幼，孝亲尚善。学校以传统节日为载体，通过主题活动、宣传橱窗、黑板报评比、手编小报等形式潜移默化植入核心价值观。例如开展道德经典诵读活动，弘扬优秀传统文化，评选诵读之星；每年清明节开展缅怀先烈活动，前往烈士陵园举行祭祀活动，鼓励返乡扫墓，祭奠祖先；中秋节举办"小家书，大家风"亲子书信活动，亲近父母与孩子的关系，弘扬中华民族治家传统；重阳节开展关爱老人活动，到社区送温暖。目前，每年举办的孝善文化节、重阳节敬老院爱心活动、父亲节与母亲节送手工艺品活动、中秋"小家书，大家风"活动等已经成为学校品牌活动。通过各种爱心教育、感恩教育、励志教育等活动，进一步把孝亲尚爱文化发展为孝善文化。

表3-1-5 孝亲尚爱文化内涵

孝亲尚爱内涵	敬爱、奉养、承志、立身
孝亲文化教育原因	家庭教育和管理不够，祖辈的宠爱导致性格失偏，生活铺张，自勉自立能力差，遇事争吵不礼让，唯我独尊，爱占便宜
孝善文化目标	通过爱心教育、感恩教育、励志教育，培养孝敬长辈、尊师亲贤、互助友爱、知义明礼的品德，"孝善立身，仁达天下"
孝善文化教育活动	名人孝亲故事、评选"孝爱之星"、送温暖、劳动服务、孝善文化道德讲堂、孝善文化节等学校主题性品牌活动

5. 开展书香校园主题系列活动，培养自主学习习惯

为丰富学生的课余文化生活，提高学生的文化素养，鼓励学生多读书、读好书，为进一步发挥"书香武侯"品牌引领作用，持续、深入、扎实推进全民阅读活动，着力营造蜀风雅韵的文化氛围，学校开展"书香武侯"全民阅读活动、青少年爱国主义读书教育活动、"武侯文化"青少年宣讲工程、"书香武侯·百姓国学诵读"、"天府文化"读书活动。各年级通过多种形式开展班会、演讲、征文比赛等读书系列活动，如"我最喜欢的一本书"演讲比赛，"醇情端午·最美诗词""校园文艺进社区 金中学子展风采"，以及"悦读之星"评选、亲子共读等活动，创设环境，营造良好的学习氛围。在暑假期间，精心安排，周密组织，以培养学生阅读能力和实践能力为重点，继续在全体学生中开展"读好书"

系列活动，培养学生良好的课外阅读习惯，促进学生全面发展。

6. 开展爱国主义主题活动，凸显国防特色

深化校园文化建设观念，创设和谐校园环境，践行"爱国共情、孝善立行"主题教育活动。"爱国共情"：以爱国爱家为主线，贯穿青少年政治素质培养要求；"孝善立行"：以孝敬父母、孝敬长辈为主线，贯穿学生生活真情、情感亲情、行动深情培养要求。在"七一"建党纪念日期间，结合学校的实际在师生中广泛开展"我爱党旗，为党旗增辉"等主题活动；在学校大屏幕上开展"历史上的今天"、今日新闻联播、军事报道等，让学生了解古今政事，明确政治立场，爱党爱国，深知有国才有家；每年一次的爱国主题"坝坝电影"，每两年一次的军事基地参观是同学们的期盼；每届新生入校前的国防教育社会实践是对学生的磨炼；每次国旗下的演讲和风采展示，以及国旗班的英姿都在潜移默化地让同学们树立爱国忧国意识，关心国家安全，坚定自己的理想信念，为中华民族的崛起而不断努力。

7. 加强校内外育人活动协同

学生核心素养和关键能力的培养不能仅仅局限于校内教育，家庭教育和社会教育对学生能力的发展影响深远。学校立足办学实际与学生培养目标，将教育逐渐向社区、家庭、区域扩展，形成基于学生核心素养培养的家校社生态共育模式。从家校社生态共育角度探索新公民培养方式，为核心素养培养寻找更多实现路径。

利用社区环境，我们开展多种形式的生态文明志愿者服务教育，引导师生树立良好的文明意识、环保意识，做生态文明教育的宣传者、促进者，争当环保小卫士，成为有责任感和社会实践能力的合格公民。如天府芙蓉园环保摄影公益活动、江安河畔绿色行动、"最美河湖"守护行动等活动，不仅帮助学生获得人与环境和谐相处所需要的知识和技能，还养成了有益于生态文明的情感、态度和价值观。借助紧邻"中国女鞋之都"的优势，学校与多家企业联合开展"立足立身"文化教育活动，深得学生和家长的欢迎，收到良好的教育效果。同家委会合作开展外来务工子女文化教育活动，受到金花桥社区大力支持与赞扬。每年"三八"节、清明节、重阳节，学校派学生到社区参加大型活动，增强社会责任感，提升服务社会的能力。结合世界环境日、植树节、地球日等环保日，开展"与环保同行""建言环境保护，献策节能减排"等社区生

态文明宣传活动，参与各类社区环境保护主题实践活动。

学校还加大了社区教育辐射功能，不管是"小手牵大手"，还是志愿者服务队到社区慰问、执勤、服务，都让社区深感学校师生的高素质。除此以外，还有班级家长讲坛、社区送教、校社联办等活动，让学生充分参与到家庭与社区中，体验职业、成长心智、了解社会、学会交流和表达。加强家校社共育文化建设，提高文化育人水平。用文化的思维谋划家校社共育的发展，着力构建以开放、民主、和谐、进取为精神内核的现代学校文化，充分利用家庭和社区，实现资源共享、平台共建、活动共创。家校社共育活动为学生核心素养的形成营造了完整环境。学生教育更加民主化、科学化、多元化。通过合力育人、环境育人，在无形中促进核心品质与能力形成。

（六）创新学生核心素养评价方式

教育部《关于全面深化课程改革　落实立德树人根本任务的意见》明确提出要"研究制订学生发展核心素养体系和学业质量标准。要根据学生的成长规律和社会对人才的需求，把对学生德智体美劳全面发展总体要求和社会主义核心价值观的有关内容具体化、细化，深入回答'培养什么人、怎样培养人'的问题"，要"研究制订中小学各学科学业质量标准和高等学校相关学科专业类教学质量国家标准，根据核心素养体系，明确学生完成不同学段、不同年级、不同学科学习内容后应该达到的程度要求，指导教师准确把握教学的深度和广度，使考试评价更加准确反映人才培养要求"。由此可见，基于学生学业质量标准的评价是能够有效考查学生适应未来社会发展需求以及实现自我价值的关键能力与品性的重要途径，但仅靠学业质量还不足以促进学生真正的素养形成，创新学生核心素养的评价方式也十分必要。由于学业质量评价研究已较为广泛和成熟，因此，本研究对其不再赘述，而是着重围绕学生核心素养培育对评价方式的创新和优化进行一些探讨。

1. 突出素养评价的导向

目前，对"教的目标、学的目的""教的方式、学的方式""教的效果、学的程度"等问题的研究已较多，但"评的立意、评的情景、评的标准"则研究较少。与传统教育评价方法相比，基于核心素养的教育评价需要创新评价理念、改革评价内容与评价指标。以核心素养为统领，整合、改造、优化现有评价，使现有的各种评价都与核心素养评价接轨，将核心素养的理念、内涵、要求贯彻到现有的评价之中。[9]具体到学科课程实施，就是要在情境问题解决中促进学生学科核心素养的发展，解决学生核心素养发展的水平划分、行为表现和评价工具设计使用等问题。[10]

关于核心素养评价可以从内容和评价方式上展开研究。内容上包括思想品德、身心健康、学业水平、艺术修养、社会实践五大方面；方式上采用多元评价，包括写实记录、整理遴选、公示审核、形成档案、材料使用等（见图3-1-4）。具体实施可以借助中学生综合素质评价管理系统。综合素质是对学生发展的整体要求，关注学生不同素养的协调发展。学生核心素养则是对学生关键和必备综合素质的具体描述。综合素质评价结果可以一定程度反映学生核心素养发展的状况和水平。核心素养体现了人的发展的全面性、要核性和社会性，有效整合了个人、社会与国家三个层面对学生发展的要求。

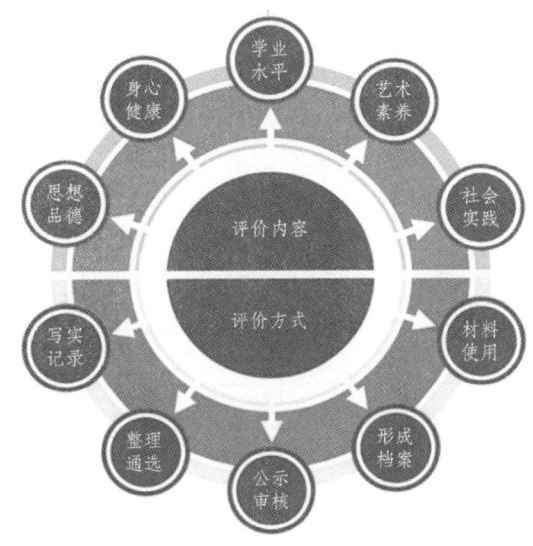

图3-1-4　核心素养评价内容与方式

2. 优化教师教学评价

有效的教师教学评价，既是对教师进行核心素养培养方向和方法的指引，也是进一步督促落实教育教学改革的举措。一是加强课堂教学评价，落实核心素养学科目标。二是加强多层次多角度教学评估,改变教学形式和教学方法。加强教研组、学校行政共同评价,促进教师教学反思;开展以问题为主题的教学课例评价,有利于教学内容的整合;跨学科教学整合和研讨,形成教学研讨整合的氛围。三是学生多元评教。学生评教内容涉及备课、上课、作业、辅导、考试等教学多方面,教导处将学生无记名评教转换为分数,利用公式折合为100分制,分数高低反映学生对教师的认可度。同时逐渐完善分类评价,中考学科分班合计排名,非中考学科全校合计排名,班级中的前两名进入年级组排名。

3. 合理开展学生评价

首先是建立以学科核心素养为导向的评价与反馈系统,将学生学科学业质量和过程评价外显化。例如,真实情境中问题的发现与提出、开放性问题的解决、同学之间问题的讨论与争论、实验探究方案的设计和评价、支持科学结论的证据寻找和选择等,都是评价学生学科核心素养水平的有效途径和方式。评价内容从以知识为中心逐步转向以能力为中心。

目前部分学科进行了探索尝试,如地理课堂目前主要开展的是自导式阅读训练与问题解决课,在课堂上以小组为单位,包含了自主学习、小组合作与讨论、综合问题探究与分析、大数据检测反馈等活动,对学生课堂行为表现和学习质量均有量化反馈(见表3-1-6)。

表3-1-6 基于核心素养培养的课堂量化反馈

小组	姓名	问题展讲	讨论参与度	提问	答疑	检测情况	总得分
1组							
2组							

4. 形成过程评价档案

根据"基于证据进行推理"的素养评价理念，初步形成过程评价档案。尝试建立学生素养成长档案，围绕培养目标，开展活动任务、构建情境、建立证据与核心素养的推理链条。借助中学生综合素质评价管理平台，根据学生记录、遴选出的情景材料，确立测验表现与核心素养水平的推理链条，以确保对学生核心素养评价的合理性。此处可参考综合素质记录评价指标（见表3-1-7）。

表3-1-7　中学生综合素质评价指标与核心素养形成评价对应表

一级指标	二级指标	核心素养	记录要点	记录方法
1. 思想品德	爱党爱国、坚定理想信念、诚实守信、仁爱友善、遵纪守法等	文明与责任	（1）参与少先队、共青团、班级活动。（2）参与社团活动。（3）参与公益志愿者服务等	（1）过程记录（真实过程、时间、佐证材料）。（2）取得效果（获奖或者老师和同伴评价）
2. 学业水平	学生各门课程基础知识、基本技能掌握情况、运用知识解决问题的能力	学会学习与自我管理	（1）学业水平考试成绩。（2）研究性学习与创新成果	（1）表格登记：学业成绩。（2）过程记录：研究性学习。（3）取得效果（学习成果、导师评价）
3. 身心健康	学生健康生活方式、体育锻炼习惯、身体机能、运动技能和心理素质等	运动与健康	（1）《国家学生体质健康标准》测试结果。（2）体育运动擅长项目。（3）自我认识、人际交往以及应对困难和挫折等的表现	（1）表格登记：健康标准测试结果。（2）过程记录：运动擅长项目及效果、典型事件记录

续表

一级指标	二级指标	核心素养	记录要点	记录方法
4．艺术素养	学生的艺术审美感受、理解、鉴赏和表现能力	审美与创新	（1）学生艺术素质测评主要结果。（2）声乐、器乐、舞蹈、戏剧、戏曲、绘画、书法等艺术技能或特长。（3）参加艺术活动的成果	（1）表格登记：艺术素质测评结果，艺术技能或特长。（2）过程记录：参加活动的效果、典型过程记录
5．综合实践	学生劳动实践能力、调查研究能力、动手操作能力等	合作与交流 劳动与责任	（1）劳动技术。（2）生活实践。（3）职业体验教育。（4）研学旅行。（5）社会调查。（6）其他社会实践	（1）表格登记：分类活动次数、持续事件，形成的作品、调查报告。（2）过程记录：参加活动的典型过程

四、实践成效

近几年，围绕"培养新时代新公民，为孩子们打下幸福人生基础，实现育人生态发展"的目标，从课程优化、课堂改革、德育建设、活动组织、教学方式转变、合力教育等多方面入手，经过学校师生共同探索实践，学校的学生变得更加自信、文明、阳光、活力，在学业成绩和素养提升上都取得了长足进步。

1. 学生素养提升明显，参加各级各类活动的比例和效果都得到了提升

通过学生核心素养培养，营造知难而进、爱国奋进、至善共美、阳光活力的校园氛围，学生综合能力和身心发展都得到了较大提升。学校利用校内外资源，搭建起了全面育人的生态系统，赢得了家长、社区的支持和赞赏，有效地弥补了办学环境的不足。

在运动和健康方面，学校连续五年获区运会团体特等奖、一等奖；太极拳、武术操、队列队形、足球、篮球、气排球、田径比赛多次获得市、区级单项一、

二等奖。通过生命教育课程的实施，学生心理健康监测的不良情况明显下降。

在文明和审美方面，学生整体文明程度有所改善，低俗、粗鲁等不良行为大幅减少，审美爱美创造美的能力得到提高，学生的美育作品获奖、参展增多。学生个体成长较快，学生张欣获得2019年阿里巴巴天天正能量"全国好少年"评选四川地区前十名和"感动武侯"十大人物提名奖等荣誉，《华西都市报》以《向着太阳奔跑的15岁成都女孩》大幅报道宣传她坚强自信的新时代好少年典型形象。

2. 学生自主学习和自我管理能力增强

受益于学科教学培养思路的转变，学生学习主动性、沟通交流能力、自信心增强，更加懂得从合作与分享中汲取养分，更加乐于探究和思考，信息意识和信息技术能力均有增强。中考重点率从2016年的23.21%上升至40.57%，实现连续稳步"四连升"。学生科创文创社团团队优势凸显，硕果累累，航模、小诸葛、科创画、机器人等文创、科创获得全国一、二等奖10余项次，获得省、市级奖800余人次，2019—2021年获得"未来问题解决国际项目"全国一等奖。

3. 学生家国责任感和社会感增强

学生参加社会实践活动和志愿者活动的人次逐年增加，对国家时政更加关心。据军体训练和社会活动效果调查反映，92.6%的学生都表示自己的自豪感和自信心增加了，未来想做对国家有用的人。

注释

[1] 褚宏启.21世纪核心素养如何培养[N].人民政协报，2015-12-02（11）.

[2] 程先国.核心素养的内涵和培养着力点[J].中国民族教育，2016（4）.

[3] 王芳.基础教育课程改革深化背景下学生核心素养培养设想[J].人才资源开发，2016（6）.

[4] 辛涛，姜宇，刘霞.我国义务教育阶段学生核心素养模型的构建[J].北京师范大学学报（社会科学版），2013（1）.

[5] 刘健.推进生态学校建设落实学生核心素养培养[J].中国现代教育装备，2017（2）.

[6] 吴乐乐, 柏杨, 吴龙龙. 西部省域培养中小学生核心素养的路径分析[J]. 现代中小学教育, 2017（1）.

[7] 徐洁, 马倩. 核心素养"热"背后的冷思考[J]. 教师教育论坛, 2016（12）.

[8] 赵金辉. 浅析在物理课堂教学中如何落实核心素养[J]. 基础教育论坛, 2017（36）.

[9] 熊媛琦. 我国核心素养研究（2006—2017）：现状，问题与对策[D]. 南昌：江西师范大学, 2018.

[10] 吴星, 吕琳. 核心素养培养需要"教、学、评"一体化[J]. 江苏教育, 2019（19）.

第二节　以军体教育深化阳光德育

学校的阳光德育以立德砺能、至善共美为核心理念，以"立德树人"为价值取向，以国防教育与体育融合的"军体固本"教育为突破口，兼具文化浸润、科研引领，培育学生自立自信、互助合作、进取拼搏、纯洁正直、团结友爱的优良品质。学校将国防教育和体育深度融合，以"军体固本、立德砺能"阳光军体教育实践活动培养学生身体素质、价值观念、纪律规范、文明礼仪等核心素养，以军体为突破口实践阳光德育，取得了较好的成果。

一、问题的提出

（一）学校德育需要提质升级

由学校基础情况可以看出（见表3-2-1），学校是城市涉农学校，学校70%以上都是随迁子女，城郊社区教育生态环境不足，社区环境不够完善，社区教育资源薄弱，家长文化程度不高，学生成长环境不够良好，家长、学生公民核心素养有待提高。找到提升学生核心素养、培养学生思想品质和健康人格、提升学校办学品位的德育模式，无疑非常重要。

表3-2-1　学校基础情况分析

基础条件	基础情况	生源特点	师资力量
优势	学校秉承"以人为本、和谐发展"的办学理念，采用质量强校的办学策略，教育教学取得了较快的发展	涉农子女占95%左右，多为随迁子女，学生吃苦耐劳、勤劳朴素、体育基础较好	教师团队和谐，教风淳朴，勤奋上进，军属较多
不足	学校硬件设施大都居于全区中学中后水平，学校开展教育教学活动受到一定限制，学校整体办学水平与市区学校有差距	学生入学成绩大都居于全区倒数。行为习惯与文明礼仪相对城区学生有较大的差距，学生自信不强，综合素质不高	学校师资力量有限，部分教师视野不够开阔，安于现状。创新意识不强，学习主动性积极性不够

（二）育人需要文化引领

学校从教育生态学的角度切入，以注重生命成长、交流互动、智慧分享为教育的核心策略。学校教育应该像阳光一样给孩子带来生机和活力，带来愉悦的交流和对话，带来健全健康的人格。学校思考如何以阳光德育、阳光教育、阳光文化引领学生成长和学校发展，阶段性探索出阳光德育和阳光教育的基本内涵。阳光德育是将阳光自然属性赋予品质意义，探索道德教育的阳光生态发展之路，以阳光正能量塑造学生的美好品格。阳光教育培养真善美和积极健康的心态，让学生学会感恩，懂得宽容，让孩子有良好的人格修养，懂得做人的道理，懂得努力成功的真正含义。

多年来研究对象学校始终坚持"人本和谐，立德树人"的教育思想，以"阳光教育理念"为依托，大力开展阳光德育工作，即以阳光人格培养阳光之人，用生命教育唤醒生命能量，用仁爱滋润爱心，用温暖传递温暖，用平等尊重播撒平等尊重，用智慧启迪智慧，立足培养学生积极向上的阳光心态和阳光人格，使学生成为独立自主、积极自觉、努力创新的优化主体。

研究对象学校阳光德育活动开展呈现序列化，从阳光体育、阳光课程、阳光艺术、阳光文化等多方面展示阳光德育、阳光教育的魅力。针对德育中理论探讨居多而实践探索不够，一般性、普遍性的活动居多而特色性、创新性的活动居少，多元化、灵活性的活动居多而系统性的特色活动居少等情况，学校近年来从军体教育等方面拓展阳光德育策略，确立达成阳光德育、至善共美的路径和策略，开展核心素养培养及立德树人德育课程改革和活动探索，加强体艺润德实践研究，培养学生自信自强优良品质。

（三）素质培育中国防教育不可或缺

1. 国家政策强化了新时期学生国防教育的紧迫性

《国防教育法》明确指出，"学校的国防教育是全民国防教育的基础，是实施素质教育的重要内容"，"学校应当将国防教育列入学校的工作和教学计划，采取有效措施，保证国防教育的质量和效果"，"有条件的小学和初级中学可以组织学生开展以国防教育为主题的少年军校活动"。教育部《关于加强新形势下学校国防教育工作的意见》提出："充分认识加强新形势下学校国防教育工作的重要性和紧迫性。"

加强国防教育，是适应国际形势和维护国家安全稳定的客观需要。站在巩固国防、增强民族凝聚力、提高全民素质的高度看待国防教育的价值，普及和加强全民国防教育，对推进中国特色社会主义事业、实现中华民族伟大复兴，具有重要而深远的意义。

2. 国防教育能够较好地提升学生素养

对中小学生进行国防教育，能够增强学生的忧患意识、爱国之心、报国之情、强国之志，能够振奋民族精神，增强民族凝聚力、向心力。加强国防教育，是提高全民素质、加速人才培养的有效途径。2017年，教育部《关于开展中小学国防教育示范学校创建活动的通知》指出，"学校国防教育是全民国防教育的重要组成部分和落实立德树人根本任务的重要途径。要紧紧围绕立德树人要求，不断提高学生的国家意识、国防意识、忧患意识。树立正确的国防教育观，有效服务于提高青少年的核心素养与综合能力"。国防教育作为学校实施素质教育的途径，对提高学生的素养和能力，具有十分积极而重要的作用。

本书研究对象学校以国防教育拓展爱国主义内容，以国防教育和阳光体育融合形成军体特色教育提升学生核心素养和能力，增强学生的家国情怀，深化阳光育人。

二、相关概念与思路

（一）相关概念

1. 阳光德育

阳光德育赋予阳光自然属性以品质意义，探索阳光道德教育之路，释放正能量，塑造学生的美好品格（见表3-2-2）。

表3-2-2　阳光德育基本内涵

阳光自然属性	阳光品质的延伸意义	育人取向
光明磊落	平等公正、坦荡自信	阳光品质、人性美德契合学生成长规律，培育其高尚的道德情操和核心价值观。核心理念：阳光健康、自信自强
温暖无私	博爱包容、乐于奉献	
朝气蓬勃	自尊自强、奋发向上	

阳光德育是以人为本的生命教育，它散发着人性的美德与温暖，它体现了民主公正、光明磊落、自尊自强、奋发向上、乐于奉献等阳光特质。[1]

2. 军体特色教育

阳光军体教育将国防教育与体育深度融合，从学生身体素质、价值观念、纪律规范、文明礼仪等核心素养的强化培育出发，促进德能全面发展，拓展阳光德育内涵。阳光军体特色教育以阳光德育为核心理念，以"立德树人"为价值取向，以军体教育为抓手，培育学生自立自信、互助合作、进取拼搏、纯洁正直、团结友爱的优良品质。

立德树人的价值取向就是坚持德育为先，通过正面教育来引导人、感化人、激励人；坚持以人为本，通过合适的教育来塑造人、改变人、发展人。[2]学校聚焦"健康生活、学会学习、责任担当、人文底蕴"的核心素养培养，希望通过深入推进阳光军体教育带动德育培育，全面提升学生的核心素养。

（二）解决思路

1. 深度挖掘实施阳光军体教育和阳光德育的资源优势

经过项目组调查分析发现，学校周边和学校内在阳光军体生态资源优势突出。

其一，阳光体育工作基础扎实。学校根据自身的实际情况，认真实施《体质健康标准》，坚持每天一小时锻炼不动摇，体育常规工作开展扎实，相关制度完善，在武术、篮球、田径、乒乓球等方面较具优势，连续十年获区中学生田径运动会一等奖，是全国长跑示范学校。

其二，军体教育条件充分。学校教师军属较多，国防教育资源丰富。同时，在校学生诚实守信、吃苦耐劳、勤劳朴素。近年来，学校以创新阳光德育工作为重点，把国防教育引进课堂，开展阳光体育和红色军魂活动，组织军体特色活动，定期进行"多防"演练，开展立体开放、立德砺能的军地双边互动国防教育实践。

其三，创造了阳光军体教育的丰厚基础。学校阳光军体教育体系逐渐构建，阳光军体建设方案较为详备；营造了较好的阳光军体教育氛围，师生认可度较高；搭建了较高的阳光军体教育平台，成功申报了市阳光体育示范校、省级国防教育特色学校。

2. 构建军体特色的阳光德育思路

其一，找准德育生态敏感因子。研究组从学校德育生态敏感因子的分析探究入手，结合生态发展敏感因子分析、动力成因、资源匹配，依照"条件与环境适应、项目推进、落实操作策略、生成反馈演进"的四阶联动，发现学校德育具有单一陈旧、活力不足、特色不够、文化不显、学生自信不够的特点，找寻到自主管理、个性化德育、文化特色建构等发展适应思路，确立了阳光军体教育、阳光德育、阳光文化等项目推进操作策略，逐渐生成军体特色、阳光德育、阳光文化等发展演进战略，树立了"以体促德、以德促学、德学树人"工作宗旨，实施"体艺润德"，以阳光军体为突破口，促成阳光德育文化发展，使学生养成良好的健康文明习惯和优良的思想品格。

其二，构建凸显军体特色的阳光德育"三品六阶"实施框架。学校以"一切为了学生"为办学理念，围绕"立德树人"根本任务和学校"立德砺能、至善共美"育人取向，以"军体固本、立德砺能"军体特色的阳光德育为培养核心素养的抓手和策略，持续进行理论探索、活动开展、项目推进、课程建设、文化提升、拓展延伸，培养文明健康、自信自强、向善向美、奉献担当、创新实践的阳光少年，突出培养阳光少年"三品"，即明亮、温暖、强健的人格（见图3-2-1）。

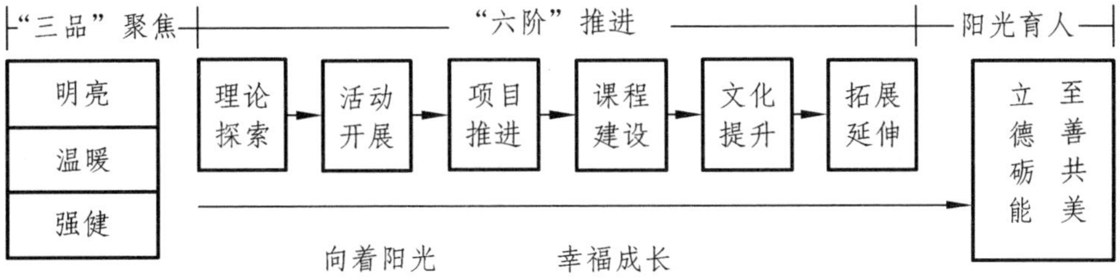

```
|"三品"聚焦|        "六阶"推进              |阳光育人|
| 明亮  |  理论 → 活动 → 项目 → 课程 → 文化 → 拓展  | 立 至 |
| 温暖  |  探索   开展   推进   建设   提升   延伸  | 德 善 |
| 强健  |                                          | 砺 共 |
|       |         向着阳光    幸福成长              | 能 美 |
```

图3-2-1 军体特色阳光德育"三品六阶"实施框架

其三，军体特色项目推进阳光德育全面开展。

一是活动开展培养阳光"三品"。以"军体固本，立德砺能"展开阳光体育及国防教育活动，进一步以"两多"阳光德育（"多元共育，多彩活动"）拓展阳光德育活动，诠释"向着阳光，幸福成长"的育人诉求，提升"明亮、温暖、强健"的阳光"三品"素养（见表3-2-3）。

表3-2-3 军体特色项目推进阳光德育基本思路

军体特色 阳光德育"三品"	活动开展	实施策略和目标
明亮 温暖 强健	学校以阳光体育和国防教育提升学生文明健康的阳光品性；以丰富的阳光军体主题教育培养学生向善向美、奉献担当的阳光温暖品质；以多彩的阳光社会实践培育向善向美、创新实践的阳光自强品格	"多元共育，多彩活动" "向着阳光，幸福成长"

二是特色课程拓展五育融合的阳光德育实践。以"军体固本，立德砺能"的国防特色教育为基础，开发阳光德育六大校本课程特色项目，以五育融合达成"立德砺能、至善共美"阳光育人核心理想（见图3-2-2）。

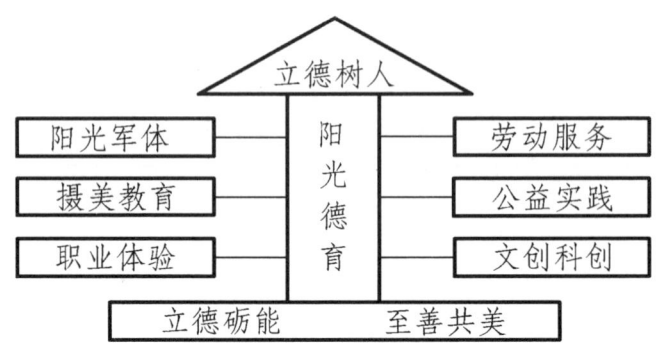

图3-2-2 特色课程推进阳光德育架构

三是文化提升促进阳光文化内涵建立。深入挖掘环境文化育人功能指标，将环境文化建设作为核心竞争力的基础，搭建阳光德育物化平台，进行阳光军体文化场景营造和文化提升，进一步营造"典雅、精致、现代、生态"的阳光德育文化场景，搭建阳光德育"明亮、温暖、自强"的物化平台，开展青少年爱国主义、国防教育、阳光体育活动，深入推进阳光军体特色建设和阳光德育主题教育活动，培育"向着阳光，幸福成长"的阳光文化。

三、主要内容和策略

（一）推进阳光军体特色实践

1. 构建工作体系

以阳光军体教育实施阳光德育。阳光军体教育指标体系如下。

一个核心："立德树人"的阳光德育理念。

双向融合：国防教育和阳光体育有机结合。

四大支柱：一是凸显军体项目，二是促进全面阳光德育，三是建设阳光德育文化，四是落实阳光课程建设。

五类延伸：德育延伸，体艺润德；生活延伸，合作育人；艺术延伸，文明尚美；校际延伸，交流互动；科研延伸，理论提升。

多项成果：阳光军体活动蓬勃开展；体艺润德特色项目构建；学生素质提升；教师专业发展提高；学校办学品位提高。

2. 确立实践目标

全面提升学生核心素养，提升学校品质，铸炼办学特色，将学校建成区域名校。一是充实理论架构，完善工作指标；二是丰富活动，形成一批特色项目及课程；三是实行科研引领，创建相关领域示范校；四是促进学生素养提升和学校发展。具体实施衔接点如下（见表3-2-4）。

表3-2-4 阳光军体与核心素养培养衔接点

阳光军体"三品"	核心素养维度	素养目标要点	活动与项目
明亮 温暖 自强	文明健康	文明守礼，乐观向上	1. 大课间军体活动 2. 阳光军体专题 3. 社团军体课程
	奉献担当	家国情怀，社会责任	1. 阳光军体体验 2. 公益实践 3. 国旗班、军体节 4. 军事专题研学
	自信自强	自尊自强，自我管理	1. 阳光军体运动 2. 军体主题教育日 3. 军事化体验管理
	向善向美	孝善感恩，美美与共	1. 公益实践服务 2. 感恩回馈活动 3. 摄美文创教育
	实践创新	笃行善思，勇于探究	1. 军体科创活动 2. 劳动教育 3. 研学及文创

3. 设置军体文化长廊，建设爱国体验基地

学校大力加强文化建设，营造生态、阳光、和谐的育人环境，在校园操场设置以"生态发展、军体融合"为特色的军体文化长廊（见图3-2-3）。融合长征精神、爱国主义和体育运动精神的军体文化长廊，作为校园爱国主义基地，包括精

神堡垒、红色经典传承、阳光运动艺术造型等内容，以弘扬长征精神、强健为国的阳光运动、拼搏进取的奥运精神等作为长廊寓意，激励同学们发扬长征精神，努力拼搏，强健体魄，为国争光，弘扬爱国主义及民族文化，唤醒和高扬阳光运动生命意识，将红色文化、爱国主义、国防教育文化融合提升。

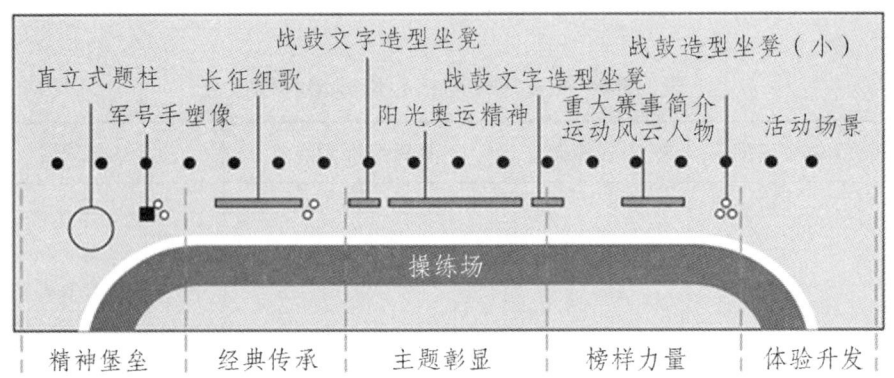

图3-2-3　军体文化长廊

校园爱国主义性质的军体文化长廊融入体验与互动，为精致典雅的校园环境增添厚重的文化气息，增强了学生对校园文化的认同感，成为青少年爱国主义体验基地。在这里，同学们高唱着国歌和红色战歌，高呼着军人的口号，迈着正步跨过体验基地，阳光青春的激情在心中激荡，朝气蓬勃的气息弥漫着整个校园，孩子们心中昂扬着爱国主义情怀。他们规范队列训练，进行阳光军体体质和品质的全方位磨砺，逐渐变得勇敢、坚强、不惧困难，小小少年展现出正气凛然、勇敢坚毅的风采。

4. "三三制"体制推进

学校通过长期实践积累，整体架构，建立了军体教育"三三制"，即"教学三课、活动三有、实施三常"，促进了阳光军体教育的规范、有序有效地开展以及对学生"立德砺能"培育目标的落实。

教学"三课"：开办军体特色课堂；开发军体校本课程；组织课余军体社团。活动"三有"：活动有阵地；活动有主题；活动有序列。实施"三常"：常规保障健全；常态坚持落实；常期考核促效。

5. 项目推进，创新德育

①学科渗透。全学科的渗透教育，将军事中的家国情怀、励志守纪与体育中

的健康阳光、拼搏进取等品质培育在各学科教学中渗透。开发校本课程。阳光德育、阳光篮球等校本课程开发初具雏形。

②构建"121"课程结构模式，即每周一节军体训练必修课（军体拳、军事基本素质训练等）、每天两次大课间训练（军姿、口令、队列、运动技能等）、每周一次选修课（军事、体育兴趣社团）。

③搭建培训交流平台。设立"诸葛讲堂""社区讲堂""网络讲座"等，邀请教师、家长及校外专长人士举办军体类讲座。

④强化文化建设，建设军体校园文化，在景观、节日、纪念日、活动等方面融合设计、充分体现。

⑤申报课题，研究推进。学校申报了省、市、区级相关课题"生态型学校发展路径研究""城市涉农初中提升学生核心素养策略的实践研究""城郊初中体艺润德实践研究""纵深推进阳光军体教育实践"等，进行研究推进。相关课题获得省级二等奖、市级二等奖、区级三等奖，从理论上廓清了研究思路。

⑥丰富交流体验，加大社区、校际等外联交流，体验式教育。与国防教育基地、阳光实践基地、社区学院、职业院校合作开展多方面体验式活动。

6. 广泛开展专项军体实践活动

多彩活动筑基幸福人生。学校以阳光军体教育践行社会主义核心价值观，开展立德树人德育活动，积极开展阳光军体多彩活动，开展多类专项项目，开阔学生视野、丰富学生体验、提升学生综合素质，为学生发展成长和幸福人生夯实基础。

（1）军体课程和大课间军体活动

一是阳光军体校本课程逐渐成形。学校为扎实有效地开展"军体固本，立德砺能"校本课程，在前期大量实践活动经验累积的基础上，深化已有活动，涂染军体特色，设计整体架构，与体育等学科渗透，构建"121"课程结构模式，凝练阳光军体教育读本。"121"课程结构，即每周一节军体课，利用体育课进行军体拳、军事基本素质训练；每天两次大课间，着重进行军姿、口令、队列、运动技能等训练；每周一次选修课，着力国旗班、体育兴趣社团训练。校本课程读本《军体固本》从文化、精神角度诠释了阳光军体特色内涵，通过介绍军事及体育理论、典型案例、训练要领及技术要求、各项体育运动学习要求及方式等，让"军体固本，立德砺能"思想深植学生心间。

二是创新大课间活动，大课间训练融入军体特色。加强阳光体育素质训练，确保学生每天锻炼1小时。大课间活动采取灵活设计，变换形式，音乐调控，交错方阵，全程自主管理。活动形式多样，加强列队进场、素质跑、武术操、站军姿训练，还注重军事体育主题教育。大课间阳光军体活动还与自主管理结合，培养自主自立自强的品质，学生会全程面向全体师生进行平等管理，采取点评制和检查制，提高师生纪律意识、道德责任感、文明礼仪和现代公民意识。"阳光军体大课间"展示受到市级专家和外地同行观摩领导的高度赞誉，受到了区教育局督导小组的高度评价。全区体育教师到校开展智慧体育教学远程互动展示，并观摩大课间活动。

三是不断创新阳光军体活动形式，培养阳光和谐心态。开展阳光综合运动会暨军体节、篮球和乒乓球活动月、跳绳竞赛活动、冬季长跑、全年大课间素质跑训练等活动，教师与学生同场竞技，培养了阳光品性，发展了特长。

四是广泛开展国防教育活动。为提高学生国防安全意识，围绕"全民国防教育"主题开展了一系列形式多样的活动。学校组织学生到炮兵基地、坦克部队、军事博物馆等参观军事设施，了解抗日战争中的川军故事，到烈士陵园祭拜先烈，抓住"国防教育日""八一建军节"等重大时机开展专题教育，提升国防意识。校内活动中展出飞机、坦克等模型，邀请部队军官向同学展示手枪、手榴弹、突击步枪、防弹头盔等军事器械。这样的实体参观，深深吸引了同学们，开阔了同学们的眼界。各班经常召开国防教育主题班会，进一步丰富同学们的军事知识，提升国防意识。

（2）社团军体活动

学校加强兴趣社团建设，每周二坚持用两节课时间开展社团活动，军体活动成为社团活动亮点。

学校除开设法制教育、礼仪教育、心理健康、国际理解等规定的校本课程外，还在可供学生选择的多元课程建设方面着力探索和实践了兴趣社团活动课，涵盖军事、体育、音乐、美术、读书，包括摄影、吉他、合唱、健美操、太极、武术、篮球、足球、乒乓球、剪纸、手绘、兵器社、诸葛讲坛等多个活动社团。学生自主选择参与面达到100%，学校社团活动军体特色明显。人工智能、创客教室、FPSPI（未来问题解决国际项目）等着力技术与创新；主播社团贯彻爱国创新、乐观向上主旋律；读写社团共读红色文化；摄美社团用眼用心观察祖国和家乡变迁；体育艺术各项社团培养体艺"2+1"技能，体悟团体精神、军营文化内涵。社团活动不仅培养了学生的文化、军体等素养，还强化了学生的自我管理，促进了学生的全面发展。

（二）建构军体精品项目，纵深推进阳光德育

1. 国旗班

为增强同学们的爱国主义情怀，丰富全校师生的校园文化，学校重点打造校园国旗班仪式。国旗班成员全部从初一、二年级筛选，迄今已开展到第三届国旗班。国旗班首先要进行为期一个月的站军姿、齐步走、升国旗等培训，磨炼了学生坚韧不拔、吃苦耐劳的精神。每周庄严的升旗仪式在孩子们正步走、亮口号、举扬旗的熟练动作中徐徐展开，国旗班的完美表现加深了孩子们对国旗的热爱，带动学校文明礼仪的升级。升国旗、奏国歌，庄严的升旗仪式让全校师生心潮澎湃、斗志昂扬。

国旗班每周有几次严格的专业训练。国旗班班训为：团结的气氛，向上的思想，过硬的本领，严谨的作风。国旗班誓词为："我志愿加入国旗班，接受爱国主义教育，增强爱国主义情感，自觉遵守国旗班的章程，坚决完成爱旗护旗任务，认真执行《中华人民共和国国旗法》，做捍卫国旗的勇敢卫士。"国旗班要求学生具有较高的政治觉悟；热爱国旗，有强烈的爱国心；以身作则，遵守法纪制度；努力学习，奋力进取。国旗班品质为无私和奉献，责任与担当。学校通过国旗班培育阳光品质少年，提升阳光军体育人水平。

同时，国旗班带动学校文明礼仪的全面开展。运动会、艺术节、欢迎仪式、颁奖典礼、校门值勤仪式等都活跃着他们的身影，他们已经成为学校一道亮丽的风景线。没了娇气，更加坚强；懂得承担，果敢顽强。坚毅的精神融进每个同学心中。

2. 军体节

在运动会等体育活动中加入军体元素，增强互动性、趣味性、仪式感、教育性，开展团体竞赛、个性装备展示、射击比赛、方队列行、战地救护等军体活动，文化精神与竞技运动融合，军营文化与体育文明交汇，育阳光品质，养军体精神，培育自信自强品格。同时，每届军体节还有军事科技及装备图片展、师生军体摄影展、专题军事讲座、师生军体征文赛等丰富的活动。

3. 基地国防教育

学校每年都开展一次阳光国防教育基地体验活动。专业团队自主研发系列独具特色的校内外实践活动及课程，管理过程及活动全程半军事化，有团队拉练、独立生活体验、军事训练、军歌学习、军事教育、国防教育等活动。基地自主求生体验和军体实践活动如攀岩、军姿列队、军体操、拉练等体验受到师生及家长的高度关注，项目注重体验与反思，关注潜能开发与自我成长，立志培养身心健康、有责任感、有担当的阳光少年。每次基地集训后，都会评选一批各方面的"先进者""小能手"，极大地提高了学生的兴趣性和参与感。

4. 志愿者服务

学校建立阳光志愿者队，秉持服务奉献精神，积极参与社区服务，参与社会公益活动，服务社会、奉献参与，促进师生观察与关注生活，感悟与改进生活，提升志愿者个人公益修养和责任担当精神。他们把在校整齐规范的军人礼仪带进社区，带动感恩活动，为精准扶贫捐款、为重阳节献礼唱红歌、与爷爷奶奶一起做家常菜，送温暖送爱心，培养阳光孝善情怀；开展国防教育主题活动和拥军优属宣传活动，培育家国情怀；主动参与社区体育艺术表演活动，将文明撒播家乡社区；主动参与垃圾分类、爱心驿站服务，担任临时小交警和城管，劝导文明缺失者，倡导文明行为，开展环保公益文明服务，用文明美丽的行动传颂奉献精神。

（三）军体教育融合综合实践，创新和拓展阳光德育项目

1. 大力开展具有军事特点的科创活动

通过科创活动、综合实践培育学生善思创新素养，倡导求真求实、热爱生活、崇尚科学等品质。学校开展航模、机器人、战斗机与军舰模型组装等科技制作与比赛，激发学生的求知欲、上进心，在成都市青少年科技教育系列活动中，2019年、2020年获得成都市团体一等奖，单届获奖人次最高达159人次，学生自制的电子显微镜获区特等奖，并在市里展示，科技探究的浓厚兴趣促进了学生求真上进品质的形成。

2. 开展具有国防教育特色的研学旅行

以优秀军事文化项目为引领，以科技为支撑，打造出集体验、运动、教育于一体的国防教育文化创意主题活动暨青少年研学旅行，采取集体旅行、集中食宿

的方式，走出校园，在半军事化活动中拓宽视野、丰富知识，加深对军营文化的亲近感，增加对集体生活方式和社会公共道德的体验。

① 军营体验。参观部队基地，体察艰苦军营，磨炼意志；开展国防教育主题日活动，感悟豪情。

② 军备研修。阅读军事书籍，讲述军备知识；提升军备理论，融合班级个性；考察炮兵基地，熟悉坦克性能；普及科创知识，体验人工智能。

③ 博物馆考察。到建川博物馆参观抗日史料展览；感悟"5·12"抗震救灾壮举；体会博物馆倡导的"为了和平，收藏战争；为了未来，收藏教训"的深刻含义。到川军抗日纪念基地，铭记历史，思索未来。

④ 军生互动。教官授课，学生研学；训练培训，作风引领；活动开展，红歌传唱。学校拓展研学形式，开展"体验生活、服务社会"研学旅行。"不忘初心·国庆共庆"等活动培养学生爱国爱家爱社会的自豪感，野外独立生活体验劳动智慧与生命奇迹。

3. 开展准军事化的劳动教育

学校开展阳光劳动，以军人为榜样，倡导健康成长教育活动，培养明理笃行素养。十余年来学校坚持校园环境卫生劳动服务周活动，每周分班轮流值周，讲究仪式规范、整齐有序，净化美化校园、创建校园卫生文明，有评比、有总结、有监督机制，提升学生劳动服务意识，增强环保和卫生意识。在活动中，植入军人体验，列队、站姿、打扫、集合等环节全体参与评分，优秀者鼓掌表扬，略差者反思总结。开展军人进餐体验活动，要求做到坐姿端正、餐前唱军歌、列队进餐、餐后清理。开展光盘行动、余餐称重等活动，培养学生尊重劳动、尊重劳动者、爱惜劳动成果等好习惯。

（四）开拓阳光军体润德形式，丰富阳光军体文化建设

1. 开拓阳光军体文化形式，丰富阳光军体主题教育活动

深挖军体教育的阳光德育内涵，运动会融入阳光军体教育灵魂，展板宣传提升文创意识，红歌比赛弘扬军营文化，与协会、社区合作开展"社区爷爷教我做志愿者""第二条战线的共产党员摄影展"等活动，铸炼红色文化教育新形式。把阳光军体延伸到社会主义核心价值观、爱国主义、孝善文化、养成教育、责任教育等范畴，常态化开展多彩阳光师生风采展示、金中好声音、红歌比赛、

"一二·九"合唱比赛、优秀人物评选等专题活动。每月确定一项主题，如法制安全、文明礼仪、心理健康、惜时励志、环境生态等，以黑板报、宣传栏、升旗仪式等多种形式开展系列教育活动。每周一次"学国学用国学"、家风家训系列活动、主题班团会课等，营造德育氛围，涵养学生品质。学校班本德育课程"小家书·大家风"在全区得到表扬，初步形成校本德育课程"军体固本"成果。

2. 拓展阳光军体润德活动空间

学校注重阳光军体校园文化建设，从物质文化、制度文化、行为文化等方面保障实施。学校设置了阳光军体文化长廊、各种主题宣传栏、电子大屏、创意空间、橱窗，以及班级展示平台。同时，学校将阳光军体活动工作系列化、常规化，申报区级课题"城郊初中体艺润德实践研究"，进行专题探索。每期安排不同的活动主题，如校园篮球周、乒乓球活动月、朗诵会、演讲赛等，发展学生特长，培养进取品质；搭建"梦想舞台""才艺空间"等学生展示平台，让学生可以自由展示、随时熏染；通过年度大型运动会、艺术节等活动倡导活泼主动、竞争向上的氛围；通过学科渗透，实现润德无声；以军体、礼仪、文创等专项训练强化学生团队精神、纪律意识、礼仪行为、美感体验等；以"三八"妇女节、重阳节艺术表演等感恩活动促成孝善情怀、道德领悟。遵循青少年成长规律，结合学校军体、摄美教育及"体育、艺术2+1"等工作，强调全员育人、全面育人、全程育人。

（五）多元共育促进全面德育，阳光德育培育健康品质

阳光军体教育促进了阳光德育的全面开展，促进了体育技能与爱国情怀德能并进。围绕"立德树人"根本任务，培育和践行社会主义核心价值观，学校以"阳光德育"为基本理念，强化未成年人思想道德建设。学校结合学生实际，持续开展阳光体育活动，并以此为突破口，构筑军体特色项目，推进阳光德育建设，创新德育管理模式，将行为养成教育提位升级为阳光德育，把培养自信自强、正直担当、友善奉献的阳光少年作为提升学生综合素质的阳光德育策略。通过长期的阳光体育运动和行为习惯养成教育，提升学生自信自强的阳光品性；通过丰富的阳光主题教育活动培养学生正直、有担当的阳光品质；通过多彩的阳光社会实践培育友善奉献的阳光品格。

学校以阳光军体教育为抓手，以阳光德育为基调，通过多元共育手段，全面

培养学生阳光健康、责任担当、实践创新、人文底蕴等素养。

首先是主体多元。德育团队、全体教师、家长、社区服务员、学生志愿者等全面参与，人人都是德育工作者。注重班主任队伍建设，搭建德育工作脊梁。积极督促班主任参加市、区级心理咨询培训，全部合格通过，班主任团队心理健康C证持有率达100%，B证持有率达60%；制定《班主任工作手册》，完善班主任工作制度，开展班主任工作交流，多元化提升班主任管理艺术与水平；坚持开展班主任师徒结对工作，每年开展班主任技能大赛，提升德育队伍的整体战斗力。实施学生领导力培养工程。健全团、队、学生会组织，抓好学生班级、团队干部队伍建设，择优选拔学生会干部；注重学生自治管理和学生自我教育，坚持开展团员示范及志愿服务，培养学生自治管理的标准意识、责任意识和服务意识。家长志愿者、社区服务员、特聘导师等团队长期参与德育活动，坚持校园周边育人服务，倾情奉献，以身示范。

其次是渠道多元。从文化、阵地、项目等方面多渠道推进，努力让学校成为学生成长的舞台、对话的平台。积极开展"阳光德育"文化建设，以"阳光文化"唤醒师生的美丽心灵，促进学生德能并进、全面发展，进入至善共美境界。强化德育阵地建设，除课堂与活动外，学校还注重"两栏两报"（展示栏、宣传栏、黑板报、手抄报）、一台一站（校园电视台、广播站），以及校外德育共建机构等阵地建设。积极构建德育课程体系，打造精品德育项目，如军体教育、摄美教育、孝善文化周、阳光志愿队服务活动等项目。

最后是方式多元。以多类融通、多维结合、多方合作等多样化方式推进。注重多类型育人的融通，如学科融通、活动融通、课内外融通等，在学科中渗透德育，阳光军体活动将科学、体育、文化、艺术等多学科结合，摄美教育活动在美育中融合德育等。注重育人的多维度结合，如规范性与自主性结合；主题性与序列性结合，既有重大的主题性德育活动，又有年度的系列化德育设计；宣讲性与体验性结合，如研学旅行强化体验、参观军营注重感受等，宣讲引导与具体体验有机结合。注重育人的多方面结合，构建优良的德育环境，通过学校教育、亲子教育、教师榜样、社会体验、氛围营造等方式优化德育环境，构建家校社互动机制，促进育人方式多样。学校以家委会、校社委为纽带，大力构建"平等互助、多方协作"的家校关系，"共建共享共生"的校社关系，突破"教育围墙"，整合多方资源，扩展育人平台，实现多方合作。依托市级哲学社科课题"多元共治社区理念下生态性构建家校社共育模式研究",积极探索家校社生态共育机制,开展家校社教育交流、研讨,按照不同阶段明确序列化合作教育,促进育人机制不断优化。平台搭建和机制建立,推动合作单元不断丰富,促进各合作方从不同的角度进行资源互通,协同育人。

(六)以"至善共美"阳光文化激励学生向阳生长

研究对象学校通过打造"书香气、生态性、人文化、爱国情"精品型校园,促进学生形成阳光品质,成人成才,伴随书香校园、文化校园、绿色校园、完美教室等项目的打造,基本形成了阳光体育、阳光健康文化教育和爱国国防教育等格局,彰显阳光军体、阳光德育功效。学校以"立德砺能,至善共美"为文化理念,持续开展阳光体育活动,并以此为突破口,带动阳光德育建设,唤醒校园生机与活力,以"立德砺能、至善共美"阳光文化激励学生向着阳光,幸福成长。

1. 正能量引领,向上向善

多年的德育实践,凝炼了研究对象学校"立德砺能、至善共美"的文化理念,提炼了"一训三风"等核心理念、精细化管理服务等治校理念以及校风校貌班风班貌等个性文化理念;明确了"一切为了学生"的办学目标,确立了"立德砺能,至善共美"的办学理念,"孝善立行,仁达天下"的校训,"健康、明理、尚美、文明"的校风,"敬业厚生,和谐奋进"的教风,"崇德明理,博学笃学"的学风。

2. 阳光文化,立德砺能

以诗书养德,实现书香励志。引导学生读书明理,励阳光之志,修健康之身。

以课堂树德,抓牢育人阵地。开展"冬季长跑活动月""诗词留香""国学经典诵读""绿色生态性课堂""网络道德课堂"和"廉政文化进校园"等活动,有效提高学生的道德品质。

以活动育德,培育阳光品德。深化"金中文明礼仪节""文化艺术节""军体节""传统文化节"等品牌活动,引导高雅礼仪和文化进校园,让学生在活动中阳光健康、立德砺能。

以实践养德,培养公益之心。学校通过开展"环境保护""志愿者服务""新浪公益展评"等活动,实现"立三观、优三风、强四德"的德育目标,引导广大学生服务他人、奉献社会。

以文化润德，实现文化浸润。学校通过举办"诸葛讲坛""我爱成都""杜诗感怀"和"做先进代表"等活动，让润德文化滋养每个学生。

以感恩明德，传承文化。学校结合中华优秀传统文化教育，借礼仪节、父亲节、母亲节、清明节、教师节，举办"礼仪文明""感恩父母""感恩老师"和"感怀先烈"等礼仪文化活动，教育引导广大学生心怀感恩、心有关爱，回报社会。

以安全佑德，构建和谐校园。学校还通过开展"安全文明月""法制进校园""119消防演练"等活动，对全校学生进行安全知识教育和法制宣传，打造文明和谐校园。

3. 环境文化，彰显至善共美

突出环境育人功能，显性物化价值理念。通过校风牌匾展示社会主义核心价值观及"孝善立行，仁达天下"校风；通过对联和展板展示传统礼仪文化、孝善故事，励志格言成为校内宣传栏的主要内容；同时借助电子屏幕、校园网、QQ群、微信公众号等信息化传媒，宣扬学校阳光文化理念。

在人文景观上，展示具有纪念性、装饰性、功能性的各类书画、楹联，品味高雅。阳光大道彰显阳光健康理念，生态园林体现阳光生长核心。学校主要有德园（昭示办学立德树人，育人崇德尚能）、慧园（智慧科创）、经园（经典名言，行胜于言）、集园（诗词歌赋育人）等园地。校园内有培植基地、生态园区、假山喷泉，培养学生关爱自然、至善共美的品质。

学校环境建设贯彻"一切为了学生"育人理念，彰显"立德砺能、至善共美"文化内核，探索主体与环境互动、有机生长的阳光生态育人建设策略，开展了建筑体更新、空间变换、场景营造项目，分别进行了教学楼更新、操场改建、功能区分区、楼道墙面布局、搭建互动屏、花开校园、厕所革命等系列工程，着力塑造兼具传统文化和现代人文气息的平安、文明、和谐校园，融合景观性、标志性、人文性、特色性、和谐性，实现使用功能、教育功能、文化审美高度和谐统一，做到净、绿、美、亮、和，达到绿化到角落，卫生到细节，内外皆有美，处处皆明亮，人与自然和谐共处，育人主体与生态环境互动优化，使每一寸土地都承载阳光生命的灵动，每一处角落都彰显阳光文化育人功能。

四、实践成效

（一）军体特色构建，完善了阳光德育体系

1. 拓展全面多元的育人环境，营造了阳光文化育人氛围

研究对象学校开拓校园、社会、网络、军体资源，创设文明育人环境，构建和谐学习平台；家校社联动，合作开发校本课程，全程育人，全方位育人。学校构建了全市首个青少年校园爱国主义和国防教育体验基地，有陈列室、阳光军体文化廊，包含了阳光军体题柱、长征组歌、奥运精神、风云人物集，成为学校开展爱国主义和国防教育的重要基地。学校已经进一步完善了军体文化长廊，申报了爱国主义教育基地，将国防教育和体育深度融合，拓展五育融合理念下的核心素养培养策略。

2. 构建特色课程团队，建构了特色校本课程

以德育处、班主任、体育组及部队特聘教官为主体，构建阳光德育特色课程教师团队，训练护旗队、国旗班优秀学生团队。

开发"军体固本"阳光德育特色课程，强化实践活动。阳光德育校本课程强调实践性、生活性、生成性、教育性。拓展阳光军体主题活动及班会课军体固本特色教育活动，以活动育人。校本课程强化学科间的融合和整合。阳光德育实践活动融合语文、历史、政治、地理等学科优势。

3. 构建阳光德育基本体系，打造德育特色活动

国防教育与体育活动融合，体系构建基本完善。国旗班等特色项目强调少年志、中国梦主题，围绕爱祖国、讲礼仪、守秩序、会学习的教学目标开展活动，延伸了爱国主义教育阵地。积极开展阳光德育多彩活动，开阔学生视野、丰富学生体验、提升学生综合素质，为学生发展成长和幸福人生夯实基础。

（二）创新德育载体，引领生命良好品质形成

1. 学生德育品质不断增强，身心素养阳光健康

阳光体育运动开展后，学生意志坚韧度提高，区教科院监测学生坚毅指数列全区第一。学生身心健康状况良好，每年体质健康测试达标率超95%。开展阳光文化，以文化人，以德育人，阳光志愿者服务团体逐渐增加，学生乐于助人，团结协作意识增强，独立自主意识增强，规则意识和法制意识增强。军体班学员成

为学校礼仪展示的主角，爱国主义意识增强。全校无刑事、民事案件，校园周边治安状况良好，校园内无暴力事件、无校园欺凌事件，学生交通文明秩序良好，社区对学生在校外表现满意度较高。学生身心素质、行为习惯和思想品质得到较大提升。

2. 丰富多彩的阳光德育活动，培养学生积极向上的阳光品质

学生综合素质提升明显，参加各级比赛成绩突出。获得了成都市太极拳比赛一等奖、成都市武术操比赛二等奖、成都市武术课间操比赛初中组二等奖、武侯区中小学生运动会田径比赛团体一等奖等多项殊荣。每年学生科创文创社团获得市级以上奖励上百人次。通过相关活动及竞赛，有力地促进了学生阳光健康、自信自强、积极进取、敢于拼搏的优秀品质培育。

（三）促进学校特色生成，办学效益提升

经过近几年阳光德育策略实践，学校已经取得了突破性的成绩，获得了全国国防教育特色学校、全国青少年校园篮球特色学校、中国教科院综合改革实验学校、全国阳光体育冬季长跑活动优秀学校、成都市阳光体育示范校、成都市新优质学校、成都市体育传统项目学校、武侯区五四红旗基层团组织、武侯区优秀文明单位、武侯区"六好"基层先进集体、武侯区文明校园、《中国德育》联盟校、新教育实验学校、全国新生命教育基地校等荣誉，并被成都市教育局推荐为强校工程实验校，2020年被评为成都市文明校园。

学校办学品位逐年提高，校风校貌日益向好。除前面所列项目外，学校近年还获得市教师艺术作品优秀单位、区红旗单位、区共青团青年文明号、区十佳教职工社团、区家庭教育示范校、区教育系统优秀志愿服务队、区消防安全先进单位等多项精神文明奖荣誉称号。学校阳光军体及阳光德育活动受到中国网、四川教育新闻网、《四川教育》《华西都市报》报道。

注释

[1] 张伟元，周玲妹．七彩课程开启幸福童年之门——无锡市春城实验小学"阳光德育"探索实践[J]．创新时代，2017（8）．

[2] 张政文. 高校立身之本在于立德树人——新时代"双一流"建设根本任务的战略思考[J]. 人民论坛, 2020（25）.

第三节　润德砺品的体艺特色教育

从生态观的角度思考学生发展和学校发展，结合立德树人教育目标及新课程改革的趋势，学校以润德砺品的体艺特色教育实践，推进学校多元课程和学校育人健康发展，促进素养提升和主体优化。在全面深入做好规范性体艺教育和技能培育的同时，注重育人品质的浸润与提升。但在实际中，研究对象学校学生体艺素养不够，体艺教育特色不突出，体艺教育与德育融合不明显，融合实施润德砺品的体育艺术特色教育迫在眉睫。

一、问题的提出

（一）新时代体艺特色新要求

1. 创建体艺特色是教育改革发展的需要

新时期教育要求学校因材施教，挖掘学生的兴趣和潜能，凸显学生个性和特长，展现学校办学特色，高层次、高水平地提高教育教学质量。《国家中长期教育改革和发展规划纲要（2010—2020年）》指出，坚持全面发展，全面实施素质教育，提高运动能力和艺术素养，促进学生健康成长全面发展。教育部于2011年决定在全国义务教育阶段学校实施"体育、艺术2+1项目"，即让每个学生至少学习掌握两项体育运动技能和一项艺术特长，为学生的终身发展奠定良好的基础，同时明确要求各中小学要不断创新教学内容，进行教学改革，办出各自的特色。武侯区中小学校"体育艺术2+1"项目联盟建设方案正式实施，经过实践证明，"体育、艺术2+1项目"是培养学生运动技能和艺术特长的有效手段，是一项学生欢迎、家长支持、社会赞同的素质教育工程，它能够提高学生艺体素养、审美情趣和人文内涵，营造健康向上的校园育人环境。[1]

十九大报告重申了全面发展的教育目标，提出"发展素质教育，推进教育公平，培养德智体美全面发展的社会主义建设者和接班人"的目标。习近平总书记关于教育的讲话中，多次提及要五育并举。体艺与德育的融合已经成为教育的时代任务，通过体艺特色教育润德砺品，寻求体艺教育与德育融合，促进体艺教育特色生成。

2. 创建体艺特色是培养学生品性和潜能的需要

（1）促进学生素质全面提升

学校需要通过特色教育来展示学生的个性，培养学生的能力和素养，使具有不同潜能的学生都能感受到成功的快乐。[2]德育能够培养学生正确的世界观、人生观、价值观，培养学生具有良好的道德品质和正确的人生态度。体育能够发展学生体力，还能够给予学生健康的知识、技能，增强学生的意志力。美育能够培养审美观，发展鉴赏美、创造美的能力，培养高尚情操和文明素质。良好的意志力、高尚情操和文明素质是学生形成正确人生观、价值观的必要条件，而正确的人生观又可以促进意志力、高尚情操和文明素质的发展，所以体育、美育、德育相辅相成，密不可分。同时，体育艺术教育对提升人的综合素养、开发智力、提高创新思维能力有着重要的作用，体育艺术教育能激励人心，丰富人们的精神生活。体艺融合德育是五育融合、润德育人的重要策略，能够促进全面提升学生素质。

（2）润德育人的重要策略

体艺活动与德育活动密不可分，体艺教育活动最易达成德育的基础效果。通过体艺活动开展，德育元素也在潜移默化中被学生接受。体艺教育活动能够促进身体健康，培养良好的心理品质，良好的体艺教育活动会促进学生技能和品质的双向发展，所以，创新体艺活动形式是学校发展德育、润德育人的重要策略，也是学校体艺特色生成的重要取向。体艺与德育结合最终达成五育融合，体艺特色生成是学校立德树人效果的重要策略。

（3）创新人才培养的需要

学校多年只注重学生考试成绩特别是文化科目考试成绩，比较忽视体艺教育，没有一个体艺特色项目，也没有一位专业训练队伍。从初中开始进行体育的一招一式、美术的一笔一画、音乐的一音一谱练习，方能由浅入深、由简至繁、循序渐进，为创新型体艺人才培养奠基，为学生未来铺路。学校以育人为先，积极探索"以生为本，德能并进"的办学特色，利用体艺实现全面素养提升，全面开展体艺教育活动，扩大学生发展和学校发展空间，激发优秀学生发展潜质，激发体艺特长生争创一流的学习动力和创新精神。

（二）学校体艺教育问题

调查结果显示，与2016年相比，2018年研究对象学校学生的体质与健康现状、艺术技能方面变化主要表现在以下方面：学生体质与健康状况有所改善，学生的身高、体重和胸围等身体形态发育水平继续提高，学生肺活量呈现上升的趋势；营养不良率下降，学生贫血率降低；速度素质（60米跑）和爆发力素质（立定跳远）有所提高；柔韧素质（坐位体前屈）出现好转。但是最突出的问题是耐力素质和力量素质（握力、引体向上、仰卧起坐）明显下降，肥胖学生明显增多，学生视力问题仍居高不下。学生主动锻炼的意识有所减弱，学校体育文化氛围不够浓郁，学生体艺技能和特长有所减少。学生上课注意力集中程度不高、精力不济、站坐无力的情况较普遍。学生个人文明礼仪修养有所提高，但是学生在集体仪式方面达不到标准。学生艺术修养增强，但是艺术技能提升不大，专业艺术素养仍然较弱。初中艺术教育缺乏改革与创新的动力，体艺教师数量严重不足，教学方法单一，教学质量不高。具体体现在如下几个方面。

1. 学校体艺基础条件薄弱

研究对象学校在校学生900多人，随迁子女及本地被征地农民子女占全校人数95%以上，其中外来随迁子女占75%，本地被征地农民子女20%。学校体艺基础条件较薄弱，生源、师资、硬件设施等各方面都不具备优势，多年体育监测达标率不高，尤其是近视和技能培养问题较为突出。学校校舍和运动场馆生均面积严重不足，学生活动空间有限，学校开展教育教学活动受到一定限制。地域和环境同城区中学有一定差距，周边环境对教学影响大，社区体艺环境不够成熟，体艺和文创资源匮乏，人文素养有待提升，家长文化程度不高，70%为高中以下文化水平，体艺教育意识淡薄。

2. 学生体艺综合素养不高

为了准确发现学校在体艺方面存在的主要问题，项目组将学生的体育艺术状况通过问卷星以网络调查的形式让学生、老师、家长上网完成调查问卷，问卷中涉及学生的性别、班级、对艺术体育的了解、对艺术体育技能的了解与喜好以及对艺术体育学习的想法等，共收到学生问卷391份，其中男生190人，女生201

人，家长问卷278份，教师问卷64份。

项目组问卷的调查内容十分广泛，包括了学生体育艺术的多个方面，并进行了分析归纳（见表3-3-1）。

表3-3-1 学生体艺综合素养及体艺与德育融合调查分析

项目	内容	原因分析	策略
体艺专业技能	80%学生没受过专业训练；体艺2+1不足	师资有限；观念不强；专业教师少	专业教师培养；提升体艺润德观念；体艺技能专业提升
体艺学习愿望	70%家长、90%学生愿意接受专业培养；90%的师生家长认为学校体艺教育能够培养品德	师生、家长对优质特色体艺教育要求高；对学校体艺培养要求高	加大体艺专业训练力度；增强体艺教育活动开展
体艺教育策略	认为学校体艺状况一般	没有特色体艺项目；体艺教育策略单一	构建体艺润德教育策略体系；形成体艺润德特色

首先，由调查可知，学校80%左右的学生都没有受过专业的体艺训练，70%家长都非常愿意让自己的孩子积极参与学校开展体育艺术方面的培训。所以选择体育艺术作为教育特色发展突破口，促进德育的发展，既是学生、家长的共同选择，也是学校发展的必然趋势。

其次，可以看出师生对于学习体育、艺术技能的要求很高。动漫、摄影是学生最喜欢的两项艺术项目。学校在这些方面专业投入明显不足。

最后，从数据可以看出90%的学生是非常愿意学习体育艺术技能的，并且90%的学生愿意代表学校参加各种比赛。学生对体艺技能的强烈愿望和实际掌握技能之间出现了非常大的矛盾，迫切需要得到解决。师生、家长都认为体艺特色能够提升德育水平，认为学生体艺发展能够培养道德品质的占90%，认为体艺是培养学生德育品质的最佳方法的占80%以上。

3. 体艺教学亟待改进

其一，体艺教育在技能教学和认知上存在偏颇。调查发现，体育教师以技能教学为主，体育理论课和运动常识课较少，学生在运动技能观念方面及卫生保健常识认知上存在的误区和知识盲点较多。在"学生每天锻炼一小时"活动中，因文化课增加、师资缺少、学习压力和场地设施不足等因素，开展效果不理想，表现出形式化、模式化和表面化特征，缺乏长效机制和文化引领。学生尤其是女生普遍觉得专业技能训练不足，体育运动枯燥单调，缺乏学习动力。艺术教育只是简单欣赏，专业指导不够，学校和家庭艺术投入严重不足，艺术技能提升缓慢。

其二，体艺选修课教学有一定的局限性。体育选修课是学校校本课程的重要内容，能够发展学生的个性、满足学生的个体需要，提高学习兴趣，提高专项运动技能。受学校体育场地设施不足等主客观因素的影响，体育选修课仅能够开展如篮球、乒乓球等少量项目，集体项目不足，效果不佳。学校艺术教师严重不足，只有音乐、美术教师各一名，无法开展有特色的大规模的艺术教育，也无法开展个性化的艺术活动。

其三，随迁子女群体体育健康意识和艺术修养有待全面提升。调查发现，学校随迁子女所住社区体育、艺术环境欠佳，家长对学生体育、艺术及健康教育的意识不够，学生急需加强保健运动和艺术熏陶，提高身体素质及运动技能，培养艺术修养，实现身心健康的全面发展。

其四，学校体艺特色不明显或者无特色。以前学校体艺规范性强，特色不够明显，虽然积极推进"体育、艺术2+1项目""一小时校园体育活动"，但是体艺人才培养不足，体艺特色项目不多，育人效果不明显。学校阳光体育特色的活动形式不够丰富。学校阳光体育活动就是让学生走出教室，走向运动场，进行体育运动锻炼。调查发现，学校尽管根据自身的条件开展了不同形式的阳光体育活动，但活动形式内容单一，开展的项目以广播操、跑步为主；运动会开展跳绳、拔河、篮球、足球等单项活动，以单项比赛为主，大型活动较少，特色活动不多；户外运动开展时间较少，学生喜爱的新兴体育项目在学校更是少见。体育、艺术特色已成为现代学校发展优质教育、推进素质教育的突破口。

其五，体艺教学评价体系不够完善。学校体育、艺术学习评价方法更多以分数为依据，评价不够多元化立体化。调查发现，学校只注重期末体艺技能考试成绩，并以期末技能考试成绩作为学生的最终成绩，忽视对学生的学习态度、学习过程和体艺素质的评价，"体育、艺术2+1"技能考核没有落实到位。

二、相关概念和思路

（一）相关概念

1. 体艺特色

本文所述体艺特色就是创新体育及艺术教育形式，打造学校体育、艺术工作特色，拓宽学生发展空间，让学生在阳光运动中健康成长，在艺术熏陶下全面个性化发展。学校体艺特色包括体育、艺术课程特色和学校体艺文化特色，润德砺品的体艺特色创新就是从体艺课程特色开始，逐渐建构学校体艺文化特色和学校德育文化特色。本书体艺特色不是指学科特色，更多的是指利用有特色的体艺课程或活动与德育融合达成德智体美融合教育的目标。

2. 润德砺品

本书述及润德砺品就是以体艺特色活动达成立德树人功效，体育、艺术教育渗透德育，德育融合进体育、艺术教育，寓德于体艺，在体艺教育中培养学生良好品德，体艺滋润、磨砺品德，体艺与德育融合浸润发展道德品质。

3. 阳光体育

依照教育部《关于开展全国亿万学生阳光体育运动的决定》文件精神，切实推动全国亿万学生阳光体育运动的广泛开展，吸引广大青少年学生走向操场、走进大自然、走到阳光下，积极参加体育锻炼，掀起群众性体育锻炼热潮，简称阳光体育运动。阳光体育以"健康、运动、阳光、未来"为目标，培养青少年的思想品德、智力发育、审美情趣。[3]

4. 阳光德育

本书所述阳光德育就是赋予阳光自然属性以品质意义，探索道德教育阳光之路，以正能量来塑造学生阳光健康、自信自强的优良品格。阳光体育可以促进阳光德育，阳光德育可以引领和深化阳光体育。

（二）解决思路

1. 创建体艺特色，创新学校育人方式

（1）创建体艺特色，提升技能与修养

学校以融合德育的体艺特色教育作为学校特色发展、学生个性发展和育人方式变革的重要策略，通过对师生和家长进行体艺与德育融合的问卷走访调查，发现师生和家长都对把体艺特色教育作为学校德育教育的突破口持欢迎态度。学生家长认同有特色的体艺教育活动能够培养良好的习惯和品质。比如冬季长跑能够培养意志力和积极乐观的精神，球类能够培养团结协作的能力，艺术能够培养审美情趣、尚美的品质。让更多的学生到阳光下、操场上锻炼身体，愉悦身心，收获喜悦，体验成功，形成"人人有特长，班班有活动，学校有特色，个性更阳光"的局面，这是优质教育的新追求。

（2）体艺与德育融合，落实素质教育

学校开展阳光体育和阳光德育活动，培养阳光健康、自主自强、纯洁正直、活泼开朗、品德优良的阳光少年，作为提升学生必备综合素质的阳光德育目标。学校阳光德育能够整体提高学生素质，培养学生好习惯。以体艺融合阳光德育的特色体艺教育能够润德砺品、五育融合，能够拓展阳光德育内涵，阳光德育和体艺特色教育融合提升，给"新市民"子女带来适合的教育。

以学校体育、艺术教育特色生成促进学校特色建设，改变传统学校体育、艺术教育机械、类化、二元分裂的思维方式和实践方式，促进现代学校综合、互动、多元化体艺教育生成，构建融体艺教学、课外体艺活动、专业训练、健康生活方式研究等于一体的课程体系，进一步完善学校"至善共美体艺课程"，实现"每天锻炼一小时，健康生活五十年"的新课程改革目标和立德树人素质教育目标。

2. 确立润德砺品的体艺特色实施目标

学校确立"以教育为核心，以体艺为途径，以运动与美为导引，以人文为旨归"的基本思路，通过调查分析学校体艺教育和德育上存在的问题、德智体美劳教育关联性问题，站在德育的高度，创新体育、艺术教育策略，促进体艺与德育的融合，最终研究出可操作、可复制、可推广的城市"新市民"初中学生体艺润德策略，达成体艺创新润德砺品高标准。具体目标包括：

① 提升学生体艺技能培养；
② 创新体艺特色，达成润德砺品；
③ 完善体艺润德的功能，促进体艺课程与德育融合；
④ 优化完善学校德育路径，促进学校特色尤其是体艺教育特色生成。

3. 廓清润德砺品的体艺特色实施路径

研究组根据生态观因子分析，认为学校体艺教育有单一陈旧、活力不足、特色不够、能力不足等敏感因子,最敏感因子是体艺与德育融合不足。确立体艺融合阳光德育,生成润德砺品体艺特色演进发展战略,融合立德树人理念,充分展示学校德育和文化育人特色,构建润德砺品体艺特色文化,是学校整体推进体艺特色建设的最佳路径。

(1) 加强体艺融合德育探究

体艺活动是最基础的育人"润德"方式,体艺教育活动最易让学生达到德育基础效果,也潜移默化地为学生终身发展奠定良好的基础。通过体艺教育活动能够强化身体健康,培养良好的心理品质,促进学生技能和品质的双向发展,同时,创新体艺润德活动形式将作为学校德育发展的重要策略。

(2) 构建特色课程与活动

体艺特色创建不是简单的活动堆砌,而是课程与文化体系的重构。学校通过阳光体育活动、阳光文艺活动逐渐积累了阳光德育策略。目前学校阳光德育策略进一步从体艺出发进行强化:大力强化阳光体育运动,提升学生身体素质;开发多元阳光校本课程,培养学生个性和综合素质;以阳光文艺熏陶学生活泼开朗、纯洁正直的阳光纯真品格;社团组织开展丰富多彩的阳光主题教育活动,培育自主自强、乐观向上的阳光精神。学校倡导润德砺品的体艺特色教育,提升阳光德育新境界,希望将强化体艺与阳光德育深度融合,开发体艺教育新形式,开拓阳光德育新策略。

(3) 构建特色精品项目

在体艺发展思路方面,不但重视体艺常规课程教育质量,坚持落实学生每天一小时体育锻炼活动时间,而且学校根据自身校情及历史背景、地域环境,深入挖掘并确立具有校本特色的体艺课程和体艺发展项目。既支持学校积极发展传统型特色项目,也鼓励学校大胆建设创新型体艺课堂,举行润德育人体艺特色活动。学校经过几年准备和积累,构建了青少年校园篮球、太极群众运动、金中好声音、剪纸与传统工艺等特色项目,近年还创立了两大特色教育活动——"军体固本,立德砺能"国防教育文化活动和"摄美"摄影艺术教育文化活动。两大特色体艺教育活动均已形成详细的工作方案,构建了基本框架,为以后继续开发润德砺品的体艺特色教育提供了参考和发展路径。

三、主要内容和策略

（一）加强体艺与德育融合共通性探究

1. 体艺与德育共通性研讨

体艺教育与德育策略有极大的共通性（见表3-3-2），比如内化性、整体性、系统性、自主性、差异性、稳定性、科学性、艺术性及知行合一、行动性、活动性等特点，体艺与德育在目标上和性质上有很多共通性，由此可知，体艺特色创新能够实现润德砺品效果，立德树人目标能够通过外显性的体艺特色创新实现。

表3-3-2 体艺与德育共通性

体艺特点	德育特点	共通性
外显性	内隐性	内化性
全面性、整体性、系统性		整体性、系统性
自主性、差异性		自主性、差异性
稳定性、持久性、终身发展		持久性、稳定性
科学性、艺术性		科学性、艺术性
知行合一、行动性、活动性		知行合一、行动性、活动性

2. 体艺与德育融合更好达成立德树人目标

《公民道德建设实施纲要》中明确指出了"学校是进行系统道德教育的重要阵地"，持续完善德智体美劳全面培养的育人体系，拓展润德砺品的多形式素质教育途径，是进一步落实立德树人精神，提升学校德育管理水平的重要策略。润德砺品的体艺特色创新以德育为核心，以创新体育、艺术为手段，体育、艺术教育融合德育活动，在德育策略中拓展体艺教育空间，以体艺活动创新达成润德砺品高标准。本项目力图站在德育的高度，创新体育、艺术教育策略，以促进体艺与德育的多方面融合作为研究的核心。

3. 德育创新引领体艺特色进一步发展

根据中国知网查阅结果，关于体艺教育润德的69篇文献中，涉及的内容均为体艺教育的功能与德育价值的关系、渗透途径，或体艺教育的德育功能及影响。

体艺润德是以德育为核心，以创新体育、艺术为手段，在体育、艺术教育中融合德育的教育活动。德育作为教育的前驱动力，牵引着整个教育的方向，体育作为锻炼人健康体魄的重要手段，是人进行一切社会活动的基本条件，也是人生存发展的基本条件，艺术让人发现美、欣赏美、懂得美，对于提高生活品质有着非常重要的作用，以体育为跑道、以艺术为翅膀，德育这架承载着学生梦想的飞船就能自由地在蓝天上翱翔。

4. 体艺教育是培养良好品德最基础、最适合的方式

通过体艺教育活动潜移默化地培养学生健康的身体、良好的心理品质，是目前研究对象学校德育教育最佳、最易被学生接受的方式。良好的体艺教育活动会促进学生技能和品质的双向发展，所以，创新体艺教育活动形式是体艺润德的重要策略。根据对学校的调查分析，发现学生在体艺方面存在技能培养仍有欠缺、校本课程开设不足、教育特色不明显、教育创新不足、选修课教学有一定的局限性、体艺意识有待加强、活动开展形式不够丰富、评价体系不够完善等问题。本项目认为体育、艺术与德育融合发展是全面提升研究对象学校学生素养的最佳方式，体育、艺术中渗透德育是体艺教育的较高境界，体艺教育中包含德育元素也是体艺教育特色的体现。但是体艺与德育融合有难度，很难达到体艺润德的立意高度。本项目研究开展体艺润德教育的最佳策略，尤其希望通过体艺教育特色手段提升德育教育水平，培育学生良好的品德修养。

（二）探究体艺与德育融合实践路径

如何结合学生品格特点开展体艺特色活动，利用创新体艺课程形式润德砺品成为本项目的关键问题。项目组经过反复研讨，将研究问题进一步明确。

1. 体艺教育与德育文化融合发展策略探究

如何才能解决学校德育策略单一和体艺教育无特色问题呢？把学校阳光德育策略与体育、艺术教育进行双向融合发展，是积极探索城市"新市民"润德砺品，促进体艺特色发展的有效策略。融合德育的体艺教育发展策略以体艺与德育相互渗透，创新体艺特色（见表3-3-3）。体艺教育与德育策略有极大的共通性。通过体艺教育活动能够强化身体健康和良好的心理品质，良好的体艺教育活动会促进学生技能和品质的双向发展，创新体艺润德活动形式是许多学校德育的重要策略。

表3-3-3　体艺教育与德育文化融合发展策略

项目	策略	方法	建设路径
体艺专业技能	专业教师培养；提升体艺润德观念；体艺技能专业提升	教师专业提升；学生专业素养提升	1. 教师发展研修会（区级课题"教师专业发展"） 2. 阳光体育活动、家校社生态合育（市级课题"多元共育"）
体艺学习愿望	体艺专业训练；开展体艺教育活动	体艺"2+1"技能培养	1. 丰富活动开展 2. 校本课程开发
体艺与德育融合策略	构建体艺润德策略体系；形成体艺润德特色	体艺润德特色	1. 军体教育、摄美教育 2. 立德砺能、至善共美文化

2. 体艺教育与德育文化目标探究

弘扬学生刻苦锻炼、吃苦耐劳的精神，不仅是增强学生体质的需要，也是培养良好意志品质的需要，更是学生走向社会、适应城市、立足发展的需要。项目组研究体艺与德育相互渗透路径，力图培养学生的良好品质。学校加大对学生的德育力度，首先培养学生的道德品性，提高学生的思想素质，弘扬刻苦锻炼、耐心细致、勤劳努力、爱美尚美等精神。其次，引导他们脚踏实地地进行刻苦学习和运动锻炼，培养顽强的意志和艰苦奋斗的作风，以增强其适应城市生活的能力，为现代社会培养更多的后备人才。

学校以"立德砺能、至善共美"作为润德砺品体艺特色教育的目标。以体育、艺术与德育建设的融合、润德砺品体艺特色为突破口，促进学校特色发展、学生全面个性发展、教师专业发展，提升体艺特色教育润德砺品的效力，使学生达到修身立德、固本砺能、至善共美的境界。学校从阳光体育活动、阳光文艺活动中逐渐积累了丰富的阳光德育策略。

3. 构建特色课程体系

为强化体艺特色创新及润德砺品意识，学校体育活动树立"健康第一，提升技能"的指导思想，注重发展学生的全面素质。结合学校的实际特点，汇集各种体育、艺术教育的思想理念，突出培养学生的素质教育，以体育与健康、艺术与美育教育相融合的、多种教学模式并存的课程内容为目标，课程设置要体现地方特色和创新性。

一是以丰富的课程促进学生个性发展。课程的丰富性和可选择性保证了学生锻炼的基本要求，学校以"4+1"模式统整体育课程。整合2节国家必修体育课、2节必选类校本课程和1节班级团队拓展课，形成"4+1"课程方式，课程目标对接、内容衔接、评价联接，以年级为单位按选项实施走班教学。依据学生学习需求，除传统的篮球、乒乓球、足球以外，还开设了包括排球、太极等16个运动项目的课程。据调查，课程实施以来，学生对课程的认可度及出勤率达100%，教学满意率上升至95%，对自己运动水平提高满意率达90%，体质健康测试成绩提高显著，课程的丰富性促进了学生的个性化发展。

二是拓宽校本课程资源，构建特色体艺课程。学校根据自身资源构建了军体国防教育和摄美课程。学校开发了军体教育系列读本，开设相关教育课程。课程的教育目标定位在"军体固本，立德砺能"，着重从学生身体素质、价值观念、纪律规范等基础出发，固本正源，促进德能发展。课程每学期保证20个学时的必修课时、20个学时选修课时以及上百个灵活的活动课时。在课程实施上，形成了"211"课程结构模式，每天两次大课间军仪训练、每周一节军体训练必修课、每周一次阳光体育选修课。根据学生的兴趣爱好，学校创设了种类齐全的特色体系，大力发展武术、足球、军体、健美操、摄美等体艺特色教育，制定符合学生身心发展、形式活泼、具有实效的体艺方法，积极完善体艺校本课程。比如，以陶行知"生活美育理论"为指导，从摄影与生活、摄影与美育、摄影与学科整合、摄影与人文素养、摄影伦理等领域出发，进行相关课程开发及实施管理研究。

三是构建可操作性的课程评价机制。尝试探索体艺教师工作考核方法，学校在军体教育和摄影艺术教育特色课程等方面探索合理的学生素质评价标准，制定科学合理的体艺管理制度，努力为提升学生体艺技能和道德行为素质奠定基础。结合学生综合评价指标，将体艺技能纳入学生综合评价体系，强化体艺润德实施。

（三）开展润德砺品的阳光体艺特色教育

1. 加强阳光体育特色教育创新，强化训练学生阳光素质

大课间活动采取灵活设计，变换形式，音乐调控，交错方阵，确保学生每天锻炼1小时。活动形式多样，加强长跑、素质跑、太极拳、武术操、健美操等教育，注重主题教育特色。将大课间活动与自主管理结合，培养学生自主自立自强的品质。"阳光大课间"展示受到区主管部门的赞誉，承担了"国培计划"四川省农村初中体育骨干教师培训班、"国培计划"全国紧缺薄弱学科初中体育教师培训班学员的观摩学习，反馈意见良好。目前，武术操、太极拳是学校具有亮点的传统项目，成都市文体卫专家和成都市体育大学教授多次专程到校观摩并指导学校阳光体育运动，全区教师在教科院专家的带领下多次到校观摩大课间活动并学习太极拳、武术教学。跳绳竞赛活动、冬季长跑和太极拳表演辐射到社区，培养了学生积极乐观的阳光品性，又营造了淳朴和谐文明的校园氛围。

2. 阳光文艺活动熏陶学生活泼开朗、纯洁正直的多彩阳光品格

学校大力在节日、主题教育活动中举行阳光文艺活动，熏陶学生活泼开朗、纯洁正直的多彩阳光品格，丰富学生的校园生活，展示学生多才多艺的风采。

一是文体艺结合，组织艺术节等多种活动。每年组织读书征文、朗诵比赛、演讲比赛、歌咏比赛、中华诵诗歌朗诵赛、艺术节等活动6次，传承中华优秀传统文化，引导学生弘扬爱国精神，塑造健康人格。二是打造阳光公正、善良纯正的多种传统礼仪文化仪式。每天上放学的迎送仪式、家风传承、阳光助学、阳光评优、阳光家访等使学生在仪式中成长。家风传承活动受到五家媒体网站专题报道。

3. 阳光社团助推丰富多彩的阳光主题文艺活动，培育阳光精神

一是以阳光文艺活动，培育阳光公正的自主管理精神。学生会以培养自主自立、笃志自强、努力奋进为目标，在大课间和体艺活动中，采取点评制和检查制，社团管理引导了阳光社团建设和学生自主文明阳光管理，形成了细节明确、和谐协作、公开透明、阳光公正的管理制度。二是以志愿者服务队的暖心感恩活动，培养学生阳光孝善情怀。学校把孝亲、孝爱、孝善文化植根于学生教育，培养学生孝敬长辈、尊师亲贤、互助友爱、知义明礼的品格。利用劳动服务、社区服务、敬老院送温暖、"三八"妇女节送爱心、礼仪活动、道德讲

堂和法律讲堂培养孝善情怀。志愿者服务队组织爱心文艺表演等活动，提升孝善和感恩意识。

（四）加强特色体艺润德教育活动的创设

体艺特色创新推动校本课程与文化体系重构。在体艺发展思路方面，不但重视体艺常规课程教育质量，坚持落实学生每天一小时体育锻炼活动时间，而且学校根据自身校情及历史背景、地域环境，深入挖掘并确立具有校本特色的体艺课程和体艺发展项目。学校既坚持积极发展传统型特色项目，也大胆建设创新型体艺课堂和特色活动。学校把立德树人作为体艺教育的终极目标，通过创设系列化、主题化的阳光体育与艺术活动，激发学生好动的天性和艺术创作欲望，为学生充分展示自我提供良好的平台，在生命的参与和体验中，构建学校阳光教育文化特色。以体育、艺术活动激发学生的求学激情，重塑学生的精神面貌，提高德育实效，紧紧围绕"以文为主线，体艺为特色"的办学思路，提出"全面发展，特长发展"的育人方略，以体艺特色教育为突破口，渗透德育，促进智育，全面推进素质教育。学校坚持"重文理、强体智、扬个性、塑人格"的特色教育目标，遵循"特色中求创新，特色中创精品"的原则，做到人无我有，人有我精。

1. 开展"太极铸魂"活动，推动群众体育运动

为了贯彻落实全民健身国家战略和"健康中国"规划纲要，延伸阳光体育运动内涵，学校开展了以"太极铸魂"为主题的太极拳特色创建活动。利用电子大屏、板报、手抄报、体育课等多种宣传平台，对太极文化进行全方位、多角度宣传，营造了浓厚的太极校园文化和中华传统文化氛围；同时邀请太极专家公益授课，定期举行太极拳训练；建立太极兴趣社团，传承和弘扬中华传统文化；利用体育课和大课间，把太极拳融入平常的体育教学中；开展师生太极拳及太极文化知识比赛，提高了学生的积极性和参与度，促进团结协作。以"太极进社区"形式，发挥家校社生态共育优势，推动太极拳文化融入社区百姓生活，使其了解中华健康养生理念，感受传统文化魅力。学校连续多年获得市级及以上太极拳奖项，学校体育老师长期被社会团体和社区聘为公益服务太极教练。通过"太极铸魂"特色创建及太极文化的教育，弘扬和传承了中华优秀传统文化，拓展了阳光校园体育活动，极大地丰富了阳光文明校园生活，增强了师生的体质，提高了学校的办学品位，推动了群众体育运动。

2. 力推"活力篮球"活动，打造校园篮球特色学校

学校努力创设具有篮球特色和阳光运动的校园文化环境，努力建构了青少年篮球特色目标和重点突破的训练项目。经常开展以"活力篮球"为主题的校园文化活动，建立基于互联网的校园篮球信息宣传平台，动态报道篮球活动、交流工作经验、展示特色成果。充分利用电子屏、学校宣传橱窗、黑板报、广播站等宣传阵地，向社会、广大家长宣传学校篮球特色工作，使校园呈现浓浓的特色校园文化氛围。在"活力篮球"项目的引领带动下，学校形成了足球、篮球、气排球、乒乓球、健美操、武术操、军体操、花样跳绳等各式项目百花齐放的局面，实现了"人人有体育运动技能、学校有体育特色项目"的目标。同时，学校申报了基于体育中考的体育课程改革项目，突出了三大球类训练，开足篮球体育课时，采用外聘和内培的模式，引进有实践经验的教练参与到管理和训练中。学校先后聘请省、市、区专业篮球辅导员，定时来校讲学并指导训练工作。学校运动队目前配有一名篮球专职教练员，做到场地、器材、时间三落实；组织了篮球社，定期开展篮球活动月和校际篮球联赛；注重体育教师培训和体育科研工作开展，不断提高体育教师运动素养和篮球教学的水平；加强青少年校园篮球基地建设，多次承办区级篮球教学训练研讨以及校际比赛交流活动。师生在区级比赛中多次获得前三名的好成绩，学校获得全国青少年校园篮球特色学校称号。

3. 举办"金中好声音"校园音乐节

学校不仅重视艺术课堂教育，还积极为学生搭建艺术素质的展示平台，学校坚持每年组织一次校园文化艺术节，兴办各类艺术活动与比赛，将艺术教育融入活动之中，让同学们在活动过程中不断提升自身的艺术素养和艺术技能。为了丰富校园文化生活，营造健康向上的校园文化氛围，提高学生的艺术素养，展现学生多才多艺的青春朝气和积极向上的精神风貌，推动文明校园建设，促进学生品性提升和全面发展，每年特举办"金中好声音"校园音乐节活动，活动时间在新年来临之际，如今已经是第三届。今年的活动主题是"青春情·金中梦"，活动宗旨是"用歌声展示青春，让才艺绽放激情"。活动响应社会对人才的需求和教育手段的现代化趋势，光、声、色立体组合展示青春风貌，鼓励学生群体和个体进行大胆创新、表现形式多样、内涵丰厚的表演。活动以热烈明快，激情蓬勃，富有内涵的晚会形式展开，在社区礼堂多角度、多层面展示思想性和艺术性、表演性与参与性、教育性与大众观赏性统一的大众娱乐形式，师生、家长同台竞

技，中间穿插嘉宾闪亮登场，使晚会高潮迭起，充满活力。学校还将整个活动的前中后期，从报纸到电台，从展板到网站，以平面和立体相结合的宣传方式向家校宣传。校园音乐节的开展，展示了学生的个性和素养，培养了学生积极向上的心态和良好的竞争意识，对学生的艺术修养、审美意识、参与意识、参赛能力等都有积极促进作用。

（五）建构学校体艺精品项目，推动学校特色创建

1. 构建阳光军体教育，深化德能并进的阳光德育

学校开展"军体固本"阳光体育和红色军魂教育活动，构建立体开放、立德砺能的军地双边互动国防教育实践，培养学生强国强军的爱国情怀，逐渐熔铸校园军体固本、立德砺能国防教育文化。阳光军体教育分层分段进行。

首先是开发阳光体育兴趣选修课。着力探索和实践了兴趣选修课，周二、周三为初一、初二学生开设了两节体育选修课，兴趣课设置有健美操、武术、篮球、足球、乒乓球、排球、棋类等，学生自主选择参与面达到100%，学生每学年选择一项，两年必须选择至少两项课程，掌握至少两项运动技能。

其次是开发军体文化课。以"军体固本，立德砺能"为文化核心，学校建立了军事文化宣传墙，各班级形成了以我国先进武器系列命名为表征的班训与班貌、军事武器与班级建设结合的独特治班方式。每届军体节的开展，将军人的风貌与坚毅的品质融进了学生的校园生活和精神里，学校在此基础上形成了军体文化课及文化氛围。每周庄严的国旗护卫队升旗仪式令人激昂。这些活动与文化的建设极大地促进了学生的国家认同感和社会责任感。

最后是创建体育精品项目——阳光军体教育。学校以阳光军体促进学生核心素养培育，主要分"三大步"推进（见图3-3-1）。一是以国防教育、特色体育结合的军体教育为抓手，强化学生的行为习惯、文明礼仪等培养，"军体固本，立德砺能"，固本正源，健康身心，德能并进；二是结合学校学生实际侧重选择学生核心素养中的"家国情怀、责任担当、文明素养"等三大维度进行突破，体现育人重点，实现重点教育；三是以重点教育为基础，深化带动整体育人进展，实现"多元共育，至善共美"拓展推进，以丰富的校内外活动实现德能品质的发展，追求卓越，全面育人。

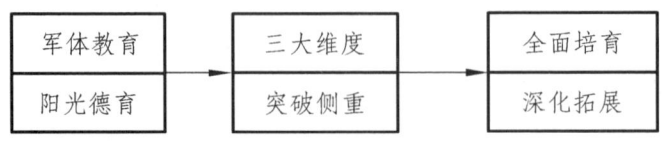

图3-3-1　阳光军体"三大步"

学校创建军体特色,扩展阳光德育路径,达成阳光德育润德砺品实效。把阳光的光明磊落、温暖无私、朝气蓬勃自然属性升华为平等公正、坦荡自信、博爱包容、乐于奉献、自尊自强、奋发向上的阳光品质意义,延伸为以阳光品质、人性美德契合学生成长规律,培育其高尚的道德情操和社会主义核心价值观。阳光德育育人取向的核心理念是阳光健康、自信自强。立德树人,德育为先,通过正能量教育来引导人、感化人、激励人;以人为本,通过较好的方式来塑造人、改变人、发展人。结合核心素养培育框架体系和学生、学校实际,学校聚焦"健康生活、学会学习、责任担当、人文底蕴"等核心素养培养,希望通过深入推进阳光军体带动德育发展,全面提升学生思想品质。

2. 构建"摄美尚美"教育,达成"至善共美"功效

文艺教育能够提升审美境界,实现美育润德尚美目标。柏拉图认为要实现"融美于心灵"就需大力实施美和艺术的教育。席勒认为审美教育的任务在于提高人的心理素质和鉴赏能力,要提高人们的审美能力,就必须通过(美的对象)艺术来实现。王国维、蔡元培认为美育的目标是陶养感情,而陶养高尚品格、感情完善的人,必须找到非功利与审美的最佳结合点——艺术陶养,从而提升艺术陶养在美育和人格培养方面的显著作用。学校教育是一个将文艺融汇到审美教育中的重要时段,对培养学生审美人格具有重要作用,文艺教育能够提升学生审美教育境界,实现美育教育目标。

学校加强文创探索,开展"摄美尚美"摄影教育活动。在阳光德育的框架下,根据学校实际,阶段性提出"摄美尚美"摄影艺术教育文化策略,并形成详细的活动方案,构建体艺润德基本框架,为后续开发体艺润德策略寻找较好的系统构建。

首先,进行结构梳理。

一是基础结构。以"发展"为中心,形成"教育—摄影—创新"的三维互联互动结构。"发展"的内涵主要为着力学生品性、教师品韵、学校品质发展,带

动家长及社区品位发展（见图3-3-2）。

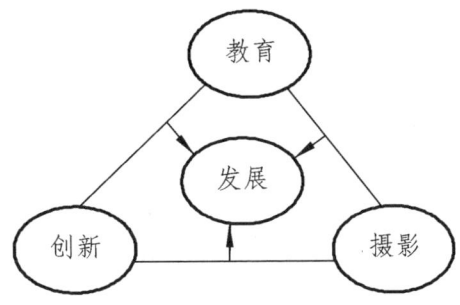

图3-3-2　摄美尚美教育基础结构

二是延展结构。摄影教育主要提倡"关注生活、深入生活、体验生活、表现生活"，培养师生的人文素养，并通过"高站位、强整合、深挖掘、广辐射"等途径，造就"摄影教育"核心优势，形成"极核—运行—辐射"的结构模式（见图3-3-3）。

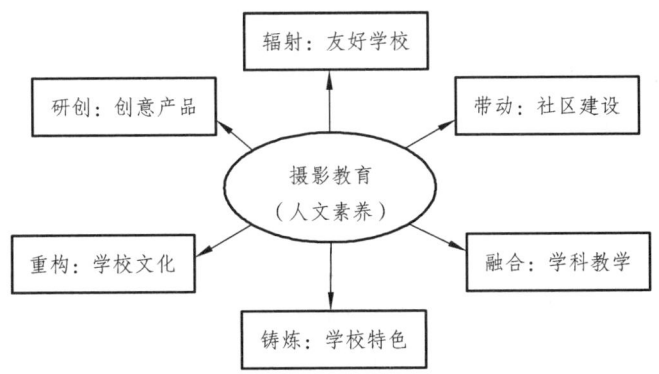

图3-3-3　摄美尚美教育延展结构

其次，主题纵深升华。

学校积极探索将"摄影课程"向"摄美尚美"教育进行主题纵深升华，以摄影为切入点，以"摄影+"的方式，不断融入美术、文学、音乐、微电影、自媒体等元素，逐步向综合文艺、综合美育方向发展，从"摄影教育"走向"摄美教育"，提升师生"精致、尚美"的文化格调，以点成线，以线带面，形成良性综合效应。"点"即以摄影教育为基点;"线"即主题教育成系列,项目支撑成系列,师生素养不断提升;"面"即带动学校工作整体、全面育人、提升质量、品牌铸炼及社会影响的综合发展。

"摄美"教育以教育为核心,以摄影为途径,以美学为导引,以人文为旨归,形成"教育—摄影—文创"的三维互联互动结构,进行社团建设、课程开发、文创探索、社会公益服务,开展系列主题活动,积极参与社区服务,参与全国摄影教育公益活动,服务社会、奉献参与,促进师生观察与关注生活,感悟生活。同学们担职艺术节、军体节摄影通讯,关注鞋都社区,观美水韵天府、天府芙蓉园,去武侯祠采风。学校利用校园周边的自然文化美景倡导艺术润德教育,营造学校美育基地,强化至善共美新境界。学生收获感悟,陶冶情操,促进素养全面提升。通过"摄美"教育艺术实践活动促进师生人文素养培养,促进学校文化建设,提升学校的精神文化,深化"精细、精致、精彩"的"尚美"文化内涵,促进学校文化格调提升。体艺的本质是人格的教育,学校独有的体艺特色教育,不仅为学生们提供了多姿多彩的展示舞台,更注重最大限度地挖掘、张扬每一位学生的个性,鼓励他们不拘一格、自主发展。

最后,完善课程管理。

学校"摄美尚美"校本课程渐成体系,形成了《光影的世界》摄影校本课程读本1.0、2.0版本,即将完善成3.0版本。学校成立了成都市首个中学摄影家协会——武侯区摄影家协会金花中学分会,共有会员60多人。学校有10余名同学成为区摄影家协会会员。省、市级摄影大师对学校摄美教育课程进行了高度评价或莅校讲学。与此同时,学校还将摄影课与地理课、美术课、语文课及综合实践课融合,开发出一系列摄美教育课例,形成了摄美教育读本。摄美教育以美育人、以文化人,促进了学生创新意识培养、学校文化特色生成、师生审美和人文素养提升,推动学校办学质量和水平不断提高。

四、实践成效

学校坚持"以人为本、德正为先、个性成长、终身发展"的育人理念,通过积极拓展多形式、多载体、多平台的素质教育途径,致力于打造学校体艺特色,不断增强学生身体素质,陶冶学生艺术情操,以体艺润德育,引领学校德育特色文化发展。

（一）形成了润德砺品实践系列成果

在阳光生态理念指导下，学校以体艺润德思路开展体艺特色活动创新，形成了系列成果。

① 开展多项课题研究，相关课题省级1项，市级2项，区级体艺润德专题课题1项，相关4项，获得了省级奖1项，市级奖2项，区级7项。

② 在《四川教育》《教育导报》等省级刊物发表相关论文20篇。教师在论文中对阳光体育、善美艺术进行了多角度解读，形成了学校独特的体艺特色理论框架，形成了阳光军体、摄美尚美教育理论架构。摄美教师杨自强老师被《教育导报》专版报道。

③ 学生获得省级奖11项（上百人次），市级300人次。近年来学校学生综合素质提升明显，参加各级比赛成绩突出，获得了市、区太极拳、武术操、运动会、气排球、队列队形、足球、篮球比赛等级奖。学生科创文创社获得全国校园影视比赛、市区级艺术调演优秀等级多次。学生摄影作品获国家、省、市级奖项百余人项次，学校也获得了全国国防教育特色学校、全国青少年校园篮球特色学校、成都市阳光体育示范校、成都市新优质学校、成都市文明校园等称号，体艺成果突出，学校办学品质提升。

④ 形成了系列改革项目（见表3-3-4）。

表3-3-4　润德砺品特色改革项目

项目名称	主要内容	项目级别	项目开始时间
综合实践改革	阳光体育、军体教育、摄美教育校本课程改革	中国教科院	2018年6月
新教育实践	摄美教育、阳光体育改革实践	全国新教育研究会	2016年5月
新生命教育实践	三生教育实践	全国新教育研究会	2018年5月
FPSPI（国际问题解决）	文创科创校本课程改革实践	FPSPI研究会（国际问题解决）中国教育学会科创中心	2017年5月

续表

项目名称	主要内容	项目级别	项目开始时间
家校社生态共育实践	家校社生态共育探索	成都市社科联	2018年5月
立德树人典型案例	以特色体艺构建立德树人体系	区级综改项目	2019年5月
阳光军体教育	国防教育与体育融合	区级综改项目	2020年5月
摄美尚美教育	摄影校本与美育融合	区级综改项目	2020年5月
五育融合教育实践研究	五育融合的方式、途径等	中国教科院	2021年4月

⑤ 构建基于核心素养的体艺特色多元绿色评价体系。结合体育、艺术"2+1"能力测评表，学校建立了学生阳光体育、艺术评价测评量表、学生关键能力生长测试量表、教师绩效多元评价表，以促进学生"立德砺能，至善共美"品质形成。

（二）促进学生体艺技能及阳光德育品质不断提升

1. 学生体艺技能不断提升，意志坚强度高，身心健康状况良好

学校体艺特色教育立足本校，深入发掘学校的物质资源、人文资源，用特色教育理论指导教师、学生、学校三方面实践探索和生成学校的办学特色。体艺特色教育使学生身心健康，发挥潜能，志向高远；教育教学实践让所有学生都成为"合格+特长"的学生。比赛的舞台让学生展示才艺，校园的艺术长廊，长年贴满了书法、绘画和科技作品；一学期一次的校运会，为体育特长生提供了展现自我的天地；每年的"艺术节""唱响金中""金中好声音"等活动，组织形式多样的大型文艺会演，为音乐舞蹈人才提供交流平台。这些既为学生展示自己的才华提供了机会，又提高了学生的专业水平和阳光品德，也是特色办学成果的一次对外展示，有效地促进了学校特色教育的发展。

经过连续几年特色体育、艺术活动暨阳光德育体艺活动开展，体艺特色润德砺品策略实施，学生心理健康和意志品质等有较大提升，身心健康状况良好。区

教科院监测学生坚毅指数全区第一,每年学生体质健康测试达标率超95%,学生乐于助人,团结协作意识增强,体艺志愿者服务团体逐渐增加,学校志愿者社团活动每学期达30次以上,人数达500人次以上。

2. 学生独立自主服务、规则和法制等意识增强,审美素养得到提升

从体艺社团建设开始,目前学校有十几个社团,涵盖志愿者、科创班、文学社、摄影协会、读书社、国际理解文化研讨班、军体班等,文创班学生每年有几十人获得市级奖励,摄影社团师生作品获得省级奖30多人,军体班学员成为学校礼仪集会的主角并获得区队列队形比赛第一名,国际理解课程班师生与美国、澳大利亚等地的孩子们开展网上交流,进行国际艺术欣赏与互鉴,开阔了眼界,增强了国际文化意识。全校以体艺能力培养为基点,以军体教育、摄影美育教育为突破口,提升规则意识和世界观教育,师生呈现健康乐观状态,摄影、美术、音乐等艺术创作水平有很大提高。

3. 体艺创新特色带动学校阳光德育育人模式的全面开展

学校以"以人为本,和谐发展"为办学理念,经过多年的德育实践,建构了"立德砺能,至善共美"的办学文化理念。学校在核心文化理念的宣教过程中,充分利用体艺教育的特色创新,深化育人模式的改革,力求做到内化于心、外化于行。树立学生形象标准,开展礼仪文化教育,全面开展阳光德育体艺教育活动。学校围绕落实立德树人的根本任务,强化孝善文化感恩活动,确立的"阳光健康、自主自强、纯洁正直、活泼开朗、品德优良的阳光少年"学生形象已成为全校学生的自觉行为和践行标准。

(三)促进了校本课程开发和教师相关研究

构建艺体特色教育,坚持以人为本,理论联系实际,从学校现状出发,从学生发展需要出发,学校的办学策略、教学模式在理论和实践上产生的巨大的意义和显著效果有口皆碑,已形成了具有特色的体艺校本课程读本。《军体固本》《光影世界的秘密》校本课程读本获得区级奖励,成为学校体育、摄美课程的读本。综合分析和研究体艺特色活动,明确校本课程的开发与应用过程,通过研究来实现国家课程校本化、校本课程特色化、特色课程精品化。体艺教师形成合力,成功开发太极拳、军体操、艺术节、阳光军体、摄美教育等活动的校本课程设计,体现了自主开发活动课程的优势,培养了学生自觉锻炼、健康文明的良好

习惯，丰富了学生的体艺文化底蕴，让学生在礼仪中成长、在运动中锻炼、在艺术中感悟、在快乐中学习。近年来体艺润德教育主题的教师论文、课题在市级及以上获奖或发表30余篇（项）。

（四）创建体艺特色和精品项目，学校品位提升

学校创新体艺形式，构建体艺特色，提供展示平台，带动学生素质发展全面，校风优良，学生社会满意度高。体艺特色已成为学校发展优质教育、推进素质教育的突破口，坚持"规范+特色"的策略，积极推进"体育、艺术2+1项目""一小时阳光体育活动"，让更多的学生到阳光下、操场上锻炼身体，愉悦身心，收获喜悦，体验成功。经过多年的积累和沉淀，学校已形成了"人人有特长，班班有特点，学校有特色"的局面。

体艺特色创新提升了学生的自信力和阳光品质，学业质量也有较大提升，得到家长和上级主管部门认可。2017—2020年度，学校相继获得全国青少年校园篮球特色校、全国国防教育特色校、成都市新优质学校、成都市阳光体育示范校、成都市文明校园、成都市国际理解教育示范校、Jr.NBA（教育部与NBA中国合作项目）校园篮球基地校、区文明单位等称号。

注释

[1] 肖丽，蒋荣. 构建体育专业学生社会实践体系的研究[J]. 体育世界：学术版，2012（11）.

[2] 王建华. 学校特色建设的思考与探索[D]. 长沙：湖南师范大学，2003.

[3] 杜雪峰. 高校体育社团促进阳光体育运动开展的研究[J]. 才智，2012（14）.

第四节 以职业体验促进劳动教育

一、问题的提出

(一)现代社会对职业体验和劳动技术教育提出更高要求

现代社会发展对职业人才需求剧增,职业人才培养强调高质量和精细化,注重工作导向的技术技能创新。初中学校的职业启蒙、职业认知、职业体验与劳动技术教育必须走在前列。传授学生职业基础知识和基本技能,培养学生的职业素养,提高创新精神和实践能力,已经成为学校劳动教育和综合实践的重要内容。开展职业体验教育,促进学生全面发展健康成长,在劳动过程中培养学生的职业兴趣、劳动观念,提高科学素养和创新创业能力,从而促进身心全面发展;通过项目丰富职业体验,培养学生树立正确的劳动价值观;让学生在职业体验过程中感染艺术氛围,帮助学生传承和弘扬中国传统文化。

我国中小学劳动教育几经变革,经历了初具形态、曲折发展、全面探索、忽视弱化、回归本质五个发展阶段。呈现的基本特征是劳动教育价值取向由政治性、工具性转向人文性;劳动教育内容由生产劳动转向社会实践;劳动教育课程标准从无到有、从笼统到具体;对劳动教育的评价由忽视转向重视。[1]总之,劳动教育、职业体验已经提到素质教育层面,丰富劳动教育、职业体验的层次,提升劳动教育、职业体验水平对学生德智体美劳素养培养尤其重要。

(二)当前学校劳动教育不够完善

为了增强学生对各种职业的真切了解,有必要让学生从封闭的家庭、学校象牙塔走到社会实际生活中去,让学生在体验的过程中认识到职业和劳动的价值,从而学会珍惜劳动成果、尊重劳动者,体会劳动创造幸福生活的内涵。当前学校的劳动教育问题,主要包括劳动教育面狭窄,许多学校仅仅限于清洁打扫;劳动教育形式单一;劳动教育深度不够;劳动教育与职业体验关联度不大,或者与学生职业兴趣不太匹配。学校在加强课题研究和校本课程开发、组织学生参加劳动实践、培养基本劳动技能及吃苦耐劳的劳动品质、提升学生核心素养和劳动服务的意识、培养勇于担当和独立自主的意识等方面还存在诸多不足。

（三）职业体验式劳动教育是学校五育并举的重要举措

突出劳动服务意识教育，并紧跟时代步伐，以立德树人、五育并举为劳动服务教育的指导目标，深刻领会习近平总书记在全国教育大会上强调的"要在学生中弘扬劳动精神，教育引导学生崇尚劳动、尊重劳动，懂得劳动最光荣、劳动最崇高、劳动最伟大、劳动最美丽的道理"，倡导主体与环境的和谐发展，结合社区鞋城、城市公园、实践基地等资源，挖掘学校环保、财商、文职等教育资源，进行了职业体验式的劳动教育，在发现、培养学生职业兴趣、职业认知、职业倾向，指导学生职业规划，促进学生全面发展的过程中，学校开展职业启蒙、职业体验、劳动教育等丰富多彩活动，让每一个学生都有人生出彩的机会，为创新人才培养提供多元的学习平台，为培养具有职业情怀的时代新人提供实践价值。[2]

二、相关概念及思路

（一）相关概念

1. 职业体验

以学生生涯发展方针为指导，让学生通过生涯测评工具，发现并体验自己的目标职业，了解目标职业的社会需求、职业环境，体验职业要求，确立职业目标，制定职业规划，最终根据职业目标，培养职业兴趣，形成正确的劳动观念和人生志向，提升生涯规划能力，为终身发展奠定基础。职业体验只是生涯发展规划过程中的一部分，同生涯测评、适配调整、目标制定都是不可分割的。职业体验教育就是以学生自身发展需求为出发点，尊重学生的自主个性选择，既让学生学习必要的职业知识和技能，又通过体验帮助学生形成健全人格和良好的思想道德品质，树立正确的职业观、劳动观和人生观，培养学生生涯规划意识与能力、动手实践与创新能力，促进学生全面发展和健康成长。[3]

2. 劳动教育

劳动教育是学生德智体美劳全面发展的主要内容之一，是中国特色社会主义教育制度的重要内容，使学生树立正确的劳动观点和劳动态度，热爱劳动和劳动人民，养成劳动习惯的教育，决定着学生的劳动精神面貌、劳动价值取向和劳动技能水平。[4]

（二）解决思路

国家中小学劳动教育实施方式是：构建既全面又有差异的劳动教育目标体系；构建既有阶段性又有发展性的劳动教育课程体系；构建多元化协同性的劳动教育实践体系；构建全方位、整合性的劳动教育支撑体系；构建实践性、激励性的劳动教育评价体系。这对学校开展劳动实践课程起到了很好的指导作用。本书将深刻分析劳动教育误区，利用学校职业劳动资源优势，促进职业体验与劳动教育融合实践，深化劳动教育内涵与实施。

1. 透析劳动教育误区成因

经过长期观察与实际调查，从研究对象学校来看，劳动教育存在知行脱节、重智轻劳、时冷时热、任务式应付等误区，深究其形成原因，主要有以下几个方面：其一，环境的改变。农民工来到城市打工，孩子离开农村，缺少劳动的基础，劳动锻炼较少。其二，性格的改变。依赖于城市良好的物质条件，孩子自控力差，易养成好逸恶劳的性格。其三，家庭教育的缺失与不当。农民工家长忙于工作，经常加班，对孩子疏于管理；或缺乏有针对性和恰当的教育方式。其四，学习的压力。面对课业负担和升学压力，学生往往重智轻劳，以学业重为借口而逃避劳动。其五，学校劳动教育的不当。

为此，学校加强五育融合培养学生素养的教育实践，针对当前学校以随迁子女为主的生源身上表现的劳动教育问题，学校加强课题研究和校本课程开发，组织学生参加劳动实践，力求培养基本劳动技能及吃苦耐劳的品质，提升学生核心素养和劳动服务的意识，培养勇于担当和独立自主的建设者。

2. 挖掘课程资源，建设体验基地

学校充分挖掘劳动教育教学资源，建立校内外体验基地。由于长期坚持劳动教育班级服务和公益志愿者服务，学校具有较强的劳动教育师资资源，有较强的劳动教育和实践氛围，长期与职业学校合作，有一批较优秀的劳动技能专兼职专业教师，能够很好地实现中小学的劳动技能教育和职业指导，开展通用技术和信息技术、人工智能等高端劳动教育课程。开展职业生涯规划指导，对指导学生职业生涯规划和推进劳动教育更具优势。学校挖掘劳动课程、校内劳动服务、家务劳动、校外志愿者服务和劳动综合实践等课程资源，建立了校内外体验教育保障体系。

3. 构建以职业体验深化劳动教育的实践框架

学校确立了劳动教育实践"知行合一、综合实践、五育并举、量力而行、融合时代教育"等基本原则，在此基础上，构建了以职业体验深化劳动教育的模块架构。学校把劳动教育分成通用劳动教育、与科创结合的劳动教育、融合职业体验的劳动教育，培养学生基本劳动技能和劳动习惯，培养科创研究兴趣，深化职业认知和体验（见图3-4-1）。

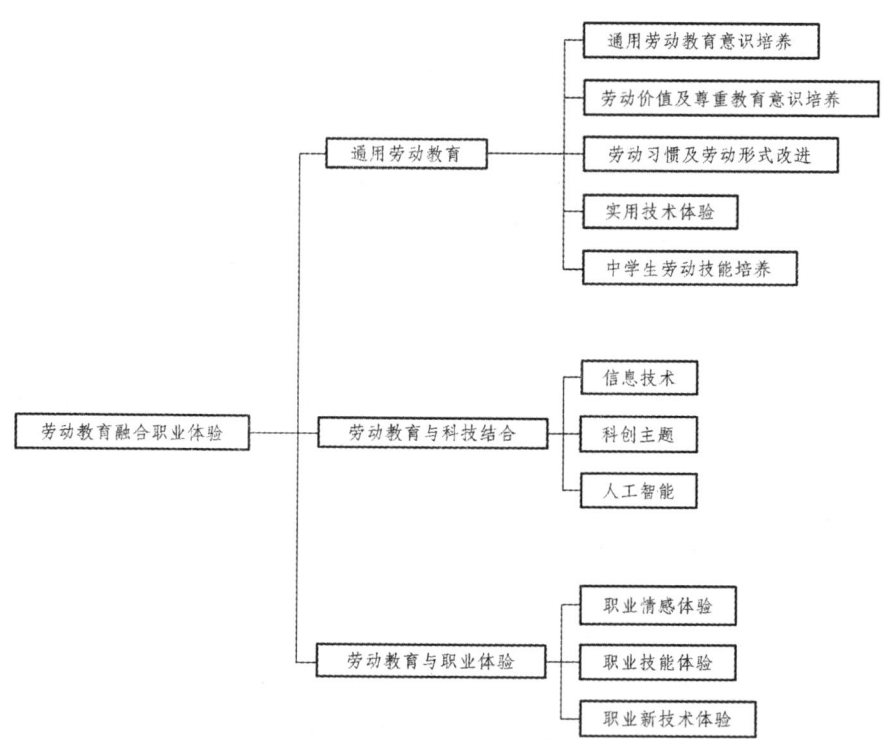

图3-4-1　劳动教育融合职业体验内容框架

4. 探究职业体验与劳动教育融合的实施路径

一是抓住"一个"龙头——以职业体验促进劳动教育实践。基于职业体验的初中劳动教育由三个部分组成：职业感知、职业实践与职业成长。学校引导学生由具体体验到内化提升，构筑层级式的职业体验活动规划，帮助学生建立正确的劳动观念和职业意识，形成劳动教育中自觉自省、自主成长的教育目标。

二是强化"三个"阶段。落实阶段目标任务，有序推进劳动教育。学校分年级分阶段在德育目标中渗透劳动教育，根据不同年级学生能力水平，设定七—九三个年级阶段职业体验劳动教育目标。

三是以"五大"措施延伸劳动教育内涵。课程建设、班级教育、综合实践、基地和社团建设、家校社合力深化职业体验式的劳动教育。

四是注重"六个"结合。鉴于职业体验式劳动教育的特殊性，学校在重视劳动教育的同时，特别注重劳动教育六结合。一是课内外结合。每周劳动卫生服务班作为课程来完成，每班每天的班级卫生作为课外实践来完成。二是家校社协同。基于疫情与家校建设的情况，注重家校社合力育人，学校牵头劳动教育，家、社配合与提供支持。三是知行融合。以劳育德，以劳启智。四是日常劳动和集中劳动相结合。每天卫生服务劳动和农耕基地集中劳动相结合。五是学科与实践融合。生物组领头生态社团开展实践活动。六是职业体验与劳动教育结合，并把它作为学校创新劳动教育的特色实践。

三、主要内容和策略

结合学校实际，以劳动服务的实践课程为抓手开展劳动教育活动，打通渠道，为学生搭建职业体验和劳动教育的成长舞台。

（一）加强劳动教育认知，构建全面性、差异性的目标体系

1. 确立职业体验式劳动教育实践的基本原则

学校构建了劳动教育实践的知行合一、综合实践、五育并举、量力而行、融合时代教育等基本原则。

一是以生为本、知行合一原则。尊重学生的自主选择，不仅培养学生最基本的职业生涯规划意识和能力、动手实践与创新能力，更帮助学生形成健全的人格和良好的思想道德品质。劳动教育应以动手操作为主，要有机地结合学生所从事的劳动内容和项目，进行知识联系与渗透，做到手脑并用，使学生进一步端正劳动态度，对劳动产生浓厚的兴趣，从而较快地掌握知识、技能和技巧。

二是重在体验、综合实践原则。以实践体验为主，是新时期中小学劳动教育的基本要求，也是职业体验教育的基本准则。以课程与活动为载体，让学生在体

学校育人的生态路向与实践

验中学习职业知识，以岗位体验为主，从物质生产部门的传统职业岗位，逐渐兼顾人工智能时代职业岗位的新变化、新要求和职业劳动的新形态。[5]根据劳动课的综合性特点，按思想教育、知识学习、技能训练三个要素对学生进行素质的综合训练，单独设立劳动实践体验课程。

三是强化融通、五育并举原则。劳动教育的价值不仅在于培养劳动技术和劳动意识，更在于职业体验的教育效益。劳动教育是德、智、体、美、劳互相渗透，知、情、意、行和谐发展的育人过程，因而要把学生劳动过程转化为劳动态度，把劳动实践转化为劳动习惯，提升劳动心理品质和劳动技能，形成劳动能力和五育迁移能力。[6]

四是安全规范、量力而行原则。在课程学习和实践体验中培养学生的职业安全意识与能力；健全安全保障机制，明确安全保障责任；依据学生的学段安排好职业体验的时间和强度，做到组织程序规范、过程管理规范、总结分析规范。劳动教育受学生身心发展所制约，要根据学生不同年龄、性别和成长经历，选择学生力所能及的无毒无害、无危险的劳动内容和项目，并严格控制劳动量和劳动时间，还要根据各班级的具体情况和条件，因地制宜组织劳动项目，不影响教学与教育计划。

五是开放共享、融合时代教育原则。职业体验课程建设、师资队伍建设、活动组织实施均需要建立健全共建共享机制，统筹配置职业体验教育资源，形成优势互补和行业企业积极参与的协同育人生态圈。劳动教育内容丰富，范围广泛，但要适应社会发展的需要，从时代和社会培养人才的需求出发，更好地为当地的经济建设和精神文明建设服务，融合时代和社会教育。[7]这就要求我们要创造学生参与社会服务的机会，培养学生的责任感和事业心。

2. 深化职业体验式劳动教育理论认知

一是对马克思主义教育要与生产劳动紧密结合的劳动教育观的认知。了解初中劳动教育的主要内涵：树立学生正确的劳动观点，使他们懂得劳动的重大意义；培养学生热爱劳动和劳动人民的情感；教会学生学会学习，学会劳动，把学习看作是为自己劳动，教育学生从小勤奋学习，将来担负起建设祖国的任务。

二是对新时代立德树人、五育并举教育目标和策略的认知。在立德树人的总要求下，深入研究，多措推进，建成融观察、实践、审美、愉悦于一体的劳动实践教育基地，有序推进学校劳动教育的常态实施，努力提升学生劳动服务意识，将德智体美与劳动教育融合更好，真正实现"五育并举"，促进学生的全面发展。[8]

三是对知行合一的认知。在"知行合一"的基础上践行"生活教育"学说，彰显出实践性、创造性和平民性特点，将弘扬劳动精神、通过劳动创造幸福生活、实现自身价值、承担社会责任等作为劳动教育的重点，真正做到以劳树德、以劳增智、以劳强体、以劳育美。明确劳动教育是以学生的生活世界为基点，并以学生的幸福生活为归宿的融真、善、美于一体的教育。[9]

四是对劳动教育本质性的认知。新时代实施劳动教育，要教育学生认同劳动的价值，热爱劳动和尊重劳动者；广大教育工作者要深入理解劳动教育对于坚持社会主义道路、培养合格建设者和接班人的重要意义。在中小学阶段，劳动教育开展得如何，决定着国民的劳动价值观和基本劳动素养。大力倡导劳动回馈服务社会的理念，从小培养学生劳动服务别人、服务社会的观念。

五是对劳动职业生涯规划教育的认知。加强职业生涯规划教育、正确认识劳动个体差异，学会自我认知、树立合理的劳动目标，制定适合自己实际的职业生涯规划。用加纳德的多元智力理论引领自己认识能力差异。比如言语（语言智力）、音乐（节奏智力）、逻辑（数理智力）、视觉（空间智力）、身体（动觉智力）、自知（自省智力）和交往（交流智力），了解自己具备哪些能力，并认识每种类型的人都有不同强弱的能力区分。用霍兰德职业兴趣理论认识职业差异，加强职业规划与劳动职业体验的协同开展，了解职业并选择职业方向，确定分层教学和差异化教学策略，根据不同年级进行不同职业规划指导，让学生深入体验职业劳动。[10]

六是组织职业体验式劳动教育培训。学校利用周末或者平时综合实践课开展课余职业体验，利用双休日进行行业社会调查、社区志愿服务，深入一线职场开展体验活动。学生在参与社会化职业活动、了解市场对人才的需求中了解和认知不同职业的社会定位、发展现状及前景、人才标准及需求状况、职业人成长历程等职业体验资源内容，实现个性化认知。同时，对职业体验与劳动教育的融合进行深度挖掘和培训。职业体验可从层次、过程、价值三个维度进行理解，职业体验是职业启蒙教育的实践方式，可以融合综合实践活动的开展，拓展劳动教育的视野和范围。中小学职业体验的重要意义表现在促进学生个体发展，促进学生理论和实践融通教育，强化劳动引领实践的文化意义。[11]教育引导学生崇尚劳动、尊重劳动，懂得劳动最光荣、劳动最崇高、劳动最伟大、劳动最美丽的道理，长大后能够辛勤劳动、诚实劳动、创造性劳动。

3. 建构职业体验式劳动教育工作目标

一是总目标：在进行常规劳动教育的基础上，创新劳动教育形式和途径，开展中小学劳动和职业启蒙教育，将劳动实践与综合实践课程、学生综合素质评价融合。在劳动和职业启蒙教育中，引发职业兴趣、发现职业倾向、规划职业生涯，通过"以劳树德、以劳增智、以劳强体、以劳育美"实现学生的全面发展。[12]

二是分解目标和任务：①劳动教育与职业体验教育融合，包括目标融合、内容融合、途径融合、基地融合、师资融合；②培养通用职业技能，加强职业体验，培养公益服务精神；③开展劳动和职业启蒙教育，培养创新性劳动意识，如云计算、大数据、物联网、人工智能；④创新劳动教育形式和途径，加强劳动基地建设，注重劳动意识的培养；⑤开展劳动创造美的教育，提升学生的审美情趣。

三是阶段目标：①七年级——立足自我，培养自理自立能力，有职业感知意识和基本职业劳动技能。能够管理自己，收拾好自己的课桌椅、书包，整理好自己的头饰、衣服及外表形象，能够独立完成作业；能够上好劳动服务实践课，学习掌握基本劳动技能。②八年级——立足集体，树立为集体服务的意识，具有一定的社会劳动技能、劳动实践、社会服务意识和公益精神。积极参加校园大扫除、做好值日工作，体验用双手创造成果的惊喜；树立为社区劳动服务的意识，积极参加各类社会实践、志愿者服务活动，感受劳动服务他人的价值和意义。③九年级——立足社会和国家，树立全面职业观，具有较全面的劳动技能和初步的为民劳动意识。明确劳动是一切成功的必经之路，增强国家发展要依靠每个人在岗位上的辛勤劳动、诚实劳动和科学劳动的意识。

（二）深化职业体验与劳动教育融合五大举措

开设劳动职业体验课程，让初中学生切身感受到当前社会一些与自己生活和区域紧密联系的职业劳动，进行具体的劳动专业技能和技术课程的学习体验，并使之成为初中学习必修课程，加强职业劳动生涯规划教育，正确认识个体在社会中的取向和价值，在劳动职业体验教育中强化职业体验与劳动教育的融合。通过以下五大举措培养劳动职业意识。

1. 班级教育提升劳动技能，营造积极的劳动教育氛围

一是班级"小主管"的自主管理。班集体是学生们学习锻炼的主要阵地，学校加强自主管理，构建了一系列职业体验岗位，使孩子们在充满生命力的大课堂发挥较好的职能作用，更好地服务于班集体。设置班级小主管服务工作岗位，通过班级小主管竞岗演说、共同投票，评选出一批班级小主管，班级小主管每天分享管理经验，提升管理水平。

二是建设好班级卫生服务管理。由班主任组织开好卫生岗位公益服务主题班会，注重个人卫生和公共卫生引导，明确标准、劳动方法和技巧；宣传劳模精神，通过生命故事征文演讲活动，让学生参与撰写《致敬普通劳动者》《劳动英模》征文故事，让家长撰写自己的奋斗故事等，提升学生的劳动意识；注重集体荣誉感的激励，思想上重视，行动上落实，相互监督，相互促进，形成积极的劳动教育氛围。比如个人卫生注重脸、口、头、脚、衣服等的整洁；集体卫生注重教室、黑板、讲台、课桌、物品摆放和清洁整理等，分工到位，明确职责，讲究追责，进行劳动奖赏和优秀展示。

三是挖掘班本职业体验资源，提升职业意识，启蒙职业精神。各班班本课程充分挖掘职业体验教育的实用元素，构建完善的职业劳动教育内容和实践体系。根据学生年龄特点，研发职业体验班本课程，认识职业，在生活中了解并向同学介绍父母的职业；体验父母的职业，懂得金钱要通过诚实劳动来获得的道理；树立正确的职业观，客观看待不同职业收入不同的社会状况，树立职业无贵贱的观念。让学生体会到职业生活中的严谨有序、各司其职、按劳分配、合作共赢的特点。打通各个学科之间的联系，打破空间束缚，使课堂教学走出学校、延伸课堂、创意教学，学生学习方式也丰富了许多，有了调查、记录、思考、交流、合作、展示、实践、体验、探究等书本上学不到的职业素养和技术意识，还能体会工匠精神和劳模精神。比如，由于食堂面积不足，学生中午只能在班上就餐，盛饭地点选择、工具使用、管理制度制定、打饭服务员安排等，都可以发挥同学们的职业规划和职业意识，提升高效劳动服务水平，建构切实可行、合理规范的班本就餐管理课程。

2. 利用校园劳动基地，加强劳动课程建设与职业体验活动

创新劳动教育形式，开展丰富多彩的活动，在集体劳动服务教育中协同育人，增强生态发展理念。

其一，在环保卫生基地体验环卫工作的艰辛，增强环保意识。将全校公共卫生区域分割划分到各班各组，学校垃圾分类处理基地也分班轮流进行监督和清理，体验分类处理技能，提升环保意识。轮流值日成为校园环卫工人和环保卫士，实践清洁卫生环保工作。通过校园环境卫生劳动培养学生职业劳动技能和公益服务意识。

如今劳动服务已经形成学校职业体验与劳动教育融合的综合实践特色，本着有效利用现有的教育资源的原则，项目组进行了课程开发与实践，尤其注重与职业体验相结合。由德育处统一制定劳动课教学计划，列好课程表，选派好劳动课教师，规定好时间，可以一月安排一次，也可以一学期安排一次，逐步完善学生劳动教育过程，并对劳动服务开展周评价，以班为单位开展劳动技术及劳动卫生实践。劳动服务的参加对象为七、八年级全体学生，轮班打扫校园公区，每周一轮。在劳动服务中，加强培训，提升劳动技能；督导结合，评价反馈；多维保障，强化效果。环境卫生、环保监督、文明校风都是这一周任务，学校根据完成情况组织考核表彰，以劳动服务先进班级、劳动服务流动红旗的形式对班级进行表彰，劳动能手张榜公示，全校公开，劳动能手的先进事迹在全校宣传平台、班级劳动故事中展示。德育处对表现积极、吃苦耐劳、乐于助人的先进事例提出表扬，树立典型，并将荣誉榜单张贴在学校公告栏处。

其二，劳动教育主题活动彰显为人民服务意识。在每年学雷锋纪念日、植树节、五一劳动节等节日，学校举办多种主题活动，设立植树模范、为人民服务志愿者、五一能手等表彰机制，多方位深化学生的公益劳动服务意识，将弘扬民族传统精神与培养学生劳动服务意识相结合。同时，招聘校园卫生管理员，开展光盘行动、余餐称重等活动，培养学生尊重劳动、尊重劳动者、爱惜劳动成果等好习惯。学校在劳动课程建设中有序推进，打造劳动校本特色教育课程，提升教育功效，学校劳动校本课程成果在省级刊物发表或获奖。校园卫生管理员还开展"分类在指尖 文明在心间"垃圾分类活动，增强学生的环保理念，提升生态发展观念，增进了学生对自然的了解与认识，逐步形成关爱自然、保护环境以及"共护家园，服务他人"的思想意识和能力。

其三，在生物园劳动基地体验生命成长。学校在围墙边开垦出了一片种植园地，在生物老师的带领下，八年级学生经过艰苦的劳动，进行种植活动和课外探究活动。教师们亲力亲为，向学生示范耕地、播种的技巧，选择栽培植物；给植物松土、施肥、浇水、拔除杂草等；认识害虫，并用工具处理害虫；认识经常使用的喷壶、锄头等农具；了解植物知识，总结栽培技术；废物利用，美化班级农场，做力所能及的劳动；采收蔬菜，烹饪美食，家庭分享。劳动教育更加真切。经过同学们精心的管理，生物园里硕果累累。孩子们学到了生物知识和劳作技巧，也感悟到劳动的辛劳，更加珍惜坐在教室里学习的光阴。孩子们亲近劳作，感悟生长，尊重劳动者和劳动行为，为生态文明、环境建设和社会服务做贡献。

其四，以校园文化建设驱动学生劳动意识提升。学校文化建设是全面实施素质教育的有效载体，是进一步提高学校文化水平，为学生的健康成长创造良好学习环境的需要，学校文化建设驱动学生进行文创实践，丰富学生职业体验和劳动感知。一是以校园主题文化阵地驱动特色文化创意。学校军体教育、摄美尚美文化建设坚持多年，现在每年有上千幅优秀摄影书法绘画作品和手抄报作品，培养出部分写手、画手及摄影高手。这些文化活动与作品中，融合了大量劳动主题题材，涌现了大量优秀作品。二是以活动文化为驱动。运动会、艺术节期间，各班结合职业体验和劳动教育，拿出的展示节目精彩纷呈，充分展示了学生的创造性和活力。三是以特色文化为驱动。活泼生动的阳光文化特色、"翰墨留香"润泽书香校园，以"阳光积极，努力上进"的文化引领学生热爱劳动，热爱生活，促进学生全面发展。四是班级对外文化廊的建设。各班以特色班歌、班徽、班级荣誉墙展示各班文化精神风貌，弘扬和创造劳动文化，学校评选班级文化建设"优秀小工匠"。建设丰富多彩的校园文化，学校的每个角落都弥漫着浓郁的"崇劳尚美"的文化气息。

其五，社团活动培育社团能手。在劳动教育下，职业体验与社团文化相结合，招募的岗位有社团管理员、社团小记者、校园护卫队、宣传员、社团编辑、社团裁判等。学校建立了20多个大小社团，丰富了校园生活，启发了学生的职业意识，为我们传扬了一个个传奇的劳动教育故事。

以学校生态社团为例。社团有详细的课程计划、教学内容、教学评价，并到农耕文化基地开展种植活动。以社团建设促进生态基地成果转化及劳动技能培训，延伸劳动教育内涵。社团还在临近学校的江安河边新辟了一块约333平方米的土地作为农耕文化基地，开展劳动教育实践及生态社团活动，邀请社民指导孩子们劳动。在生态社团老师的带领下，生态社的同学们不辞辛劳地将其打造成完善的种植基地，以小组为单位划分区域，每个小组各自对自己的土地进行种植规划,并请附近的农民、社民传授种植技术。通过上网查询、向老师和家长们请教,种植当季蔬菜。购买种子、菜苗和肥料,浇水、施肥、精心管理。经过辛勤的劳动实践,生态基地硕果累累,各种蔬菜长势喜人。生态园融合劳动教育、学科知识教育、综合实践教育,是生态社、摄影协会、文创社、科创社综合实践社团等经常光顾的基地,成为五育并举实践的"五味之园"。

其六,学科融合特色体验活动。职业体验课程设置将语文、数学、信息技术等学科充分结合在一起,实现各学科课程与教学内容在职业体验式劳动教育实践活动中的延伸、综合、重组、提升。学科特色园布置在两栋教学楼之间,以"贴近学生,贴近生活"为原则,打破学科知识界限,以专题形式为师生提供了体验学习空间,激发学生参与竞争的积极性。比如,以三星堆新发现为专题学科,融合体验活动,兼顾各学科知识,拟设岗位体验角色,开展三星堆历史文化之谜、青铜器诗词鉴赏、三星堆与数学的友谊、三星堆中的青铜器元素、奇怪的黄金面具、小小地理学家看三星堆、三星堆面具面面观等专题学科知识探讨,由"专业"历史学家、数学家、电视主播、首饰工匠、创意设计师等小小主讲员引导进入参与式学习体验园。

3. 创新劳动教育形式,加强家校协同劳动实践

家庭中,人人争做"小能手""小当家"。在家务劳动方面,强化课程规范和引领。如在家能垃圾分类;学会整理衣柜;学会做家常菜;学习制作水果拼盘;当客人来访时,学会泡茶招待客人;为父母或长辈做些表达孝心的事,捶捶背、剥水果等。校内劳动内容包括参与垃圾分类,纸张整理后回收;懂得人离断电、节约用电,会开关灯、电扇;会整理桌面,书本文具整齐放在左上角;会人离椅靠,椅背物品挂整齐;服从值日分工,知道值日时间,愿意和同伴合作完成值日工作;保洁勤快,会主动捡一捡、扫一扫;能正确握拿扫把扫地,能将教室死角整理干净;能分工合作打扫校园卫生,能够清理厕所等。

教师利用寒假组织学生参加"中华小当家,父母好帮手"活动。让学生展现自己一天所做的多项家务劳动;也可以选择一项家务技能,如烧菜、做点心、洗衣服、打扫卫生、整理房间、美化家庭环境等,展现自己在家务劳动中的一技之长。用照片、微视频等方式记录下自己进行家务劳动的过程和成果,写下自己真实的微感言,在班级平台上传,班主任分享劳动成果,家长和班级给予学生适度表彰奖励。

教师利用暑假组织学生参加"节能小当家"活动，学会读水表、电表，并连续做好记录，填写好活动手册，为节电、节水、节能贡献出自己的金点子；检查煤气管道有无隐患，学会避险；对家庭、学校中的安全隐患进行排查，体验消防工程师工作；结合自己的经历和体会，撰写"家务小故事"，形成较为翔实的调查报告。

在家委会引领下，进行家校合力育人建设，充分利用家庭和社区劳动教育的资源，对学生适时进行家务劳动或社会劳动教育。老师教育、规划、督促居家期间孩子进行家务劳动，如房间、庭院的清扫、卧室、厨房、卫生间的清洁和维护，帮助家长洗衣做饭等，在家长指导下做一些力所能及的事，受到家委会和家长的极大赞扬。疫情期间合力育人效果明显，班级为劳动榜样撰写点赞词，在班会中分享。班级家委会引导家长在班级微信群、QQ群里为孩子点赞，点赞孩子劳动小情趣、生活大乐趣、勤劳小故事等，让家长发现孩子的闪光点，感谢老师的辛勤付出，让孩子学会感恩。开展家庭劳动"十个一"活动及"爷爷奶奶教我做家常菜"家庭劳动传帮带活动，培养学生的劳动意识、习惯和基本技能。每期一次家长和孩子共同完成"同眼看社区"、志愿者清理社区脏乱死角、勤劳家风展示、手工艺品制作等活动，强化家校合力实践育人、活动育人、氛围育人。

4. 社会实践活动延伸职业体验的广度和深度

其一，开展公益服务、研学旅行等形式多样的综合实践，深化劳动教育实践。学校组织没有商业渗透的校外公益劳动服务实践，开展多种形式的职业体验，开展公益服务、文明环保、文明宣讲、研学旅行等综合实践教育，比如小小工程师、博物专家联合考察都江堰工程等。学校鼓励并帮助各班级联系寻找志愿者服务的固定点，以三月文明礼貌月学雷锋活动为起点，延续延伸至双休日、节假日，以阳光志愿服务队形式开展常态化的、内容丰富的志愿者活动，在这些志愿者活动中体验用双手为他人带去便利的快乐。学生在关爱与奉献中传承了劳动精神，也传递自己的善念，实践了善行。

并由此延伸，开展一系列综合实践和社会劳动服务。主动投入志愿服务，为文明单位创建、文明城市创建增光添彩。积极开展敬老公益劳动活动，利用重阳节、五一劳动节开展伴夕阳、公益慰问劳动，得到老人们的热烈欢迎和家长社区的大力支持。"大手牵小手　文明交通行"的小交通协管员行动、"传递书香　体验服务"图书馆志愿者服务活动、阳光基地"我是小组炊事员"自制饭菜厨师生活体验课程等，拓展了学校劳动服务和职业体验路径，让学生们发扬"自己动手，丰衣足食"的朴实精神，感受到职业的乐趣与辛劳，充分享受劳动带来的收获。

其二，融合开发实施研学课程，提升职业体验的深度。开展课外劳动课程研修实践，蚕丛故里探究、都江堰水利工程考察、三星堆文化体验、武侯祠文化研讨、天府芙蓉园城市公园文化研究、江安河水文化研究、摄影美育课程研讨等让学生在研修实践体验中获得知识与技能，感受到劳动乐趣和创造的快乐，学校还开设成都古文化研讨、巴蜀文化体验、蜀锦文化研修等活动，创造性地推进劳动教育，没有把劳动教育变成另外增加的"课业负担"，而是把劳动教育和校本课程的学习有机结合起来，形成综合学习和综合实践的课程形态，让劳动教育成为激发孩子学习动机、巩固学习成果的重要渠道。

其三，将劳动教育与职业体验融合教育，助推科创文创实践。通过劳动教育、科技培训、文化创意相结合，促进学校学生在科技文创方面取得突破性进展。科技创新、研学旅行、社会实践活动等以科学眼光考察研究，倡导求真求实、热爱生活、崇尚科学等品质。通过与职业体验结合，渗透职业指导、职业引导；与职业技术教育对接，培养学生的劳动意识和技术意识，促进职业教育发展；培养通用职业技能，加强职业体验；与中等职业学校联合中小学开展劳动和职业启蒙教育，培养创新性劳动意识；开展剪纸、素描、节日文创等活动，创造美的教育，提升学生的审美情趣；科技制作与比赛，激发学生的求知欲、上进心，增强学生的技术意识和动手能力。

5. 建立劳动教育综合实践基地，全面开展职业劳动体验

（1）建立以职业体验为主线的劳动教育基地

第一，校内基地。

一是环保卫生基地。包括校园环境卫生劳动服务基地和学校垃圾分类处理基地。

二是生物园劳动基地。学校建成学生生物园劳动体验基地，在学校围墙边开垦出了一片种植园地，供学生们进行种植活动和课外探究活动，它是校本课程规划的一个载体。生物园有时蔬区、花卉栽培区两大区域，分成多个小方块，实行"分块到班"的管理模式。

三是校园文化建设基地。学校将办学理念、办学特色、培养目标、教育内容等融入职业体验校园文化建设劳动教育中，依据学生发展状况、学校特色、校园

文化等方面情况，以综合实践活动课程方式对校园文化和班级文化进行建设。

四是班级服务基地。包括班级小主管职业体验和班级服务队，提升劳动技能和合作服务意识，增强集体荣誉感，形成积极的劳动教育氛围。

五是社团活动基地。基于劳动教育下的职业体验也可以与社团文化相结合，成立"职业体验"类社团。同时，每学期的社团成员招新，他们设置摊位，当起了社团招募员，成为社团管理的好助手。

六是学科融合体验基地。学校在校园专门设立学科融合基地，以展板和活动形式展现学科融合职业体验的知识和技能。

第二，校外延伸体验基地。

一是家务劳动实践基地。在家务劳动教育上，家长对学生的指导更及时、更细致、更具优势，从事家务劳动可以密切亲子关系，使孩子增进知识，促进身心健康地成长。还可以把家务劳动作为职业体验、家政服务的重要基地。学生家政服务不仅要接受家长评价，家政视频还要发到群里，通过班级评价、学校评价，共同选出优秀家政服务员。

二是网络平台基地。网络资源平台为职业体验课程资源的开发提供了很大的灵活性：一是技术支持灵活；二是学生劳动技术灵活；三是小组组建灵活。学校利用微信公众号、网络音视频平台等在网络上发布"专业服务组团招募"（如外宣小记者、编程协助员等），提供职业体验平台和机会，利用VR教室等技术和设备支持进行虚拟职业观摩和体验。

三是社会公益服务基地。学生在教师的指导下，参与社会公益服务活动，以自己的公益劳动满足社会或者人们的需要。基于劳动的职业体验课程与社会服务相融合，孩子们在体验中获得了自身的发展，促进了相关知识技能学习，成为履职尽责、敢于担当的人。

四是综合实践体验基地。学校处于中国西部女鞋之都、武侯科技新城核心位置，利用其得天独厚的条件，建立校外职业劳动体验基地。孩子们在多次的职业体验中展示了学生良好的精神风貌，获得厂企领导、家长的好评。

（2）走进区级综合教育基地，促进劳动实践课程提质升级

案例："水韵园之旅"。

为扩展学生视野，促进学生德智体美劳全面发展、健康成长，学校经常组织师生走进武侯区"水韵园"综合教育基地开展劳动及综合实践活动课程。

课程包含了多门类多角度的活动课程。在国安教育营地国家危机档案馆，学生参加了红色主题课程。"遵义会议"让孩子们在角色扮演中树立国家安全意识，培养家国情怀；"重走长征路"通过控制小球重走红军路，用科技手段体验红色军人的负重前行。在大国科技梦科技创想营地，学生通过"火箭飞行原理""认识火星"等课程，领略科技的魅力，明白"科技是第一生产力"的道理，增强了同学们的民族自豪感，进一步树立科技强国、工匠精神的信念。在匠心智造工坊，孩子们体验了木工、金工、陶瓷、烘焙等课程，在动手实践中出力流汗，切实感受劳动的艰辛和收获的快乐。在抗压纾解空间馆中，学生通过"艺动心灵""剧焦心灵"等游戏体验了团体心理活动，培养学生抗挫、抗压能力，让孩子们学习在交流分享中释放压力，增强劳动体验中知行合一理念和情绪控制体验。在时尚体育活动中，同学们进行了团体射箭比赛、趣味棒球等运动，了解了职业球员具有的专业技能和职业意识。这些活动培养了学生的劳动意识、职业感悟以及在团队合作中的拼搏精神与合作意识，锻造他们坚毅的品质。学校将继续秉持"一切为了孩子的成长和发展"的办学宗旨，让学生学会学习、学会实践，健康发展、成人成才。

四、实施成效

（一）培养了"做一事专一事，做一事善一事"的职业意识

几年的劳动教育实践，启迪学生进行总结反思，探索职业发展、启蒙职业规划，树立职业意识、契约精神和团队精神。学校职业体验让孩子们懂得"做一事专一事，做一事善一事"的道理，了解了职业人具有的专业技能、职业意识、拼搏精神与合作意识，锻造出坚毅的品质。学生在老师的指导下懂得了学习和钻研是职场最重要的职业意识，大力弘扬劳动光荣、技能宝贵、创造伟大的时代风尚，让学生感知了学习和职业劳动的关联，增强了学习的积极性，增强了服务社会、献身科学、努力创造的意识。

（二）深化职业体验的教育功能，培养学生职业劳动意识和品质

1. 注重对体验过程的引导

学校不仅在传统工艺、现代科技、专业技能、网络文化等多方面拓展了职

业体验途径，同时，深化了劳动教育实践和理论认知，形成了较合理的职业体验式劳动教育过程。一是体验行动，投入职业活动，并以观察、表达和行动的形式进行体验。二是注重分享表达，与体验过或观察过相同活动的人共同分享感受或观察结果，共同分享表达职业快乐。三是交流反思，综合整理分享交流的成果，并探讨更完美的职业体验方式。四是整合感悟，从体验中总结整合出职业体验精华感悟。五是升华应用，策划如何将这些职业体验成果应用在工作及生活中，加强职业体验运用实践。学校师生能够自觉深化劳动教育实践，将体验、分享、交流、整合、运用等方法运用到学习和生活中去。

2. 加强对学生多方面综合实践意识和能力的引领

学校通过传统技艺与高科技职业的综合实践活动，提升了学生的核心素养和实践能力，培养了科技意识和动手精神，从而更好地促成劳动技术教育效果生成。一是增进学生对自然和社会的了解与认识，逐步形成关爱自然、保护环境、关爱人类的思想意识和能力。二是主动积极地参与社区和社会服务，增进对社会的了解与认识，增强社会实践能力，并形成社会责任感和义务感。三是逐步掌握基本的生活技能和劳动技能，具有自我认识能力，养成负责任的生活态度。四是学会主动获得知识和信息的能力，养成主动地获得信息的学习习惯和主动探究的习惯，培养学生的综合素养。五是培养学生创造性劳动的意识。与科技结合、与美育结合，提升学生的创造性品质，培养劳动创造美的审美情趣。

（三）劳动教育综合实践成果凸显

1. 逐渐完善了劳动教育综合评价

学校把劳动教育纳入学生综合素质评价内容。学校考核班级劳动服务，注重考查班级的凝聚力、组织能力；学生个人劳动教育评估根据劳动态度、劳动习惯、劳动技能、劳动质量列出考核内容，进行优秀、良好、及格、不及格四等等级式考核；集体形式的劳动课、社区服务等列入班级集体建设的考核项目进行考核，从学生实际出发，用全面、发展的观点看待学生，防止片面性。通过自评、小组互评与他评等方式实行民主评定，让学生尊重劳动、热爱劳动，拥有劳动技能，体会劳动乐趣，全面提升学生综合素质。学校开展"五一"劳动表彰活动。为选树典型、激励先进，经层层推选、严格审核，学校授予在工作、学习、生活、职业体验中涌现出的一大批先进学生"劳动之星"称号。通过拓展职业体验途径和评选活动培养了学生的劳动品质，营造了勤于劳动、善于创造的氛围。

2. 构建了劳动教育课程基本架构及实施途径

一是构建了基本课程结构。制订详细的课时计划、经费预算、课程内容和课程目标。家务劳动及生态园农耕文化体验都有详细的方案及评价目标。初步建构了既符合学生实际又有创新性的劳动教育读本《劳动中成长》。开篇第一课《中国历史上的十大劳模》对劳模、家务劳动、公益劳动规范都做了详细的阐述。同时完善了系列劳动教育课程管理的基本运行机制和规章制度。

二是构建了职业体验与劳动教育融合的基本实施途径。从校内到校外，从传统到现代，从科技到社会，从技能到文化，学校依托现有劳动教育资源，主动与职业挂钩，专门请职业人士指导，形成了职业劳动系列活动，构建了职业劳动体验的基本途径。上好劳动课、开好主题班会、开好家委会；组织开展家务劳动、校园劳动、校外自主实践等形式多样的劳动服务实践；开展公益服务、文明环保、文明宣讲多种形式的阳光志愿者服务。

三是劳动教育课程品质提升。学校从核心价值观的角度思考劳动教育课程和制定措施，从职业劳动角度培养劳动感情；从学生的身心健康成长角度来实施劳动教育；学校高度重视劳动教育，提升教师的教育观念，创造性地融合实施校本课程，不把劳动教育变成额外的"课业负担"，而是探索把劳动教育和其他校本课程学习联系起来的方式，形成综合学习、综合实践的课程形态，让劳动教育成为激发孩子学习动机、巩固学习成果的重要渠道；劳动教育形成了促进学生健康身心的过程性方案，以班级为单位开展形式多样的教育活动；形成了循序渐进的劳动教育职业体验活动流程，从个人劳动到班级劳动再到家务劳动，从服从校内劳动教育要求到校外劳动实践及阳光志愿者服务，学生开阔了眼界，奉献社会，提升自我。

3. 进行课题立项研究，形成了多项立德树人成果

其一，成功立项市、区级课题并获奖。申报区级微型规划课题，开展劳动教育课题研究"提升初中学生劳动素养的实践及策略"等。"建立初中学段劳动教育家校共育体系"获得区级课题考核奖项和区微改革项目一等奖。劳动教育家校社共育方面课题获市哲社立项。其二，学校立德树人案例获得区级一等奖，其中劳动教育案例成果突出。其三，全校40多名教师获得劳动教育综合实践论文奖，全校师生每年形成上百篇劳动叙事材料，涌现了上百名劳动能手。两位老师的劳

动教育专题文章《综合实践,让劳动教育开枝散叶》在《四川教育》2021年第1期发表。

4. 形成了多项劳动教育宣传成果,助推文创、科创取得佳绩

各班形成了丰富多彩的劳动体验实践方案和案例。学校专题片《心行动,行致远,劳动美》和《精彩劳动,绿色金中》的播出赢得社会广泛关注,并获得了省级校园影视优秀奖,全校共有50多个劳动教育活动系列视频、宣传文本、劳动案例获得区级以上奖励。劳动教育助推师生共同协作进行科创文创实践,《进城务工成都爱》《防疫演练》《中考誓师大会》获得了国家级、省级奖励。科创综合实践"未来问题解决国际项目"方案获得国家级一等奖,智能引导获得机器人大赛市级二等奖,每年有上百名学生获得市级科创奖,师生参加市、区级科创比赛获得特等或者一等奖多项,学校连续三年获得团体一等奖。在"中国梦·劳动美"摄影比赛中师生作品获金、银奖多项。

注释

[1] 王慧,王晓娟. 我国中小学劳动教育发展的检视与思考[J]. 河北师范大学学报(教育科学版),2020,22(3).

[2] 高瑜,黄廷美. 近十年来我国中小学生职业体验研究综述[J]. 当代职业教育,2019(5).

[3] 茅善华,熊祖泉,刘倩,等. 教学医院第二课堂对医学人文素养及从业志向的作用研究[J]. 中国继续医学教育,2021,13(25).

[4][8] 中共中央国务院关于全面加强新时代大中小学劳动教育的意见[N]. 人民日报,2020-03-27.

[5] 王凌晨,胡美兰. 继承·融合·发展·创新——高桥小学劳动教育发展历程[J]. 教育与装备研究,2020,36(5).

[6] 曲曼鑫. 陶行知对王阳明"知行合一"的接纳与改造[J]. 南京晓庄学院学报,2019,35(4).

[7] 周智慧. 中小学发展性课堂教学评价研究[D]. 呼和浩特:内蒙古师范大学,2005.

[9] 李沿知，高瑜. 中小学职业体验的概念理解与价值向度[J]. 职教论坛，2019（11）.

[10] 顾建军，毕文健. 刍议新时代劳动教育课程的一体化设计[J]. 人民教育，2019（10）.

[11] 周俊. 以职业体验教育提升劳动教育质量——《省教育厅关于加强中小学生职业体验教育的指导意见》解读[J]. 江苏教育，2020（36）.

[12] 杨贵生. 城市小学劳动教育的探索与实践[J]. 中国教育学刊，1995（5）.

第五节 以学科渗透方式实施国际理解教育

一、问题的提出

学校以生态文化观念育人，促进学校发展和育人优化，但根据研究和调查，发现学校国际文化氛围不足，国际理解课程单薄，中小学国际文化交流相对较弱。本研究从教育文化生态角度出发，立足国际视野，进一步明确学校教育国际化交流问题。

（一）时代呼唤具有较高国际文化素养的人才

1. 提升国际文化素养成为素质教育的重要策略

我国经济快速发展，世界各国交流日渐加深，国与国之间相互依存又充满竞争。人才是社会文明进步、人民富裕幸福、国家繁荣昌盛的重要基础。世界多极化、经济全球化深入发展，科技进步日新月异，知识经济方兴未艾，加快人才发展是在激烈的国际竞争中赢得主动的重大战略选择，我国急需从教育大国向教育强国转变，急需实现由人力资源大国向人才强国的转变。[1]教育是培养人才的主要途径，国际教育需要开放的胸怀，面向未来，面向世界，培养具有国际视野、通晓国际规则、能够参与国际事务和国际竞争的国际化人才，需要在遵循本国优秀教育的基础上，借鉴国际上先进的教育理念和有益的教育经验，引进优质的教育资源，提升我国教育的国际影响力和竞争力。教育国际化已成为现代教育的发展趋势和未来教育发展必由之路。[2]

按照建设世界现代田园城市，新发展理念下公园城市战略目标，未来的成都将是一座城乡一体化、全面现代化、充分国际化的区域枢纽。这一战略的成功实施，离不开国际化人才的培养与引进，离不开教育国际化后备人才的培养。[3]教育的国际合作与交流需要成都大胆吸收和借鉴其他国家与地区的先进科学技术、优秀文化成果，形成与培养国际化人才相适应的国际化教育理论。

武侯区是成都市高科技文化产业示范区，是对外经贸合作、文化交流的重要窗口，也是教育部授予的全国首个"基础教育国际化实验区"。武侯区提出"城乡教育一体化"发展战略，通过努力，教育高位均衡已初步实现，为进一步促进武侯教育优质化和现代化，教育国际化就成了武侯区教育的必然选择。武侯区启动实施的《武侯区教育国际化五年行动计划》（以下简称《计划》）是全国第一个可行性教育国际化实施方案。《计划》为国家教育决策提供参考，填补基础教育国际化领域研究的空白。研究对象学校作为武侯教育的一员，也积极顺应和参与了这一重大进程。

2. 教育改革发展需要推进国际理解教育

教育改革发展迫切需要具有国际教育视野，提升国际教育认知，尤其重视国际视野下的沟通与交流的人才。以前从国际教育角度开展的核心素养研究较空泛，对国际理解教育的目标和作用认识单一，与现代化发展的国际环境匹配度不高。2020年教育部等八部门《关于加快和扩大新时代教育对外开放的意见》进一步明确开放办学的决定，要求在基础教育领域要加强中小学国际理解教育，帮助学生树立人类命运共同体意识，培养德智体美劳全面发展且具有国际视野的新时代青少年，着眼加快推进我国教育现代化和培养更具全球竞争力的人才。这就进一步将国际教育与国内教育的核心素养目标联系起来，使国际理解教育越来越受到重视。[4]教育理论界已在多方面对国际理解教育展开了研究，我国中小学的国际理解教育实践也由小范围的试验探究向全面推广过渡。由此可见，提升对国际理解教育的认知，扩大国际教育的合作与交流，实施国际理解教育是我国教育改革发展之路上的重要课题。

3. 国际理解教育能够促进多元文化理解与沟通

进入开放的21世纪后，随着经济文化交流的扩大，国际交往日益加强，全球化进程进一步加深，国际理解教育内涵的日益丰富，可以发展学生的知识、能力,促使文化之间的相互理解与尊重,加强不同国家、不同民族、不同区域人们的理解与合作,以人权、民主为宗旨,促进世界各国文化的和睦共存。国际理解课程形式不仅是外语课程和外国文化课程,更应当有中国文化传播、国内民族知识和国际关系相关课程,一方面可以使学生对国家、民族的历史文化有更深刻的认识,增强民族自豪感,加强民族团结;另一方面,学习国际理解课程,加强国际意识教育,教育学生了解地球、认识世界,从小树立"地球村""我是世界公民"的观念,引导学生学会共处、学会合作、学会理解。[5]

随着中国国际地位的提升,中华文化的输出也成为国际化教育的重要命题。首先,需要将我国的文化观念向外输出。弘扬中华文化,增强文化自信。文化观念的输出有利于弘扬我国优秀的传统文化理念,让各国不只是看到我国的经济崛起,更能了解我们中华民族的精神内涵。将优秀传统文化观念融入治国、外交等方面,使它们发挥作用、深入人心。其次,还要将我国的文化产品向外输出。文化产品输出更有利于文化观念长久地传承和传播,把中华教育文化产品做好、做实,也是当前国际理解教育的重要内容。学校教育工作者本着严谨的工作态度,站在国际文化交流的高度继续贡献更好的文化作品,将之推介向世界,将我国的教育和文化真正弘扬出去。

4. 提倡具有国际视野的国际理解教育,为学生未来发展奠基

培养具有国际视野的学生是学校素质教育的重要战略。研究对象学校近年来在政府的关怀和支持下,教育教学条件有了显著的改善,软、硬件方面都有了很大的提升,以"一切为了学生"为办学理念,办学水平有很大的进步。但基于世界、国家、成都对国际化人才的需求和武侯区基础教育国际化领域的研究探索,学校亟待调整步伐,紧跟时代脉搏,站在国际的高度,借鉴国外有效的教育方式和方法,通过对如何提升学校学生国际视野进行教育实践研究,建立一套行之有效的、适应城郊初中生特性的研究与实施策略,培养具有国际视野的初中学生,以及在国际视野下办好现代教育。同时,学校处于成都市航空港区域,区域城市公园的打造和航空港经济圈、国际文化圈的建立无疑将推动学校站在更高更远的角度来思考教育国际化和国际理解教育存在的问题。从生态育人可持续发展的特性来说,培养学生国际理解素养,既是对当下育人需求的呼应,更是对学生未来可持续发展、素质全面综合发展的观照。

（二）学校国际理解教育存在的问题

1. 整体认识有待提高

一是对国际理解教育的效用认识不清。教育应面向现代化，面向世界，面向未来，国际理解教育无疑走在面向未来和世界的路上。国际理解教育能够助力学生提升民族精神，具有全球的胸怀与视野，理解世界各国相互依存的关系，形成对重大国际问题的观点与态度，加强国际沟通与交往的实践能力。许多学校没有把国际理解教育作为开阔视野、提升素养和建构文化的重要环节来看待，没有认识到其重要价值。我国国际理解教育起步较晚，许多学校缺乏开放融合的意识，尤其是不注重国际理解教育中的跨文化沟通能力。

二是对国际理解教育课程实施方式认识不清。面对纷繁复杂的国际文化样态，学校一度感到无从下手。经调研发现，学科方式渗透国际理解教育课程已经逐渐成为学校教育国际化的趋势。研究对象学校也在调整步伐，紧跟时代脉搏，站在国际的高度，思考"学科渗透"，开展国际理解教育的研究。但是对国际理解教育的课程目标、方式、评价还是模糊不清。

2. 学校国际化教育较为薄弱

全球化的发展趋势下，国与国之间的交流日趋频繁，未来社会对国际化人才的需求越来越大。学校以前国际文化建设不足、国际理解课程单薄、国际文化交流相对较弱，国际理解目标中国际视野、国际认知、文化认同、国际交往能力匮乏。同时，研究对象学校学生大多数为随迁子女，其生活条件、家庭基础、个人经历都不能为其国际理解教育提供有力支撑。因此，通过国际理解教育提升学生国际适应能力，为其将来更好地融入社会，创造社会价值奠定基础的教育功能需求日益迫切。

3. 国际理解教育与日常教学活动分离割裂

许多学校对国际理解教育思路不清，只是从文化的输入与接受角度来看待，即使认识到文化输出问题，也不能落实到课程教育中，即使开设了国际理解教育课程，对课程的教学与管理也偏颇粗疏，与日常教学活动分离割裂，甚至认为国际理解课程只是专门课程，而不是所有课程的研讨内容。比如语文老师仅仅从中国传统文化观念上去分析评价中华诗词，没有从东西方文化差异的角度来引领学生关注国际理解视野下中华文化的国际认同和交流分享，这是当下国际理解教育与日常学科教学渗透不足的普遍现状。课程目标认识不清，课程内容不明确，课程形式较随意，课程评价没有依据。这要求学校对课程教育内涵、课程内容和推广方式重新定位，需要从全球环境、自然环境、社会环境等方面重新审视；要注意帮助学生克服文化差异带来的冲击，要充分考虑学生的个体特点，重视体验学习和探究学习，将研究性学习与游学活动结合起来，变"游学"为"研学"；要善于运用信息技术和现代媒体达成国际理解和国际交流的目标。总之，学校国际理解教育课程管理和实施方式都存在问题，国际理解教育与日常教学活动分离割裂情况突出。

二、相关概念及思路

（一）相关概念

1. 国际理解教育

国际理解教育是在国际交往日益密切的背景下，为增进民族、国家、地区之间的相互理解与宽容，促进人类与自然和谐相处，培养学生认同与弘扬中华优秀文化，尊重、了解其他国家、民族、地区文化的基本精神及风俗习惯，初步学习、掌握与其他国家、民族、地区人民平等交往、和睦相处的修养与技能，探讨全人类共同价值观念的教育实践。[6]

国际理解教育的实质是在教育中贯穿多元主义价值观，培养具有多元价值观的公民，增强其对不同国家、地区、民族、文化的理解能力，培养具有善良、平等、公正、友爱、宽容、聪颖、诚实等优秀品质，能够正确处理竞争与合作的一代新人。[7]

2. 学科渗透

学校通过对国际理解教育的价值研究，理清了其中蕴含的教育思想、教育理念，除专门开设国际理解教育课程外，学校还在日常的学科教学中贯彻实施相关理念，从而在知识领域、态度领域、技能领域提高学生的国际视野和参与社会乃至世界活动的能力。学科渗透不是要占据学科时间来实施国际理解教育特设课程中的内容，而是在学科教学中注重以国际文化理念开展教学，要求既保持既有学科性，又有开放性、融合性的特点。学科教学采取开发国际化资源、拓展学习材料、调整教学内容等方式进行。学科渗透式国际理解教育是国家课程校本化的国际理解教育过程，有利于营建国际理解的校园文化环境，又可以改换教学方式，激发学生学习兴趣。

（二）解决思路

学校以多元发展生态观为思路，按照文化自主、共生、平衡、多样性、可持续发展特点，确立学校以国际视野、国际理解构建学科课程策略，体现学校课程多样性、多元化发展特点。对于中小学来说，以学科渗透方式融入国际理解是解决问题的最好方式，更有利于提升城郊初中学生文化视野、文化储备，尤其是国际理解目标中的国际视野、国际认知、文化认同、国际交往能力。学校采取的基本思路是课程开发、研讨示范、学科试点、全面推进，形成研讨课程目标、确立实施指标、研究渗透方法、开发读本、示范引领、学科渗透教学的较完整的课程推进程序。

1. 确立学科渗透方式

学校通过学科渗透国际理解教育，是基于本校学生迫切需要通过国际理解教育来提升国际视野，为将来更好地融入社会奠定基础而确立的基本方式。作为城郊初中学生，他们更需要通过国际理解教育提升国际化能力，为将来更好地融入社会、创造社会价值奠定基础。学校立足现实，聚焦问题，紧扣需要，站在时代和未来的高度，采用"学科渗透"的方式，开展国际理解教育，从知识领域、态度领域和技能领域提升学生的国际适应能力，为国际理解教育校本课程营造较好的国际化教育氛围，提供较好的国际理解教育课程材料，也进一步改变和调整传统学科教学方式，努力跟上世界文化和教育的发展步伐。

2. 寻求学科融合国际理解教育的途径

① 在知识领域、态度领域、技能领域，提高学生的国际视野和参与社会乃至世界的能力。

② 学科教学中注重运用和落实国际教育理念，要求既保持其学科性、适切性特点，又要具有开放性、延展性特点。

③ 融合方式包括开发多元化国际教育资源、拓展学习材料、调整教学内容等。

④ 以培养学生对和平、人权、发展、环境、规则等的了解为重点，提升尊重、责任、合作、参与意识和开放的心态，提高学生的批判性思维能力、解决问题的能力。

3. 学科融合国际理解教育的创新性探究

（1）贯彻国际教育理念，深挖国际文化教育内容

学校项目组集全校教师之力在学科课程中对学生进行民族文化和世界多元文化的渗透，在教学实践中探讨拓展、调适、创编等操作方式，在多学科中深度探索国际理解教育的融合。比如，历史教师不但要介绍中国百年来的落后和奋斗，更要介绍侵略者无视国际规则的简单粗暴行为。语文老师要关注生活实际情况和各国文化精髓，更要激发孩子们身上的人性光芒，特别要利用世界经典读物与中华古典文学的对比阅读，让学生体验世界文化的多元性，了解人类灿烂的文明史。

（2）以客观公正的文化理念，主动关注和吸纳各方之长

在政治、历史、语文课中，把本国的文化与世界文明史联系起来，并尽可能客观地描述本国和其他国家的历史文化，重视不同文化学家的观点和解读。学科教学强调真实、多维、多元的历史场景，有助于学生意识到不同文化的差异性，承认并尊重这种差异性，从而能让学生以一种更开阔的视野、博大的胸怀去了解其他民族的文化，培养交流合作的国际意识。

（3）学科融合，创编体现多元文明的校本教材

学校抽出精锐力量，学科融合，创编校本教材，探究多民族文化，弘扬多元文明。学校创编《走进"地球村"》，新编《新世界七大奇迹》等，展示了东西方历史和文化的差异，展现跨国文化的差异，呈现生动、活跃的国际文化课堂。

4. 创造性推进国际理解教育活动

在国际理解教育课程实施中，项目组利用常规课、活动课、节日庆典、纪念日活动、社会综合实践活动等开展一系列有意义的活动。充分发挥课题研究对学校内涵发展的促进作用，把学校进一步打造成区域国际理解教育领域有一定影响力的初中，努力创造较好的国际化教育氛围，开发学科渗透方式，充实国际理解教育读本，为国际理解教育课程提供优秀案例和典型材料。

三、主要内容及策略

（一）探索学科课程渗透国际理解教育路径

在学科课程中对学生进行民族文化和世界多元文化的融合教育，是实施国际

理解教育的重要途径。学校在教学实践中探索了拓展、调整、创造等方式，在语文、英语、历史、地理、政治等学科中深度融合国际理解教育。

1. 确立学科融合国际理解教育的原则

为了更好地把社会学科打造成融合国际理解教育的主要学科，项目组开展了关于实施国际理解教育的深度和广度以及原则性的研讨，通过查阅资料、教学实践、教学反馈，最后确立了基本原则。

第一，课程融合原则。国际理解教育不能代替学科教学，应该是学科教学的深度实践，是学科教学的国际教育深化，所以，融合国际理解教育的学科在保证学科教学目标完成情况下，加强国际理解教育的课程融合专题研讨。

第二，深度融合原则。学科教学与国际理解教育内容深度融合，利用专题研讨、交流分享、学术讲座等多种形式，加强学科融合国际文化因素，充分挖掘跨学科主题，以"背景、思维、共情、互鉴"为重点，深度融合国际理解教育。

第三，适度拓展原则。适当拓展知识，注意学科教学传统及自己学科的教学规律，有利于在学科教学中融合国际理解教育理念，但在教学资源、教学目标不明确的情形下不宜广泛拓展。[8]比如，外语教学融合国际理解教育就不能硬性照搬国外外语教学的方式或教材，可以适当借鉴情景教学等方式，加入国际化元素。教师可通过案例或资料来丰富教学内容，在提高学生对问题理解的深刻性的同时融合国际理解教育理念。

第四，"中外融合"原则。开展国际理解教育一定要树立文化自信，加强中国传统文化与国际理解教育的融合，为中华民族伟大复兴服务，在教育中展现中国声音、中国智慧、中国形象，注入更多的新鲜的、有活力的中华文化元素，将国际理解教育与我国传统文化相联系，开展多元化的学习活动，体验各国文化精髓。弘扬优秀传统文化是增强文化自信的必要途径，也是国际理解教育思维的基础。如开展国学智慧讲堂，用人们喜闻乐见的形式展示中华戏曲、书法、绘画艺术的"文化节"，推进了优秀传统文化的发展，展示了中国文化的魅力。

2. 探究融合国际理解教育的主要方式

（1）挖掘学科国际文化元素

有些学科中的教学内容就是国际理解教育的重要内容。如初中历史学科作为一门基础性的人文学科，课标本身的要求中就贯彻着国际理解教育的理念。在情感态度价值观上，不仅要求学生从历史文化的角度了解中国的具体国情，认识和理解中华民族的优秀文化传统，尊重和热爱祖国的历史和文化，形成对国家、民族的认同感和历史责任感，同时还要求学生了解世界人类社会历史发展的基本趋势及人类文化的多样性，理解和尊重世界各国、各民族的文化传统，学习汲取人类创造的优秀文明成果；认识和平与发展是当今时代主题，逐步形成面向世界的视野和意识。[9]

在初中阶段的各科教材中都系统地编选了国外的相关知识，涉及文化、科技、风俗、礼仪、地理、艺术、音乐、历史等领域，内容详细而丰富。如语文教材中的外国作家作品、地理教材中的世界地理知识、化学教材中的化学基础理论发明、美术教材中的国外绘画艺术、音乐教材中交响乐等，需要以有别于传统教育的新眼光、新思维去梳理国际文化元素。有效挖掘初中教材上的国际理解文化元素是学校开发、开展、实施国际理解教育的重要资源和途径。教材中国际文化元素相互融合，相互补充，提升了学科的深度和广度。

（2）拓展学科国际交流内容

各学科的国标教材内容中除了可以直接成为国际理解教育的载体外，不少内容加以拓展、延伸，便能成为国际理解教育知识点。在教材原有的国际理解教育因素的基础上，学校又进一步丰富、完善学校学生需要的国际理解教育知识。学校以各学科体系为主线，寻找国际理解教育融合点和融合内容，通过语文、英语、历史、地理、政治让学生了解东西方文化的差异，通过数学、物理、化学等了解国外科学家的思维模式与实验创新意识。[10]例如，在语文教学中可以以学科为载体，融合全球共同关注的问题，在学习中国传统文化的同时融合其他国家的文化，适当地延伸、比较教学，既充实了语文课堂，又恰当地融合了国际理解教育，一举两得。地理教学让学生懂得为什么地球是人类共同的家园，地球上的问题需要家园中的每一个成员共同努力来解决，世界的发展、环境的保护绝非一国一地区的事，社会的可持续发展需要全球公民共同参与。

经过拓展学科教学和国际理解教育的内容和目标常常不谋而合。例如，在学习七年级《盲孩子和他的影子》这一课时，语文老师由课内的神话故事、中国童话向课外延伸，向学生推荐世界经典学生读物，如《格林童话集》《安徒生童话集》等，并将其与中国童话进行对比阅读，让同学们谈理解、写感想、交流心得。通过老师的指导，学生们能体验世界文化的多元性，了解人类心灵深处的共通共融。

在九年级历史《第二次世界大战的胜利》一课中，老师通过事先准备的图片展示组织学生进行系列讨论。如战争给世界人民带来了什么？我们能为和平做些什么？战争如何才能避免？类似的讨论，不仅使学生对课本内容的理解得到升华，且使国际理解的观点深入学生内心。将原本教材的内容稍加拓展，一段生动实效的国际理解教育便生成了。

（3）重新审视和编排各版教材国际化知识点内容

各科教材中对国际理解教育的侧重点和教学顺序不尽相同，项目组重新审视和编排教材内容，突出国际化教育内容。历史和地理内容的学习中蕴含丰富的国际理解教育要素，目前各个版本的历史、地理教学内容编排顺序各有优长。教学实践中发现，调整各版本教材的内容，重新组合历史、地理教学顺序，有利于国际理解教育内容的融合。

例如，学习中国历史之前，可以先弄清世界历史概况。客观、公正地对待本国以及其他国家的历史。融合国际理解教育的历史教学应把本国的历史与世界文明史联系起来，更多地关注人类的社会、经济、文化和科学等，并尽可能客观公正地描述本国的历史和其他国家的历史，注重不同国家之间的比较，重视引证不同国家的观点和解读。这种强调客观真实的内容、方法的历史教学有助于学生更公正冷静地看待本国和其他民族的历史文化。

地理教学内容也是如此，增强人类相互依存和相互联系的意识，使爱祖国与尊重其他文化的意识相统一。在教学中可打破章节或版本限制，将相近主题、相关内容重组、汇集在一起，引导学生理解全人类与地球环境之间相互依赖的关系，引导他们正确地看待必须解决的全球环境问题，培养全球化意识。

（4）创编国际理解教育读本

为满足开展国际理解教育的现实需求，在做好课程安排、集体备课等一系列准备工作后，学校经过慎重考虑和研究，于2016年9月开始，对初一年级开设了国际理解教育课程，每周一节。以《武侯区国际理解教育系列丛书》为参考教材，项目组创编了一部分读本内容作为国际理解教育的实施载体。如项目组巧妙设计了《新世界七大奇迹》国际理解教育校本课程。从学生感兴趣的中国长城引入，进而谈到约旦佩特拉古城、巴西基督像、秘鲁印加古城马丘比丘、墨西哥玛雅古城奇琴伊察、意大利古罗马斗兽场、印度泰姬陵等世界名胜古迹的特色、包含的特有文化以及所展现出来的人类智慧，使学生理解东西方历史和文化的差

异,理解跨国文化、异域文化。项目组还创编了《走进"地球村"》读本,联合德育处开办了《走进"地球村"》的手抄报比赛和《分享美丽资源》的讨论会。不同国籍的外籍助教也带来一系列生动、活跃的异域文化课,丰富了教育读本的创编。如外籍教师Alastar带给同学们的异域风情课,介绍了其家乡澳大利亚特有的动植物和自然景观。被吸纳编入《走进"地球村"》相关章节。

(二)充分利用外籍教师资源,加强课程渗透和文化沟通交流

1. 发挥外教优势

武侯区教育局每个学期为研究对象学校配备的外籍教师为学校实施国际理解教育实践和研究提供了宝贵的资源,本项目组充分把握好这一资源,发挥其优势。结合研究需要,每个学期初始,项目组成员和外籍教师共同教研,在课题研究目标的指导下制定好本学期的教学计划和目标。例如,设计教学内容时,外籍教师可以就本国历史、国家发展、风俗礼仪、民族文化等信息向同学们简单介绍。同时也可在翻译的配合下与老师们进行更详细、深入的专题讲座和交流。在三年多的课题研究中,学校分别迎来了两位澳大利亚籍助教、两位英籍助教和两位美籍助教,几位教师从不同角度向同学们和老师们介绍了自己的国家,给全校师生们留下了深刻的印象。学校国际化推进办与德育处共同合作举办了学校第一届英语节活动,同学与外籍助教合作表演英语剧,各班准备了以"走进澳大利亚"为主题的英语小报汇展。此外,学校每年的国际艺术节文化节都展示了不同国家的优秀文化特色。

2. 教学活动观摩

学校全体英语教师一起聆听外籍助教主题性英语教学观摩课。课后,全体教师各抒己见,就本节课的教学设计、教学内容、教学方法及策略、教学效果、中外教学理念差异与外籍助教进行了深入交流。2018年开始,国际理解课程采取中外教师轮流讲授形式,相互观摩。外教讲授风土人情,中方教师介绍东西文化差异,以世界文化为载体,中外教师的活泼生态与严谨厚重相得益彰,开启了学生好奇之旅,让学生更加喜欢上了学科学习,每年地理、历史、生物等融合教学学科中考合格率和优生率居于成都市同类学校前列。学校外籍助教Daniel Zuzic参加武侯区首届外籍教师(助教)课堂教学展示活动,获得了一致好评,并荣获"教学效果突出奖"。

3. 教学方式探究

在教学过程中，学校英籍外教Nick渐渐不再满足于自己的教学方式，而是向学校的其他老师请教。在教学过程中，视频、图片、户外教学等方式纷纷呈现，在让学生们学得开心的同时，也让同学们学习了许多英国文化的规则和方式，同时还拉近了和学生们的距离，即使语言交流还不够流利，但鼓舞了同学们学习和使用英语的热情，增进了国际友好。外教Monday贯彻西式教育理念，为了孩子们的全面发展，提高学生的人文素养，丰富外教课堂形式，增强学生对外教课堂的兴趣，采取以赛促教的形式。他多次举行各种形式的比赛，比如以"感恩节"为主题的朗诵比赛、英文歌唱比赛、手势绘画比赛等。在手势绘画比赛课堂上，Monday组织学生分坐在教室的两侧，课堂上孩子们积极投入，将老师所介绍的各国肢体语言尤其是手势部分融入绘画中，教学过程轻松活跃。在教学方式的探究互学中，中外教师都取得了有益的收获，师生体验了不同文化的风采。

（三）整合课程资源，开展国际理解教育

整合多种课程资源，多学科协作也是推进国际理解教育行之有效的途径。

1. 与各学科整合，实施国际理解教育

国际理解教育涉及的学科非常广泛，与语文、地理、历史、历史、生物等学科的内容相互交叉，综合性强。项目组各学科老师一起合作，在各自的教学领域中相互配合，有意识地对学生进行国际理解教育。

如在七年级"菠菜"研究主题中，教师将生物课与综合实践活动进行统整。社会实践小组关注"菠菜文化面面观"，介绍各国各民族对菠菜的看法；生物小组关注"科学家眼中的菠菜"，介绍西方科学家研究菠菜营养和菠菜生长的历史；综合实践活动带领学生到菜市场亲自买菜，上网查资料了解各文化群体、各民族吃菠菜的方法。多个学科各自发挥学科品性，开发学科课程资源，使学生的学习更具综合性、国际视野。

在整合教学中，教师要有敏锐的思维洞察力，具有开发资源、整合课程的意识与能力，还要与其他学科教师进行恰当的合作，学生的国际意识才会悄然形成。

2. 教师协同指导，促进国际理解教育

学校将国际理解教育纳入各学年综合实践活动课程实施中，并以综合主题的

形式进行集体研发、专题开发。在参与学年国际理解教育过程中，社会学科积极参与研发与协同指导。

首先，年级组及班主任作为班级国际理解教育的"总设计师团队"，对主题、方式、学科协同进行统筹规划。政治、语文等学科教师主动参与年级、班级方案的制订，充分发挥学科优势给予年级国际化主题教育以有力的专业支持。

其次，调整和开发教学内容以主动配合国际理解教育。根据课时统计，七年级各学科国际理解教育内容占的比重较大，相继开发了"菠菜文化""端午节""清明节""中秋节""国庆节"等教学内容，为学校国际理解教育顺利开展提供帮助。

最后，协同管理跟踪指导学生的学习全过程。政治课教师兼任年级国际理解教育指导教师，不仅关注教学，同时指导学生的国际化理解教育的主题探究，对研究学科领域问题的学生进行深入指导。比如学生在学习"菠菜文化"过程中，生物课教师参与学生体验，指导学生提出有价值的问题，并参与学生的探究活动，给予及时的指导，有效地形成协同指导的合力。

3. 注重积累，总结推广

注意积累并推广学科国际化教学优秀教案经验，重新审视和编排各版教材国际知识点并凝练成优秀案例。各个学科在实施国际理解教育的过程中涉及的融合目标、内容、方式、效果（教案中反思）等都将包含在教案当中，需要有效地收集和整理好各科教案，按年级和学科分门别类。学校项目组组织各学科的交流总结和推广活动，不断完善以"学科渗透"的方式实施国际理解教育的实践研究策略与途径，形成课程国际化和推广典型案例等较为实用有效的教学方式及成果。

（四）以学科活动为载体开展国际理解教育

在实施国际理解教育过程中，除了课堂上丰富的知识体验和感悟，适当的活动开展更能让学生体验到国际理解教育的多元文化性。通过开设活动，让学生在活动中积极思考、深度感受。这样的活动参与让学生们将理论感悟和实际体验相结合，印象深刻，使其从心理和能力上得到较大提高。

在国际理解教育课程开展的几年中，项目组教师利用常规课、活动课、节气、特别纪念日等开展了一系列有意义的活动（见表3-5-1）。

表3-5-1　国际理解教育学科活动举例

活动主题	活动方式	参加年级
《欢迎来到"地球村"》《西方文化面面观》	讲座	七年级
传统节日与西方节日	节日研究成果展板	七、八年级
师生交流会	外籍教师与学生进行足球、乒乓球比赛	八、九年级
"地球村"文化节 西方文化节 魅力地理课	文艺表演	七、八、九年级
	《走进地球村》手抄报比赛	七、八年级
	《分享美丽资源》讨论会	七、八年级
国际艺术节	英语书写、手抄报比赛	七、八、九年级
	东西方文化主题演讲比赛、辩论赛	七、八、九年级
	西方民俗黑板报竞赛	七、八年级
	国际理解教育课堂教学公开展示	七、八年级
社会综合实践活动	综合素质拓展	七、八、九年级

以上活动的开展，学校各相关学科均要主动参加，各展其能。学科活动典型案例有以下几种。

1. "地球村"文化节

2017年，学校举办了第一届以英语汇报表演为主要形式的"地球村"文化节。主题为"Beautiful home"（美丽家园）。英语校园剧表演以两首西方民谣 *Home among the gum trees* 和 *Waltzing Matilda* 为主线，模拟"文化会客厅"，串联各地风情与文化，由学校师生自编自导自演。穿插以美丽地球为主题的英语手抄小报比赛、英语百词明星赛、英语阅读小能手、英语写作小能手和英语沙龙（走进澳大利亚）等系列活动。经过历时一个多月的艰苦排练和前期精心准备，活动精彩展演，让学生走近和了解地球家园，感受不同文化的独特魅力，增进了对世界多元文化的了解，加强了与世界多元文化的接触，锻炼和提高了英语语言能力。该文化节每年一届。

2. 国际文化艺术节

学校每年艺术节时期，以国际理解教育课程为背景的国际文化节或者国际艺术节定时开幕。整个活动包含了学生融合国际文化的音乐、舞蹈、书画展示，以及国际文化巡礼、教师英语课堂公开教学和教师国际文化报告会等。在各项活动中，学生积极踊跃报名，参与活动或充当主角。他们活泼的身姿、自信的姿态、满腔的热情让艺术节充满了活力、生机与国际风范。受到影响最深的也是学生们，置身中外文化艺术交融的海洋中，吸收中外文化艺术的精华，学生们感慨颇多！初一7班某学生在日记中写道："文化艺术节为我们打开了一扇神奇的窗口，展现了一个精彩的世界，极大地调动了我对国外文化的探知欲望和学习热情。"

3. 综合实践活动融入国际元素

学校组织了系列综合实践拓展活动，融合国际化元素的拓展训练活动的主要目的是开阔眼界、磨炼意志、陶冶情操、完善人格，有效地提高学生在体能、毅力、理解、沟通、协作等方面的素质和能力。根据国际理解教育课程安排，学校组织初一、初二年级学生赴校外基地训练。学生们观看了各国选手攀岩视频和国外电影中的惊险攀岩场景，激发了攀岩斗志，接着通过训练了解了攀岩难度和技术标准，接着通过连线国外友好学校同学或学校外籍教师攀岩爱好者了解讨论，体会中外文化差异。生存训练在教师的指导下进行，首先观看了西方野外生存训练视频，激发个体实践的愿望，接着组织部分学生进入山区环境，一路上有适当的路牌指示。20公里山路，学生需要自己解决吃饭问题，还要完成沿途设置的地球各大洲典型生存困境挑战解决技巧的题目作答，最后必须安全返回，按时间和答题正确率评选优秀者。孩子们在实训中培养着克服困难的毅力、健康的心理素质、积极进取的人生态度、敢于挑战自我极限的勇气和精诚合作的团队意识，也感悟着"地球、国际、困境、竞争、奋进、自强"等主题的强烈冲击。

4. 积极参与志愿服务活动，加深国际理解交流

许多孩子热情开朗，在学校老师的带领下，主动做外国友人的志愿服务者。武侯是国际旅游胜地，孩子们常常会碰到前来旅游的外国友人，并热心帮助他们找到目的地，还协助其搭乘公共交通工具，陪伴他们游览成都。即使自己的英语能力还远远不够，但丰富的肢体语言和简单的单词对话还是令彼此相处得非常愉快。孩子们还把志愿服务的短视频发给英语老师们分享、指导。学校学生在这些

与国际友人随意的交流中所表现出的热情、乐于助人、独立和大气正是对学校国际理解教育课程开展的最好反馈。

学校以成都旅游、文化、美食为背景,展开相关研究,并主动开展系列国际文化交流活动。近年来,学校组织学生到武侯祠、天府芙蓉园、都江堰等开展志愿者活动,许多班级开展了国际文化课程交流研讨活动,他们穿汉服,说英语,与国际友人交流拉家常,为他们摄影,展示东方人的茶艺和舞蹈,给他们介绍成都的美景和文化,了解东西方教育的不同。许多活动都展示在学校摄影作品中,成为国际文化交流的靓丽风景。

(五)新冠肺炎疫情期间,加强各学科"全球共生力"研讨

2016年发布的《中国学生发展核心素养》指出,"国际理解"应具有全球意识和开放的心态,了解人类文明进程和世界发展动态;能尊重世界多元文化的多样性和差异性,积极参与跨文化交流;关注人类面临的全球性挑战,理解人类命运共同体的内涵与价值等。在新冠肺炎疫情面前,学科渗透国际理解教育更强调"全球共生力",体现出中国拥抱全球化、构建人类命运共同体的愿望。

在全球面临疫情等共同的威胁下,推进国际理解教育与全球化的世界趋势相顺应,也与我国对外开放的基本国策相契合。它还是在新的国内外情势下,践行教育公平的前提之一,也是中国基础教育"走出去"的价值观基础,在疫情及后疫情时代推进国际理解教育具有重要意义。学科渗透国际理解教育更注重如下研讨。

1. 理性和开放的教学定位

主动接纳和理性认识变局,保持开放的心态,不惧挑战,开拓创新;以科学精神正确认识世界,扬长避短;以冷静的态度面对新冠肺炎疫情带来的挑战。

2. 进行教学方式变革

一是充分利用网络资源和新闻媒介。更大范围地整合教育资源,打破时空限制,这对于推进国际理解教育极其有利。以成熟的国际理解教育读本为参考,以网络资源和新闻媒体为补充,实现教学多元整合。

二是利用现代教育技术和新媒体打造虚实结合的国际化课堂。随着新基建进程加快,5G、互联网、人工智能、云计算等新兴技术将在教育领域拥有越来越广泛的应用前景,给国际理解教育带来更多跨越时空的体验。特别是新冠肺炎疫情

期间，学校开展了与各国学校的线上交流学习活动，利用不同的节日、暑假、寒假等开展虚拟交流分享活动，促进文化互融互通。

三是开展双线教学交流活动。新冠肺炎疫情发生后，学校将教育活动转至线上。除了学生交流互动，国际理解教育教师培训也在云端举行，学生和教师整合国际资讯和媒体报道，感受东西方文化差异，以开放、包容、共生、共进、协同的理念和行动增进了共同战胜疫情的信心。

四、实践成效

（一）促进了学生的成长，培养了良好的国际文化素质

一是成功举办了多届"地球村"文化节和国际艺术节，促进了能力提升和国际情感共鸣。以国际节日、纪念日主题的朗诵比赛、英文歌唱比赛、手势绘画比赛、文化节手抄报比赛涌现了许多精致作品。

二是综合素质拓展激发了学生潜能，培养了团队精神，开阔了国际文化视野。如利用体验国外运动了解国际运动达人，理解不同文化、民族不同的运动精神和特质。学生参加"未来问题解决国际项目"比赛获全国一等奖多次。

三是丰富多彩的国际交流社团活动，使学生学会沟通与交流，具有了一定的国际视野和文化自信。目前，许多学生都能够落落大方地与外国友人交流，学生淳朴热情、乐于助人、独立大气，增强了和谐沟通的能力。逐步培养同学们与其他国家、民族、地区人民平等交往、和睦相处的修养与技能，探讨和追求人类共同的价值观。

四是学生学习的热情大幅提高，英语及融合国际理解教育学科中考成绩在成都市同类学校中居于前列。国际理解教育展示课培养了教师参与国际理解教育的意识，也拓宽了学生的国际视野。学生探索外部世界，自主学习追求进步愿望更加强烈。

（二）促进了项目组教师的专业成长和教学方式变革

学校营造了优美、独特、和谐、充满人文气息的国际理解教育环境，丰富了学生的文化生活，充实了学校的文化内涵，张扬了人文精神。把国际理解教育的思想融合到每一位师生的心田，促进了教师的专业成长。

在五年多的国际理解教育研究中,全校教师每年撰写十几篇论文,其中已有二十几篇与研究相关的校本研修案例和论文发表或获奖。相关研究获得武侯区课题阶段成果奖、武侯区教科院成果奖二等奖,项目组老师的《国际理解教育课程建设报告》获得武侯区第二届校本研修管理优秀成果奖。课题的开展也在潜移默化地影响、促进着学校的发展和学生的成长。学生参加活动、比赛更加积极,取得了更多奖项,也增强了教师专业发展的信心。学校教师参加市、区级的相关专业比赛屡次获得一等奖、"金奖"。国际理解教育研究为教师提供了专业培训和技能训练的平台,促进了教师职业道德的传承和弘扬,提高了教师的职业素养。

研究还促进了教师教学方式的变革。新冠肺炎疫情让老师们在新的时代背景下学会了以理性和开放的方式实现教学目标,教师能够纳国际教育资源,充分利用网络资源和新闻媒介,充分利用现代教育技术和新媒体打造虚实结合的课堂,开展了国际教学交流实践活动,促进了"突破时空、双线融合、资源共享、跨界协作"的教学方式的新变革。

(三)形成较突出的学科融合国际教育成果

开发了"胸怀祖国,放眼世界"系列国际理解校本课程读本和多元化国际理解教学成果。按照学生的年龄特点和可接受性划分阶段和层次,分别以理解差异、肢体语言、战争与和平、西式教育、自然灾害、世界七大奇迹等为主题,做到内容更加丰富、具体、系统,知识性和趣味性相结合,由浅入深。课程融合进行了多项专题研讨,培养了学生的运动精神、冒险意识、疫情防控意识。

"地球村"文化艺术节到目前为止已成功举办5次,共征集手抄报3 000余份、收藏活动照片8 000多张、展示学生专题成果上千份。锻炼了学生资源采集、处理信息的能力,初步使学生学会尊重、理解、合作、交流、沟通,了解世界多元文化。成功举办校园英语节和国际文化艺术节,激发了学生学习英语的兴趣,培养创新精神和实践能力,为学生提供展示才能的舞台,拓宽学生视野,丰富校园文化。

在学校积极开展国际理解教育课程后,学生能够以更加宽容的态度,理解尊重地球上不同的文化,逐步形成地球公民意识和素质。学生们不仅亲手绘制了代表各国文化的手抄报,也能用更理性的思维看待世界,感受世界各国的丰富多彩,同时增进了师生对世界多元文化的了解,加强与世界多元文化的接触,锻炼和提高英语语用能力，进一步突显学校国际理解特色建设。

置身中外文化艺术交融的海洋中，吸收中外文化艺术的精华，让学生感悟颇多，培养了沟通交流的能力，增强了文化自信。许多学生能够把我国的国庆节、中秋节、春节、端午节、疫情防控等相关知识制作成外语手抄报，并与国外孩子们进行线上交流和分享，中外文化共享共创将成为孩子们未来教育的主题。研究对象学校被评为成都市国际理解教育实验校。

注释

[1] 杨永厚，孟杰．关于培养创新型人才的思考[J]．西部大开发：中旬刊，2012（9）．

[2] 宋建清．教育国际化视角下大学英语课程发展研究[D]．上海：上海外国语大学，2015．

[3] 江莹．面向世界现代田园城市建设的循环经济产业体系研究[D]．成都：成都理工大学，2011．

[4] 本刊编辑部．加快和扩大教育对外开放大力提升我国教育的国际影响力[J]．天津教育，2020（22）．

[5] 李国荣，张德辉．教育国际化背景下校长与教师的专业发展[C]//第二届中国教育国际化与信息化论坛论文集．北京：中国教育信息化杂志社，2012．

[6] 岳松．新课改条件下我国中小学国际理解教育研究[D]．曲阜：曲阜师范大学，2006．

[7] 杨晓雷．中学历史教学中的国际理解教育研究[D]．长春：东北师范大学，2006．

[8] 吕华琼．小学国际理解教育校本课程开发[D]．上海：上海师范大学，2012．

[9] 关伟．运用国际理解教育理念提升体育人文素养[J]．北京教育：普教版，2012（6）．

[10] 史琴．整体主义课程理论及其对我国课程改革的启示[D]．芜湖：安徽师范大学，2006．

第六节　网络文化环境下网络道德的培育

本研究针对青少年尤其是城郊初中生群体在网络文化环境下网络道德培育问题，提出建构生态性网络道德教育体系，开创性地提出了阳光绿色网络建设观念，充分发挥网络育人功能，减轻网络文化的负面影响，用先进文化提升学生阳光品质，开拓学校阳光德育建设领域。

一、问题的提出

学校从教育文化生态观的视角，根据研究和调查，发现网络文化有正向影响不足、网络文化体系不全等问题，学校为此确立了网络文化环境下构建初中生网络道德教育体系的构想，进一步梳理了学校网络文明和网络道德培育问题。

（一）网络文化对青少年影响巨大，网络道德建设刻不容缓

随着社会发展，互联网对生活的影响与日俱增。从多项材料可知，网络对青少年的影响之巨，可谓来势迅猛。网络文化在为人的全面发展提供前所未有的空间和先进高效的手段的同时，也给人们的思想带来了许多负面的、消极的影响，尤其智能手机、移动终端的强大功能和不断升级，让上网变得更加便利、快捷，网络文化成为一种生活学习的必需。青少年接触网络呈现出全方位、规模大、低龄化的特点，青少年在互联网上看新闻、听音乐、读小说、点外卖、寄快递、交朋友、玩游戏……人们的生活实实在在地通过网络互相联结。建设清朗的网络空间，网络道德建设正是重要手段之一，青少年应该充分利用网络文化提升自己的品德修养，同时为网络文明和网络道德建设出力。

（二）学生对互联网的认识有待提升，网络文化德育功能有待提高

中学阶段学生的品德迅速发展，处于伦理形成初期。根据皮亚杰和科尔伯格的观点，初中生逐渐从他律变成自律，品德发展由起伏向成熟过渡。初中阶段

是品德两极分化的时期，其中初中二年级是品德发展的关键期。根据调查发现，初中生道德信念与道德理想逐渐具有原则性和自觉性，自我意识增强，更加关注自我道德修养。道德行为习惯逐步巩固，品德结构逐渐动态完善，个性心理结构逐步固定。初中学生充满了好奇与求知欲，道德情感较为丰富、强烈，但容易冲动，渴望独立自主行动，愿望与行动经常有距离。他们比较缺乏是非辨别能力、自制能力，品德发展具有不成熟、不稳定的动荡性，人生观具有两极分化的特点。网络为初中学生的学习、交往、合作、竞争提供了一个全新的世界，对学生的道德形成起到重大影响。网络背景下，学生道德培育是中学教育的一大难题。

（三）对网络功能认识有待提高，构建良性网络环境迫在眉睫

高度重视网络文化给中学生带来的影响，将互联网变成加强思想品德教育和网络道德教育的平台，家庭、学校和社会构建良好的网络文化环境，还有很长的路要走。网络文化给家庭教育、学校德育带来了全新的机遇和挑战，这就为本问题的研究提供了现实的可能性，创设了环境。

本研究通过调查分析，了解了研究对象学校学生使用网络的现状，明晰界定网络文化内涵，以辩证文化观和网络伦理为理论支撑，客观分析网络文化对学生思想品德形成的积极和消极影响，并希望研究总结出合理利用网络积极因素、消除消极影响的方法，充分发挥网络文化的育人功能，丰富和发展关于网络文化和网络道德的基础理论，肯定网络文化产生重要作用和发展的规律，采取开放和交流的态度继承和创新，"取其精华、去其糟粕"，利用网络文化的积极作用提升文化素质及道德品质，进一步提高思想政治教育的有效性和针对性。

二、相关概念及思路

（一）相关概念

1. 网络文化

网络文化是指在网络上的具有网络时代特征的文化活动及文化产品，是以网络物质的创造发展为基础的网络精神创造。[1]网络文化作为一种新型媒介文化，是人们以计算机网络为媒介进行的特殊方式的传播活动及其产物。[2]本研究中的网络文化主要是指狭义网络信息文化，范围限定在网络文化中有关语言文字、道

德伦理观念、网络文学艺术、网络社会行为等方面。网络文化在当代社会文化组成中比以往其他任何形式的文化样式都具有综合性和代表性。网络文化作为一种科技时代文化发展的最新形态，具有主体的广泛性、平等性，内容的多样性、开放性、共享性，行为的虚拟性等一系列自身独有的特征。[3]

我们分析网络文化是基于对现代人的影响以及与传统媒体的对比来考虑，随着研究的深入，我们将网络文化的内涵和特点进一步与学生思想品格的形成联系起来，进一步挖掘这种新兴文化对学生未来发展的积极导向作用，甚至用它来改善现有学生的品德形成。作为信息网络社会条件下人类社会文明发展的新形态和新领域，网络文化发展形成的网络文明是人类社会进入信息网络社会后的进步状态及其积极成果，对学生个性人格的发展与丰富，交往关系的拓展和深化，精神世界的丰富和完善具有重要作用。[4]

2. 网络道德

道德，是个人在思想行为中所表现出来的比较稳定的、一贯的特点和倾向，是一定社会的处事原则和规范在个人思想和行为中的体现，由道德信念、道德认识、道德情感、道德意志等因素构成。[5]本节所研究的网络道德就是学生在网络空间或者网络行为中表现出的综合品质，包括学习生活的认知、情感、意志等综合状态，本研究关注这种状态是趋于积极还是消极的，是否促进品德良性发展。

（二）解决思路

1. 廓清网络文化和网络道德内涵

网络文化是指基于网络技术而产生的以网上生活为核心内容的新的社会文化生活现象，它主要是由网络技术文化、网络规则文化以及网络观念文化所组成。本研究中的网络文化是从狭义角度指向的网络信息文化。学校网络道德教育指在网络背景下的德育研究，是指在网络上或者开展与网络认知有关的德育活动，是学校德育工作的延伸和补充，也是德育深度发展的必然趋势。[6]网络德育通过德育课堂、虚拟社区、网上咨询、在线讨论、网上家长学校、网上德育基地、网络专题讲座等途径来实现学校网络德育目标。有网络特色的德育目标，包括网络道德、信息素养、网络伦理、自我管理、网络人格等。[7]

本研究基本思路是从生态角度透视网络文化和网络道德，以辩证观点正确看待网络文化，以现代教育理论和文化理论为正向网络文化和网络道德奠基，理清网络文化对品德影响的研究现状，认清网络道德培养的重大意义。

2. 建构科学绿色网络，拓展阳光德育路径

其一，整合和建构网络信息文化中绿色正能量资源。经过研究组认真研究，多方比较，基于学生实际确立了学校绿色网络架构的思路：扩展德育领域，利用网络信息文化中的绿色资源开展广泛的德育，建构学校绿色网络信息文化和深化学校阳光德育。

其二，利用网络信息特点开展生动活泼的网络道德教育。根据网络信息传播皮下注射理论、沉默的螺旋理论、传播流理论子弹论观点，网络信息传播具有无限强大、循环往复发展、公众介质传播的特点。学校可以利用其交互开放、生动高效、快捷动态等特点进行网络道德教育形式的重构，创造生动形象、广泛高效、更易于接受、更具有创新性的网络道德教育音视频材料，改善现行的道德教育，逐渐浸润并改善学生的品德状况。

其三，利用有效的网络道德教育建构学校绿色网络，拓展学校阳光生态德育领域。学校开展网络文化与网络道德形成研究，拟以绿色网络培养学生优良网络道德，拓展阳光生态德育。利用网络方便快捷的特点提升学生民主、科学、平等观念；利用网络时效性、普及性的特点强化沟通交流、资源共享意识；利用网络开放性、丰富性的特点提升学生求实创新、文明合作、竞争发展的观念；利用网络虚拟性与矛盾性的特点提升学生信息素养、提高学生对不良信息的辨别能力，疏导学生情感和压力，实现健康文明沟通。

三、主要内容及策略

计算机和网络技术的发展速度非常迅速，网络文化的内涵也在变化。本研究以辩证发展的生态性文化观以及网络伦理为基础理论，科学界定网络文化的内涵，调查了解研究对象学校学生使用网络现状，分析网络文化对中学生正反两方面的影响，提出合理利用网络文化的积极因素、消除消极影响的方法。

通过项目研究，能够让德育工作者及家长充分认识到网络文化环境的双面影响，能够提升自己的网络文化综合素质，找到较好的网络管理策略，主动分析和了解网络文化在中学生形成良好的思想品德的过程中所扮演的重要角色，为做好网络时代的道德教育工作服务。

（一）充分认识网络文化影响及作用

根据学校研究组调查和分析，发现网络文化对我国青少年的积极影响很大，极大地满足了青少年的信息求知欲，为青少年提供了获取知识的广阔渠道，提供丰富的休闲方式，培养识别、选择、吸收和运用新知识的能力和创新精神，培养效率观念，在开放与互动中，促进了青少年全球意识和国际理解教育意识的形成，为素质教育提供了难得的发展机遇。学校研究组计划逐渐推进学校的网络文化建设，建立强大的、正能量的网络文化队伍，共同寻找学生网络文化自我教育、自我管理对策，克服网络文化带来的心理健康疾病和道德情感缺失，为学校乃至类似的教育管理者提供网络文化教育的范例和蓝本，为学校素质教育带来新的突破口。

1. 开展网络文化背景下学生品德的变异研究

经过学校研究组老师的问卷调查、家庭走访及与学校德育教师交流沟通，了解到网络文化下学生学习、生活的习惯发生了较大变化，尤其是城郊初中学生的变异性更强（见图3-6-1）。传统的"文化教育"已大大让位于新兴的"网络平台"渠道。

第13题：你希望通过哪种途径加强自身网络道德修养，降低网络文化负面影响 [多选题]

选项	小计	比例
信息技术课堂	116	81.12%
主题班会	118	82.52%
父母教育	100	69.93%
网络学习平台	116	81.12%
法律援助	87	60.84%
本题有效填写人次	143	

查看多选题百分比计算方法

- 法律援助: 60.84%
- 信息技术课堂: 81.12%
- 网络学习平台: 81.12%
- 主题班会: 82.52%
- 父母教育: 69.93%

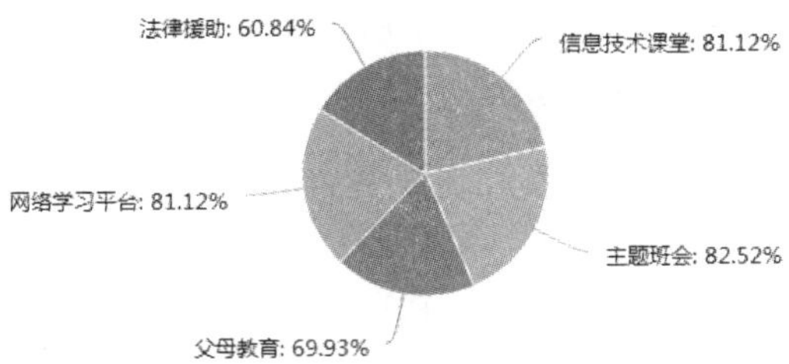

图3-6-1　学校预防网络负面影响的措施调查

其一，网络文化的虚拟性和开放性给中学生带来动态变异（见表3-6-1）。

表3-6-1　网络特点与初中学生特点的关联分析

学生品德特点	互联网特点	网络文化对学生影响
个性心理结构、品德结构、道德情感、认知、意志等原则性、自觉性都在动态完善，逐步固定。好冲动，渴望独立。缺乏是非辨别能力，不成熟、不稳定的动荡性，人生观两极分化	丰富性、虚拟性、高时效、瞬时化、生成性、开放性、交互性、动态性、创新性	好幻想、求知欲强、不稳定、分辨能力不足

其二，网络文化对学生思想品德产生有利影响。在虚拟的网络世界里有着丰富的信息资源，它可以满足学生的求知欲，形成科学素养；有利于学生充分地自我表达，情感宣泄；有利于拓展交往，发展自我。

其三，网络文化对学生产生不利影响。网络文化良莠不齐，其中充斥着大量不道德、不合法、不适宜中学生接触的信息，因此构建思想品德教育和网络道德教育的平台和良好的网络文化环境刻不容缓。

学校努力提升学生理想与信念、文明与法制、文明与审美、健康与卫生等情感体验和道德行为意识，改变习惯较差、自制力不强、辨别能力弱等缺点，提升学生的核心素养，增强辨别信息良莠的能力。

2. 多角度审视问题以探索解决途径

其一，用生态观透视网络道德问题。在生态观视野下反思网络文化，以它自身的自主性、多样性、平衡性、共生性以及可持续性影响人、教育人。网络文化有自己的发展结构，学校德育工作必须与网络文化的生态有机融合才能充分发挥网络文化在青少年道德教育中的作用。本项目学校确立了网络文化下的德育工作的开放、合作、个性化、智慧文明的可持续策略，在生态视野下建构阳光生态的教育策略，构筑阳光生态网络道德素养培养体系，以正能量网络文化环境促进网络道德建设。在目前网络文化生态失衡状态下，寻找网络正能量、正效应，达到新的平衡，关注网络文化下的道德培养和实践体验，学生在阳光生态网络环境中同化与演进，促进新的道德素养提升。

其二，辩证看待网络文化。网络文化有其自身产生和发展的规律，环境对人格的建立具有重要作用，必须采取辩证与发展、开放与交流的态度；网络文化也有民族性、阶段性、继承性、开放性的特征,我们应该"取其精华、去其糟粕";网络文化是现代高科技下的产物,与现代经济、政治的相互适应关系,对学生可能起到积极或者消极作用,方式得当将促成文化素质和思想水平的提升;网络文化作为一种新兴的文化载体,对于学生人格的建立和全面发展起到重要作用,学校以网络道德为切入口的研究和实践找准了培养学生认识网络、利用网络完善人格的基本方法。

其三,现代教育理论为正向网络文化和网络道德培育奠基。

一是根据以学生为中心的建构主义教育理论改变传统教育模式,通过组织、指导、帮助、促进等教育引导方式促进学生自主构建,促进良好品德养成,教师只有利用鲜活的网络资源才能实现师生充分互动,也能快速促进学生品德素养形成。二是多元智能理论让我们看到了网络及其资源加速了学生多元智能的协调发展。三是基础教育课程改革强调信息技术与教育教学的整合,重视利用信息技术对中小学生进行伦理、道德和法制教育,使互联网"成为传播先进文化的重要阵地"。

其四,厘清网络文化对品德影响的研究现状,认清网络道德培养的重大意义。学术界能够理论联系实际,对网络文化在初中学生思想品德方面的影响做了比较客观、辩证的研究,界定了网络文化的概念,从正反两方面分析了网络文化的影响,提出了合理利用网络文化来促进初中学生健康成长的策略方法。为此,研究组从如下角度进一步理清与深化相关工作:认清网络文化作为新兴媒体具有的强大内涵及影响的多面性,对于青少年品德形成作用巨大;针对学校实际,加强网络文化对城郊初中学生影响调查比较研究;初中生处于"三观"和个性形成的时期,易受到复杂多变的互联网的冲击,专门研究网络文化助力于学生道德形成和人格发展;特别是新冠肺炎疫情期间进行的网络教学以及开展的双线融合教学,必须依托于网络道德建构。本研究以网络文化环境下的道德培养为主旨,探索出学生未来网络学习和网络道德(特别是自律意识)培养的基本策略,为学生未来的学习和人格发展奠基。

(二)建立阳光绿色网络,净化网络环境

根据教育生态学观点,学校确立了网络文化环境下阳光生态教育策略,就是以系统、全面、可持续的观点,从主体性、多样性、平衡性和共生性的角度来认

识网络文化发展及学生道德发展轨迹，并按照发展生态轨迹提出阳光绿色网络建设及阳光生态德育的措施。

1. 建立阳光绿色网络和立体监测网络体系，促进网络文化良性发展

其一，让阳光绿色信息充满网络空间。学校阳光绿色网络建设就是按照党的十九大"加强网络文化建设和管理，营造良好网络环境"的要求，紧紧围绕"加强网络信息文明安全、不断提升阳光品质"的总体思路，坚持积极利用、科学管理互联网，坚持以先进技术传播先进文化，坚决杜绝网上不文明或违规行为，进一步清除不良信息的生存空间，更好地满足师生文化需要，促进学生网络道德阳光生成。学校开展了一年两周的阳光绿色上网活动、绿色网络清理阳光行动、媒体运用阳光行动、信息安全文明行动，帮助学生认识互联网的强大功能及作用，防范、屏蔽其不良方面，实现阳光生态的网络德育功能。

其二，开展阳光生态网络建设。学校还开展了阳光生态网络建设策略，确立了网络环境下的德育工作的开放、合作、个性化、智慧文明的可持续策略，进一步关注孩子在网络环境下品德改善及网络文化对学生道德建构的重要作用；关注网络环境下的道德生态建设和实践体验，让学生在学校大环境中同化与演进。在此，学校进行大量的阳光生态网络建设行动，包括阳光绿色网络文化行动、阳光心态网络文明活动、绿色立体网络评价活动、阳光绿色网络学习行动，推动了学校现代、典雅、文明、生态的阳光德育文化的发展和学生自主、自律、自强的阳光网络心态的建立。

其三，创设立体网络德育和网络监管平台。在学校原有网站的基础上，增设特色子网站"网络德育"，设立了网络德育研究、网络德育论坛、网络德育活动、网络德育成果、校园风采、团队生活、班级主页、家长学校、心灵茶坊等栏目，并利用信息技术提供的微信、QQ、钉钉、腾讯课堂、Email等网络通讯工具创设交流互动平台，设置学生电子成长档案，与学生进行平等对话、协商、讨论和答疑等网络德育活动。家校社区合作创造良好的网络环境和网络监督环境，班级组织网络文化教育活动，倡导文明上网，利用学校网络监测学生在校网络中的不规范不文明行为。新冠肺炎疫情期间学校专门建立了教学群和德育工作群，为学生开辟纯净的网络空间，对于教育教学高效开展和学生健康成长帮助很大。

2. 将网络道德教育渗透到常规课堂教学中去

通过研究发现，我们的晨会课、班团活动课、思想政治课甚至语文阅读课等更能吸引学生，可以在这些课程中渗透网络道德教育，从而达到对学生情感、态度、价值观塑造的目的。法制教育课、信息技术课开设网络安全和网络道德教育活动，引导学生看待虚拟与现实的矛盾，认清网络不是满足无限欲望的工具，而是真实的交互沟通形式，提倡自主自律。如今学校已经建立了以德育处、班主任、家长、社区工作者、班干部、心理辅导老师、科任教师为主体的网络德育工作者队伍，以提升学生网络文明和网络道德素养。

其一，培养科学良好的上网习惯和规范规则意识。在计算机教学过程中，尤其是在上机实践过程中，强调正确规范操作，教育学生能够区别对待好坏网络信息，学会充分利用网络为自己学习服务，帮助学生形成良好的上网习惯。加强学生反侵权和反盗版意识，提倡作品原创性等网络道德认知。注意将常规教育与有意识训练相结合，注重培养科学良好的网络意识，如病毒防范意识、知识产权守法意识、网络犯罪预防意识等，对学生加以正确引导。另外，还要教育学生网上活动也要遵守人际交往准则，用语文明礼貌、不讲脏话、不得出现侮辱性的语言。

其二，开展丰富多彩的网络教学，加强网络道德教育。网络能让学生随时获取大量信息，使学生自主而自由地与外界进行思想文化交流。在利用网络教学中，我们通过向学生推荐一些优秀的、符合他们年龄特点的网站、论坛、聊天室等，引导他们有效上网，避免在网上到处"闲逛"；也通过一些反例教育学生要慎交网友，不要随意约见网友，不可与网友有私下交易。网络资源丰富多彩，可借鉴和利用的东西很多，作为学科教师引导学生在完成学习任务时，可参考网上信息，融会贯通，但不能完全没有自己的想法和思考。积极利用网络进行道德教育活动，为学生成长发展奠基。

其三，正能量、核心价值观渗透网络道德教育。将爱国主义教育、核心价值观、正能量理念始终贯穿于学科教学中，使学生明确责任，激发爱国主义情感，鼓励他们从小立志为国争光。[8]培养学生的合作精神和民主意识，互相学习，成立合作开发团队，培养集体荣誉感、信息素养等。同时，将作业与时代精神和正能量培养结合，比如在制作电子板报和网页时，可以以"环境""奥运会"等作为主题，激发学生生态文明和国际理解意识。

其四，注重网络文化环境下的情感教育。网络情感教育是心理教育适应现代科技发展的表现，是计算机网络和心理健康教育的整合。充分利用网络资源，进行网络学习环境下的情感教育，对于拓展情感教育的内涵和方法都有着积极的意义。改变重"知"轻"情"的教育理念，融入人本和谐教育思想；信息技术网络课程教学关注情感教育；优化信息技术网络课程教学设计，加强学生情感参与；在师生网络交流中，也要加强情感沟通，注重正面引导学生处理学习、生活状态。

以学科教学为主，渗透网络道德教育，在兼顾知识基础上，培养情感价值观，找到学生最容易接受的网络情感培养方式。采取灵活多变的方式，抓住时机、利用网络资源，使学生在潜移默化中接受网络道德教育，培养良好的信息素养，最终使之成为在信息化社会中有更好发展的一代新人。

3. 拓展阳光绿色网络综合实践活动，营造阳光文明氛围

其一，完善措施，帮助学生正确涉网。在学校德育管理中，增加了QQ、微信交流，利用聊天工具与学生交流、谈心。这种交流方式在无形中拉近了师生间的距离。做好学生上网心理辅导，提高他们辨别选择能力，增强自我保护意识，加强利用网络进行情感沟通的实践。在教学中始终教育学生牢记不发布个人隐私，加强自我保护意识。网络的超时空性扩大了交往面，但网络的虚拟性造成青少年局限于网络的虚拟空间，无法真正了解和适应社会。网络可以即时传送文字、声音、图像，为青少年人际交往提供形象的、互动性的立体生动画面，充分利用网络完成学生情感交往的过程，会让学生平稳度过初中阶段情感的动荡期。

其二，营造阳光绿色网络环境，拓展校园文明阵地。未成年人涉世未深，我们重视对未成年人的网络知识、道德、安全、心理教育，同时还向周边学校辐射，加强了心理咨询、问卷分析、个案追踪，采取正面引导，与他们进行及时交流、沟通，加强心理防范意识，树立谨慎对待网络的心理防线。通过对信息处理过程中实际应用及专业知识的学习，科学引导，培养学生的学习兴趣，多组织比赛活动，让学生从虚拟的网络世界走向现实生活。开拓校园、社会、网络资源，创设阳光绿色育人环境，构建网络学习平台；家校社联动，合作开发绿色网络校本课程，全程育人，全方位育人，拓展校园文明阵地。

其三，拓展网络综合实践活动。开发阳光绿色网络道德教育形式，拓展网

络综合实践活动。从网络文明开始抓起，开展网络文明综合实践活动。从在网络中发言时不说脏话，不造谣传谣，不恶意攻击他人，不发表不健康和反动言论等方面进行正面教育，树立良好的人生观、价值观、社会观，具备良好的道德素养。开发阳光绿色特色网络德育形式，强化网络道德教育综合实践活动。阳光网络德育活动强调实践性、生活性、生成性、文化教育性，学校利用微信公众号、金摄影网络平台、班级公众号等分享国旗班"少年志、中国梦"主题等阳光特色教育活动，让班级劳动教育、运动会、综合实践及学科校本活动等具有教育意义的资源充满各班级网络平台，围绕爱祖国、讲礼仪、守秩序、会学习的教学目标开展活动，阳光绿色网络德育实践活动培育了学生阳光心态，营造了阳光文明氛围。

（三）开展多姿多彩的网络道德教育活动

1. 开展开放式的网络道德教育

其一，继续加强对网络德育的实践探索，尝试构建一种全新的网络德育教育模式。构建学校良性的德育网络，通过学校德育工作群、班主任群、家长群、学生群、班级群等进行强有力的网络道德教育活动和相互监督督促活动；在良性的网络文化环境中，开展网络摄影评比、网络作文评比、学生网页制作大赛、网络课程、网络编辑等具有网络特色的校园文化活动和网络职业体验活动，让学生尝试、参与管理，激发广大学生参与的热情和兴趣；把正能量贯穿于网络文化教育中，包括团队班队网络文化活动、班主任网络文化管理、心理健康网络教育、网络环境下的家长学校、网络德育文化论坛等；开发健康的网络游戏，比如单词比拼、词管家、诗词连连看等与学习有关的游戏，把学生注意力吸引到学习中来。新冠肺炎疫情期间，学校收到精品网络视频、网络绘画、网络诗歌、网络故事、网络音乐等作品多达几千件。

其二，变革方式，开放扩展德育途径。传统德育方法重视单向灌输教育，较缺乏双向互动活动和开放参与平台，以课堂教育为主阵地，轻视社会生活实践和德育文化建设，德育教育的时间和空间单一封闭。[9]由课内向课外，由学校向社会拓展德育途径，可以借助网络软硬件，把现实德育活动分享到网络中，会起到意想不到的教育效果。学校作为德育工作的重要场所要紧密围绕网络时代产生的新方式，开展网络道德教育，增强德育工作的针对性、科学性。通过组织丰富的课余生活、健康、积极的集体活动，使学生的目光从网络中转移。

2. 充分利用网络典型案例，开展网络道德教育活动

其一，注重网络环境下典型的思想变化案例。利用现代教育教学理论和调查研究，综合分析城郊初中学生思想品德特点及形成因素，尤其分析网络文化因素的影响，为学生素质教育尤其是道德素养培养提供素材。青少年处于身心发展的阶段，生理和心理机制的发展尚不完善，缺乏必要的判断能力，自我约束和控制的能力偏弱，同时青少年的反叛心理强，好奇心强，不少学生在不知不觉中接受了网络提供的各类信息。网络能够吸引大批的未成年学生，这与网络的特性和学生的性格和年龄是分不开的，网络中的不良因素很容易消磨青少年精神生活的积极的正能量，限制学校德育作用的发挥。学校要挖掘、整理正反两方面的思想变化涉网案例，以生动、形象的方式为学生提供教育。

其二，充实更新网络德育主题性案例。当前，学校德育实践在内容上主要强调"三个主旋律"教育（爱国主义、集体主义、社会主义的教育）、中华民族传统美德教育和心理健康教育等主题，突出学校德育知识化、认知化，但缺少网络德育的融合，更缺情感体验及情感发展的网络德育。学生只有通过真实的自主自由活动，才能全身心认同并融入道德规则，才能将网络道德教育内化为自己的内在道德情感，才能在实践中体验和遵循。因此，在主旋律教育中，如爱国主义教育，要结合中国的国情和地方的实情，以多样化的网络形式，充分发挥政治历史文化资源建设的德育基地教育作用。让学生上网搜集或查阅当地的名人事迹，参观具有浓厚民族文化色彩的博物馆和纪念馆，查阅历史文化名城的来历，查阅英雄故事，写下自己的感受来体验道德情感，促进道德品质的生成。所以要充分挖掘传统文化中的精髓，充分发挥春节、元宵节、清明节等传统民族节庆以及文化特色如成都美食的作用来促进学生对民族文化的内容、礼仪、风俗的理解和保护，将道德认知有效地转化为道德情感和道德信念，并外化为行为，达到知、情、意、行的高度统一。心理健康教育则补充了学校德育内容，网络心理健康平台为德育创设了良好的心理环境，也增强了德育的实效性。

3. 拓宽网络背景下的德育途径，改进德育方法

其一，引导学生主动进行正能量网络道德教育。正确地引导他们去接触和

认识网络是非常必要的。学生能在正确的信息引导下，形成正确的人生观、价值观。学校重视抓住机遇进行网络道德教育，对于网络的道德法规和网络安全法规可以采取说理诱导法，对于信息垃圾、计算机病毒等不良信息对人类的危害，除了严正申明法、深入剖析法以外还可采取集体讨论法等。涉及信息技术的课程学习是相对开放的，可以借助于过程性设计、协作学习，让学生对网上不良道德行为进行教育。通过校园网络，开展人生观、价值观、理想和信念的教育。建立学校绿色德育网站，鼓励学生针对学校发生的德育案例在德育网上进行网上对话与交流。利用网络的正面优势促进学生德智体的全面发展，同时也防止了学生忽视正常学习、沉溺网络的负面影响。[10]

其二，丰富网络道德教育方法。网络道德教育应该以喜闻乐见的方式呈现，避免枯燥说教，教师可以通过多媒体向学生展示来自互联网的道德故事，利用网络故事对学生进行行为思想教育。学校在校园网、微信平台上经常发表优秀德育典范、优秀学生和教师榜样故事。教师还善于从正面网络教育的角度，利用善于提升学生品质的典型案例，以聊天的形式或者视频的方式客观评价学生，使他们在肯定、赞扬和鼓励中，受到良好道德情感激励。道德教育不仅要求学生积极参与，更强调学生自主主动参与及利用互联网新媒体手段来实现道德价值。

案例：利用网络公益摄影活动弘扬巴蜀传统文化，彰显成都现代气质。家校社合作，成功举办5次"我爱成都"艺术节摄影展。影展共珍藏了师生摄影作品1 000多幅，从多角度展现了成都和天府文化的独特魅力。摄影者们（家长、学生、企业爱好者）追着光，在银杏树下起舞，在古迹废墟寻幽，足迹到达都江堰、武侯祠、望江楼、浣花溪，作品取材广泛、异彩纷呈，尤其是摄影社团的同学成为艺术节上夺目的明星。学校成功加入了武侯区摄影家协会，武侯区摄影家协会金花中学分会成为全市首个摄影分会学校。学校为摄影活动确定了"公益·立德"的基本宗旨，通过摄影活动弘扬爱国敬业、文明诚信、和谐友善等社会主义核心价值观，立德树人，培养学生至善共美素养。摄影课程志愿者公益项目获得上级多次表彰，并成功入选"新浪公益"项目。同时，在活动中充分发挥网络的媒介作用，将优秀作品在"金摄影"公众号、学校网站及微信公众号上发布推介，对以摄影为凭借的公益项目在网上招募、征集，对摄影作品义卖的收益及公益支出在网上公布，接受监督等。学生在此过程中充分认识了网络的便捷开放和功能强大，增强了网络规范的道德意识和能力，促进了良好德性的养成。

（四）家校社合作开展网络道德教育活动

1. 加强家校社多级网络安全文明宣传教育

一是学校利用LED显示屏滚动播放"抵制不良网络信息，远离网络游戏毒害！开展网络游戏专项整治，营造干净网络环境"等宣传教育标语。二是以班为单位上好文明上网第一课，并把有关文明上网的知识和要求以学生喜闻乐见的形式呈现给学生，如制作PPT、播放相关教育视频、开展小组讨论等。三是学校德育处编写了《中学生文明上网倡议书》并分别向学校广播站、家校QQ群、微信群发送、宣传。四是学校举行升旗仪式和网络安全周活动，号召全体师生信守倡议，从现在做起，从自我做起，坚持自尊、自律、自强，努力弘扬优秀网络文明，遵守《全国青少年网络文明公约》，自觉远离网吧，追求健康时尚的网络新生活，为社会的和谐健康发展做出自己的贡献。五是校社合作开展网络安全文明教育。利用派出所民警、社区管理员、德育处老师组织三方合作开展网络文明调查和网络安全扫毒行动，有力地营造网络健康环境，真正实现了"三方合一"，更有利于创造平安、干净的网络育人环境。

2. 建立健全良好家校网络监督机制

继续加大家校合作研究，创造良好的网络环境和网络监督环境。在班级组织网络文化教育活动，倡导文明上网，利用学校网络监测学生在校网络中的不规范、不文明行为。规范德育网站，净化网络环境，利用网络手段加强德育。

学校在网络环境监督上做得较好的有几个方面。一是建立家校QQ群、微信公众平台、腾讯课堂互联、腾讯会议、钉钉等，互建家校电子信箱，使学校能及时掌握学生的家庭教育情况，了解学校在工作和管理上的一些不足，这对学校的教育改革会起到很大的促进作用，同时也推进了学校的德育宣传工作。二是开发优秀家长网络资源，开辟家长网络课堂。每学期实行开门办学，每星期一次家校开放日，请家长走进网络课堂，督教督学，亲身感受教与学互动的过程，对课程进行实时中肯的评价。三是培养校外网络辅导员和监督员，组织学生参加社会实践。项目组聘请相关社区、单位有识之士作为学校的校外网络辅导员，组织学生参与网络社会实践，用丰富多彩的活动及网络实践充实学生的课余生活，每学年50余次。同时组织家长、学生、校外网络辅导员参与校外网络监督，调查黑网吧和学生违规上网情况。

3. 家校互动管理，为学生搭建安全文明网络平台

其一，帮助家长形成科学的网络道德教育观。学校发放《家庭教育状况调查问卷》《家庭网络情况调查表》，编写《家长培训课程资源》；聘请资深心理咨询师、教授等家教专家做网络道德教育讲演；开通学校网站，专门设立家教栏目，开通了校园微信公众平台，整合学校、家庭和社会教育的优质资源，真正形成学校与家庭的教育合力。90%以上的家长都能够通过微信、QQ传送的资源对家庭教育有更深的认识，对自己孩子的培养有更明确的目标和要求。

其二，创新家校教育网络道德教育形式，形成积极的教育合力。一是搭建联通家长委员会群，开放家校沟通的网络平台。每学期实行开门办学，学校网站、微博、微信公众平台都向家长开放。每年请家长走进课堂，督教督学100余次，网络直播助力开放。二是利用网络改革传统家长会。通告、大型活动分享、心理咨询、成绩查询、班级管理等都在网络上相互讨论和交流。学校心理辅导员老师对学生家长开课，不但帮学生疏导心理，还在网络平台对家长进行心理干预。家长会内容有作业展览、优秀学生朗读自己的作文、家长介绍教子经验、学生介绍学习方法、学生特长展示等，内容非常丰富。三是打破传统家访方式，多进行网络平台互访。开发家访云平台，不拘一格地与家长交流沟通。疫情期间学校进行了上千次的"云家访"，家校合作在网络教学中成为培养学生自律自主的网络道德教育方式。四是设立家长网络接待日和开放日，合作开设网络教育平台。改变以往班主任每学年必须对所在班学生进行的家庭普访，增加家校互动双访或者网络交流。家校互访减轻了班主任工作的负担，大大地提高了家长对孩子教育的责任心，增强了网络的正能量影响。五是搭建网络共育桥梁。在学校网站已开通家教专题的基础上，我们又开通了QQ、钉钉、微信平台，借助现代信息技术，搭建信息互动平台，将学生到离校通知、学校各类动态、家庭作业等信息及时发布给家长，反馈沟通及时、全面。

其三，开设网络心理教育平台，构建家校合作的"询""导"机制。学校开设了网络咨询平台，心理健康教师和学生辅导员共同参与，以辅导和聊天的形式实施网络家校互动管理。学校专门建设了网络心理咨询室，将对学生的发展问题心理咨询同对家长的亲子关系心理咨询结合起来，与班主任工作结合起来，为三

方搭建心理沟通平台，对学生侧重于心理辅导和矫治，辅之以行为观察和督促，体现了"询"与"导"的共同目标，使常规教育取得较好效果。

其四，建立网络多元评价机制，扩大参与、监督、评价的主体。学校开展网络个性成长评价，构建了学校、家庭、社会三位一体的大教育框架，该活动分别被中国网、《家校报》、四川教育新闻网等多家媒体报道。

4. 校社网络互动进行网络道德教育，筑牢学生优良品德形成的屏障

在网络社会教育中，终身学习和终身教育对每个人来说都必不可少，良好的社会风气、道德、习惯会在无形中影响孩子成长。我们主要推进了两项工作。一是广开宣传渠道，向学生、家长和社会广泛进行网络道德宣传；二是深挖社区网络教育资源，积极争取家长和社会的广泛支持。

学校先后8次聘请社会各界人士来校演讲和宣传，形成学校、社区一体，共建文明学校（社区）的新格局。与社区街道挂钩，关注学生社会表现，共同筑起了社区、家长、学校的互动平台。"小手牵大手，文明交通行""争做环保小卫士""童眼看社区"等优秀的德育行为都在网络中传送。

其一，开阔眼界，扩充网络道德实践基地。项目组与派出所、敬老院建立共建关系，依托网络技术和平台，通过线上线下相结合的方式，把学校附近社区废弃的鞋厂、社区拨付的一块地作为职业体验、生态实践基地并分享种植、采摘等成果，利用天府芙蓉园、武侯祠、水韵天府进行美术摄影创作，分享创作成果，开拓双线社会实践空间。

其二，利用网络互动开展校社特色综合实践活动。学校利用网络开展开放式综合实践活动，加强家校社特色综合实践的互动。一是与重大节日结合开展互动，如清明节、植树节、国庆节、教师节、重阳节等都要组织不同形式的校社活动；二是与季节结合，组织春游研学活动，暑假组织社区联盟；三是与厂、队、所结合，组织学生到鞋厂参观，在社会教育活动中和战士交谈，体验军队生活；四是与校园环境卫生劳动和社区服务相结合，开展爱我校园、美化校园、爱我社区等教育活动；五是与国家和国际时事相结合，开展体验教育，教育学生热爱祖国。学校在网络互动中开展开放实施活动，这些都在家长、学生、学校、社区网络中组建、实施和分享，增强社区对综合实践的关注度，合力合作多元育人。

（五）充分挖掘网络优质文化资源，开展正能量网络道德教育

1. 利用网络文化开阔视野

学校利用网络分享满足学生感官体验这一学习特征，拓宽了学生的视野，帮助学生拓展知识范围，促进学生学习。同时，学校加大对网络学习形式的投入和变革，使传统课堂发生了一系列的变化，利用QQ、学习通、"互联网+"、教育云、AI助学等让学生真正感受到了学习的快乐，培养了学生的综合信息处理能力和综合实践能力。校内联网平台和终端的建设，让师生在校内能更好地享受网络资源。

2. 利用网络文化培养创新能力

在日新月异的网络时代，学生已不单是信息和文化的被动接受者，同样还是信息和文化的使用者、传播者和生产者。网络不会束缚学生的自由，可以给学生提供一个轻松、舒适的学习环境，学校倡导利用多媒体网络教学、学科整合，使网络这个拓宽学生视野的窗口发挥最大的作用。比如利用网络搜集节日资料、各国文化图片、诗歌朗诵及创作、摄影社团活动图片网上展示等，并将相关成果在区域网络平台发布，让全区学校为学生精美的图片和文字点赞，从而激励学生自主学习，不断创新。

3. 网络文化助推学生综合素养的建立

网络功能的综合性、交互性对于学生的综合性能力发展起着不可忽视的作用。学校利用微博、微信、QQ等网络虚拟平台为学生搭建心灵互动和展示自己的舞台，为学生综合发展奠定一个好的基础，促进学生个性发展，端正学生的人生观、价值观。家校网络互通互联可以及时调整教育方式，关注学生的成长，对学生的综合发展起着至关重要的作用，能够协助家长、老师在第一时间纠正学生的不良习惯，引导其健康成长，为学生品格性情的良好发展起到了保驾护航的作用。

4. 构建多元网络养成教育体系，进一步探索优良网络道德教育策略

习近平总书记提出"构建网络空间命运共同体""尊重网络主权，发扬伙伴精神""发展共同推进、安全共同维护、治理共同参与、成果共同分享"等网络治理理念，要求我们重新审视传统德育不足，及时更新德育观念，加强网络内容建设，优化德育环境，拓展德育模式，构建适应网络时代特点的学校德育框架，把学生网络教育和思想品德课中的法制教育牢牢结合。为培养牢固树立社会主义核心价值观的社会主义建设者和伟大中国梦的铸造者传递健康向上

的网络生态能量；为"中国好网民工程""网上公益工程""网上祭奠"等项目成功实施，献上学生虔诚心意和贡献学校力量；为守护好"亿万民众共同的精神家园"，让亿万人民在共享互联网发展成果上有更多的获得感、幸福感、安全感，不断推动我国网络安全体系的建立迈向新的阶段，源源不断地向世界输送中国智慧！

四、实践成效

（一）网络道德和网络规则意识增强，道德品质不断提升

1. 学生网络规则意识增强，身心健康状况良好

通过学校系列品德教育活动，尤其是针对学生网络道德教育系列活动，学生网络规则意识增强，能自觉利用网络学习，许多班级还能够利用网络进行课件、微信图文、贺卡、网络习作、交通文明宣传等宣传制作。规则意识和法制意识增强。目前学生意志品质和身心健康良好，整体表现出积极上进的状态。学校着力于网络安全教育及网络道德教育，学生能够客观、理性地利用网络学习和生活，能主动参与到身心健康活动中，身心素养提高，区教科院监测学生坚毅指数全区第一。每年学生体质健康测试达标率超95%。学生乐于助人，团结协作意识增强。网络志愿者服务团体逐渐增加，学校志愿者社团活动每期达30次以上，人数达500人次以上。学校"以人为本，和谐发展"的办学理念，"立德砺能，至善共美"的校训，以德智体美劳五育并举为育人基本路径的观念都方便快捷地在网络中宣传，促进了学校德育为先、立德树人、多元共生、生态共育、至善共美的育人境界迅速建立。通过"一训三风"的构建和在网络中传播践行，学校精、气、神全面向上向好，情怀树立，气节站立，风貌确立。

2. 学生网络分辨力和独立自主、主动服务的意识增强

学校利用网络在各班和全校建立了多个社团，帮助学生树立网络分辨力，增强独立自主和主动服务意识。学校德育处长期通过微信、QQ群等分享劳动及德育家庭作业，帮助学生在网上分享独立在家学习劳动视频和德育家庭作业知识，培养了学生独立自主能力。网络道德教育营造了积极上进的校园氛围，催生了十几个优秀的学校网络社团，取得了较好的成绩。这些社团帮助孩子们进行网络分享、网络创作、网络研讨、网络展示，形成了良性的网络学习和网络

道德氛围，促进了学生网络能力和网络品性的优化。

（二）促进教师专业技术及家校育人质量提升

1. 促进教师专业能力提升

学校网络文化、网络道德、信息技术开展促进研究项目主研及全校教师专业提升。100%的教师参加信息技术2.0培训合格，大部分都在课堂教学中熟练运用现代教育技术，许多教师还能够开展网络辅导，班主任能利用网络展开网络道德教育活动，汇聚了丰富的网络道德教育资源。学校教师参加省、市网络赛课、说课等专业比赛获得了国家级一等奖、省级一等奖、省级二等奖共10余人次，市级一等奖、市级二等奖20余人次，区级以上奖励61人次。近三年来，两位老师参加网络赛课获得全国及省级赛课奖，教师各类获奖区级以上达到123人次，全校教师个人区级以上获奖（视频课、网络课）占比率近85%；教师网络道德相关论文获市级及以上奖或发表30余篇。

2. 对网络文化及网络道德的研究，促进教育科研的发展

学校许多项目成功申报市、区级相关研究立项，学校两年内申报的相关课题或者"微改革"项目区级以上多达6项。全校90%教师参与网络科研，获科研成果评比市级考核优秀奖1项，结题1项，考核合格1项；区级相关课题2项，1项获得一等奖、1项获得二等奖。近三年教师相关微型科研20余项，区级微型科研"家校社多元共育生态模式实践研究"获区一等奖第一名，相关家校社共育、网络道德课题获得市级二等奖。

3. 家校教学云平台建立，促成教学和德育管理协同推进

长期的网络文明教育和网络文化研究实践，为疫情期间的线上教学管理打下了坚实的基础。学校摸索较适合本校的线上教学教育管理体系。一是构建线上教学教育管理制度体系。二是实施线上教学教育"四级"管理机制，即"校级—处室—年级—班级"。三是构建线上教育教学协同推进机制。四是家校云端合作全面育人，温馨传递正能量。学校充分发挥立德树人主体作用，通过班级家长微信群、QQ群推送温馨书信，介绍学生居家学习方法及学习案例，积极参加省教科院居家劳动教育方案编制及区家长学校教学读本编写，帮助家长有效引导孩子居家学习与生活。班主任、科任教师通过"云家访"，切实帮助家长解决孩子在家学习难题。发挥学校心理教师专业优势，开设心理疏导热线，

及时纾解学生、家长心理困扰。

4. 网络道德建设促进了家长、教师立德树人育人素养提升

在网络时代，家庭教育与学校思政教育的融合迈上新的台阶。教师在学校教育期间，通过互联网及时和家长沟通，并向家长普及正确的家庭教育观念和技巧，帮助家长更好地进行家庭教育。同时，通过互联网平台的搭建，进行正能量网络文化建设，与家长、专家合作探讨，增加学生家长对学校教育的自信心，增强了家长、教师立德树人的育人素养。教师每年参加各级德育论文比赛获奖30余人次，最高奖项全国一等奖，德育论文在《四川教育》《时代教育》等省、市级刊物发表，获得市级以上奖项高达20多篇，班主任人人有提升、有成果。家长培养孩子的目标在悄悄变化，方式也逐渐变为帮助和鼓励，家校社互助合作多元共育课题成为市级哲社课题并完成结题，家校社合作共育成果、学校利用网络开展劳动教育成果、学校师生摄影艺术成果等在《四川教育》《教育导报》专题展示，拓展了家校道德建设的领域。

（三）促进了整体办学水平提升

学校经过几年多方面狠抓道德教育，尤其是网络带动德育建设，加强了学生道德品质的提升，促进了学校教育教学质量稳步提升，校风优良，学生素质发展全面，社会满意度提高。2019年、2020年教育综合督导评估获得区级优秀奖。学校近年获得全国国防教育特色学校、全国青少年校园篮球特色学校、成都市新优质学校、成都市阳光体育示范校、成都市廉政文化进校园示范学校、成都市文明校园、武侯区优秀家长学校、武侯区家庭教育示范校、武侯区五四红旗基层团组织、武侯区"六好"基层先进单位等荣誉称号。

注释

[1][3] 张黎明. 网络文化对青少年学习成长的影响研究[D]. 新乡：河南师范大学，2010.

[2] 杨鹏. 网络文化与青年[M]. 北京：清华大学出版社，2006.

[4] 张瑜，闫聚群. "网络文明"的概念辨析[J]. 青海社会科学，2014（6）.

[5] 宋义强．道德人格生成论[D]．重庆：西南大学，2008．

[6] 秦涛．学校网络德育的新途径[J]．群文天地:下半月，2012（5）．

[7] 张海明．试论在中学教育中如何进行网络道德教育[J]．硅谷，2008（23）．

[8] 卢磊．初中美术教学中的多媒体教学[J]．中国西部，2017（8）．

[9] 魏海云．互联网对中小学生德育的影响及对策分析[J]．金田，2012（6）．

[10] 王涛，郝俐．网络时代学校德育工作的思考[J]．中小学教师培训，2004（4）．

第四章 管理篇
——生态育人的治理与效能

第一节 基于校园有机更新的文化建设

校园文化是学校发展的灵魂，是学校形象和文明程度的体现，对学生人生观、价值观都会产生潜移默化的影响，对提高学生的人文道德修养、品格形成都有渗透性和持久性的作用。项目组根据研究和调查，发现学校存在文化育人核心思想不突出、地方和学校优秀传统文化吸收和传承不够、环境育人文化薄弱等问题，于是确立"地域家风文化、爱国强军传承、公园城市学校"几个重要方向，实施以"善美文化"和"军体文化"为基础的校园"生态育人"文化构想。大力开展校园有机更新活动，使学校生态文明教育彰显，"以人为本"的教育观深化，学校育人文化凸显。

一、问题的提出

学校是社会文化的新的增长点和创新源，我们应重视当前社会转型发展和生态文明时代对人的发展提出的新要求，学校教育文化应与新时代教育要求相一致。对此，我们从生态角度关照学校文化建设困境，梳理出以下问题。

（一）内容空洞，独特性和操作性不强

当前学校文化建设存在内容空洞，落后时代，缺乏操作性和独特性的问题。学校响应国家号召，提出"办人民满意的教育"，但缺少明确的内涵和要求，缺乏可操作性。学校为了加强校园文化建设，成立了绘画、书法、合唱、剪纸等兴

趣小组，也经常开展一些体育活动，但没有基于学校、学生和地域文化的特色进行特殊设计。学校在环境的绿化美化上也比较缺乏，几十年来基本没什么变化，除了花草假山大树外，基本没有什么营造文化氛围的物设和意识。

（二）盲目极端，文化积淀和创新性不够

学校文化建设是校园生态系统的重要组成部分，其形成需要时间和历史的沉淀，但是如果学校文化总是一成不变，不能与时俱进，势必也会影响学校的活力。目前学校文化建设存在两个方向的极端，一个是"归零重建"，一个是"故步自封"。教育部中学校长培训中心主任陈玉琨认为，只有站在传承的立场，才能站得更高、看得更远，才能创造真正的校园之美。同时学校文化也是师生的精神所在，是学校的灵魂，我们需要在继承历史精华的基础上，根据时代发展的需要去不断发展和丰富。研究对象学校在50年的发展历史中，文化上要不"多年不变"，要不就"重新再来"，似乎在文化建设上走了极端。部分教师对环境教育、生态文化建设表现出排斥甚至抵制的态度，认为这是"不务正业、丢西瓜捡芝麻"的事，缺乏创新、进取、顺应时代的积极气象。要想激发学校的朝气和活力，走持续发展路子，我们必须重新梳理自己的来路与发展方向，对学校的文化进行提炼、聚焦、扬弃、重构和发展。

（三）重物轻神，形式多于内容

建设什么样的学校文化？怎样建设自己的学校文化？学校在这些问题上还是很模糊的。精神文化是校园文化的核心和灵魂，在校园物质文化建设的同时要加强校园精神文化建设。从物质文化来看，研究对象学校存在校舍老旧、线路老化、设备落后、空间狭小等问题；从精神文化来看，研究对象学校过去在人文活动、教育科研、观念更新方面投入不足。目前真正以生态理念去构建学校文化的甚少，对于研究对象学校来说，将生态思想融入学校文化建设，提升学校生态文化育人质量，已成为学校文化建设面临的新任务。

鉴于以上现象，学校顺时而动，加强顶层设计，进行了融合"有机更新、特色生成、质量提升和师生发展"等概念的文化体系构建与探索。在国家新时代新发展、成都市城市有机更新、成都市公园城市建设、武侯区"百花齐放、百家争鸣"教育生态发展背景下，对老旧学校进行环境改造和文化升级，以新风貌、

新样态、新格局诠释"至善共美、生态育人"教育文化内涵，进一步提升育人质量，促进学校高品质发展和学生健康成长。

二、相关概念与思路

（一）相关概念

1. 校园有机更新

"有机更新"一词源于旧城改造的建筑学领域，有机更新理论认为城市发展类似于有机体的生长过程，城市的更新应该像生物学上的新陈代谢，在原有机理上生长，而不是机械地推倒重来。"更新"包含了发展、优化，"有机"强调新生与旧续、城市与环境的和谐。[1]根据该词的迁移使用，"校园有机更新"是指把校园看成一个有机体，新建区域与建成区域形成整体，校园与所在的自然环境和谐共存；在解决已建成区域的问题时，采用逐步整治、细心修补、协调平衡的方式。

从教育角度看，校园有机更新就是把学校课程设计、育人理念与学校风貌更新改造相融合，让美丽校园成为师生发展的优质空间。遵循"整体协调、局部统一、突出特色、展现风貌"的原则，使学校与周边区域相融合，打造富有文化气息和生态自然美感的育人环境。加强工程建设与文化建设的有机联系、物化景观教育性与课程体系的充分融合，积极探索"从自然景观走向文化景观"的新路，强化环境育人功能，形成独特的校园文化。

2. 学校文化

关于学校文化的界定有如下两类。第一，广义定义。认为学校文化是一种社会文化的亚文化，是学校中形成的特殊文化，体现的是社会背景下以学校为地理环境圈，由全体师生在学校长期的教育实践过程中积淀和创造出来的，并为其成员所认同和遵循的价值观、精神、行为准则及其规章制度、行为方式、物质设施等的一种整合和结晶，其本质意义在于影响和制约学校内人的发展，其最高价值在于促进学校内人的发展。[2]第二，狭义定义。概括之，有"校园文化"说，以"校园文化"来指代"学校文化"，认为学校文化就是学校校园环境中存在的一切文化现象；有"校风"说，认为学校文化是学校的各种规范、行为和风尚；有"文化艺术活动厅"说，认为学校文化指在学校中开展的各种如歌咏、舞蹈、体育比赛等文艺活动；有"教风"说，认为学校文化反映的是学校教师的教学水平及风气风格；有"学风"说，认为学校文化反映的是一个学校的学习风气和氛围等。[3]

学校文化实质上是一种德育隐性课程。通过学校文化对学生进行潜移默化的影响，以文化人，从而让学生涵养道德规范，实现道德成长。学校文化包括了校园建筑、环境布置等显性的物质文化，也包括了人际环境、心理环境等隐性的精神文化。

（二）解决思路

1. 基本思路

学校以阳光生态文化为抓手，以师生的全面发展、质量提升为主线，以建设"精致、典雅、现代、生态"的区域精品学校为发展目标，实施环境改造和文化升级，加强风貌改造、条件改善、功能扩展等硬件提升，营造"向着阳光，幸福成长"的阳光生态育人文化氛围，促进学校内涵发展和质量提升（见图4-1-1）。

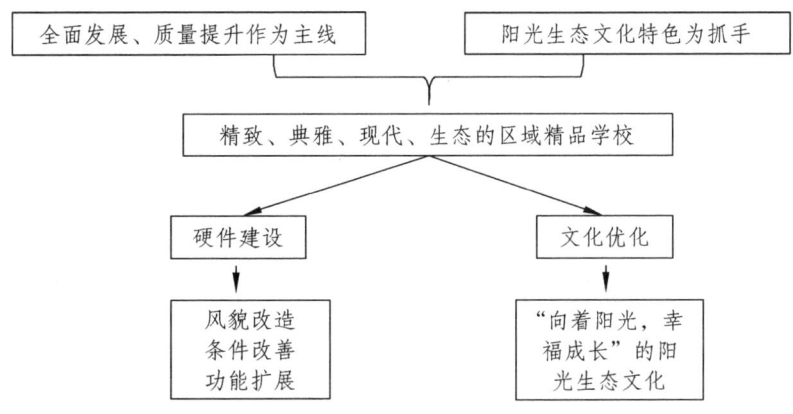

图4-1-1　学校环境改造、文化升级基本思路

2. 逻辑结构

学校结合生态型发展理念，关注主体与环境的互动，校园与师生的和谐融合，进行环境再造及文化重构，实施建筑更新、空间变换、场景营造等硬件更新和风格定位、理念聚焦、行为表达等文化内涵深化同步升级，双管齐下，促进师生阳光生态健康有机生长，重获文化自信，助力学校育人质量稳步提升（见图

4-1-2）。环境和文化存在相互依存、相互促进、迭代持续的动态辩证关系，共同作用于师生发展和育人质量提升。

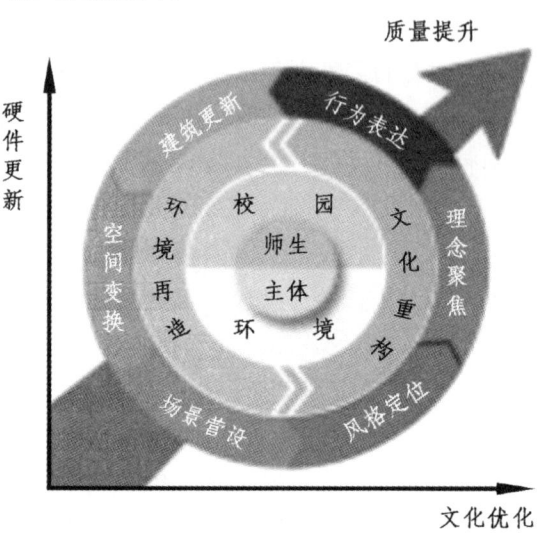

图4-1-2　校园有机更新和质量提升逻辑结构

三、主要内容与策略

（一）确立生态思想下的育人文化核心理念

精神文化是校园文化的核心和灵魂，良好的校园精神文化，有利于浓厚的教育、学习氛围的形成，也能在直接教育难以直接达到或不能充分发挥效用的地方产生影响，成为育人的向导和有益的补充，它的教育功能主要体现在校风、教风、学风上。[4]

1. 确立校本文化核心理念

首先，明确育人文化的核心方向。学校将文化作为核心竞争力的基础，根据全面育人思想，结合学校实际与发展需要，以"立德树人"为总导向，以"开放、多元、和谐、人本"作为治校的文化核心理念，推动学校办学目标、校训校风和育人目标等不断深化演进。

其次，校训演化与时俱进。结合教育发展的方向性、时代性与地方文化的特殊性、根源性，学校将十多年前"求真励志，尚美笃行"的校训深化演进为"立德砺能，至善共美"，主要考虑有三点：一是紧扣培养"必备品格"和"关键能力"的新时代育人要求；二是充分汲取和发挥金花本地域资源中"善、美"文化因子，整合融汇学校发展和人才培养愿景；三是深入梳理多年来学校的办学成绩和优势积淀，宏优扬长，全面育人。其主要内涵是：倡导遵循立德树人的新时代教育发展要求，追求德正为先，强化能力培养，仁善立身，追求卓越，共同成就，在获得个体、团体的最好发展中，努力达成"各美其美，美美与共"的美好教育生态。

最后，构建"三风"。狠抓"健康、明理、尚美、文明"的校风、"务实、奉献、和谐、奋进"的教风、"好学、笃学、博学、乐学"的学风建设，以德智体美劳五育并举为育人基本路径，强调德育为先、立德树人，强调身心健康、体魄强健，强调全面学习、提升能力，强调素养提升、追求境界。

2. 确立"精致、典雅、现代、生态"的区域精品学校发展目标

学校以前是"区域达标优秀学校""区域优质学校"，在城市化不断发展的今天，办学竞争激烈、百姓对办学质量的要求不断提高，学校必须确立高位优质的生态发展目标，才能激发奋进发展的生机和活力。所谓"精致"，是指学校的每个空间都是精心打造、每一堂课都是精心设计、每一个活动都是精心准备，强调对高品质和细节美的追求，要把握精准、推进精细、追求精彩，铸造精品，努力成为办学质量更高、百姓更满意的新优质学校；"典雅"是指学校的校舍风格、环境气氛和人物气息的典重雅致的特质；"现代"是指学校作为城市学校所必须有的现代管理理念、现代办学思想和现代的教育技术手段等；"生态"则着重强调校园环境、文化与主体之间的自然和谐，共生共进与可持续发展，是积极回应人民群众对真正教育的呼唤和诉求。

（二）明确学校环境与文化有机更新方向

研究对象学校处于多条交通干线、航空线交汇的地理位置，周边不太理想的教育生态环境、老旧学校的风貌样态使学校失去了多次发展机遇。尽管学校师生努力拼搏、负重奋进，交出了较好的"升学"答卷，却仍改变不了生源吸引力下降百姓满意度不够的局面。为此，学校决定将文化建设作为核心竞争力的基础，进行环境和文化的大幅改造升级。

学校环境再造和文化重构同步有机更新（见图4-1-3），分别从风貌改造、空间优化、场景营设、风格定位、理念聚焦、行为表达等多方面推进信念树立、平台扩

充、教学拓展、课程改革、五育并进等一系列育人项目,以期在硬件有机更新、文化特色生成的基础上,促进学校育人效益提质升级,为建设精品学校奠定基础。具体从以下方面展开。

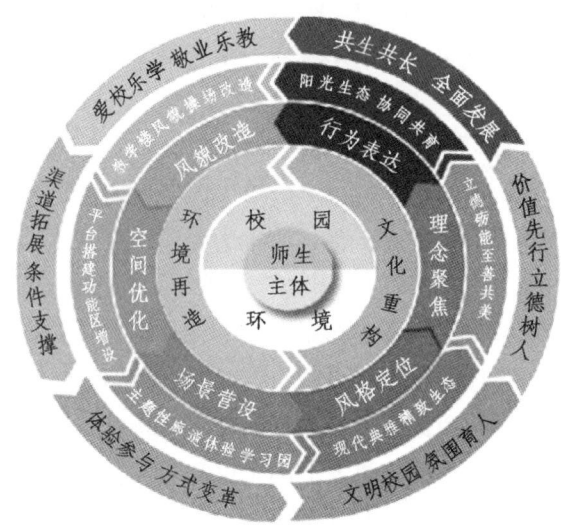

图4-1-3 学校环境与文化有机更新整体设计

一是教学楼和操场风貌改造。让师生从精致典雅的建筑风貌中,增强自豪感,激发爱校乐学、敬业乐教的情感。

二是强化渠道拓展和条件支撑,进行功能区增设和平台搭建。例如创客教室打造和生态园建设,以科创和劳动综合实践开拓课改之路,促进学生知识能力及综合素养的多向提升。

三是主题性廊道和体验学习园建设,推进体验参与性学习方式变革。"体验学习"凝练了提"质"之策,将传统课堂和摄美课程整合,构建基于摄影的学科体验式课程;将书本知识与VR科技融合,获取"立体"知识体验;将所学知识与电子展示平台融合,让学生知识建构灵动起来,思维培养灵活起来,促进知识和技能的生成。

四是校园风格定位,凸显校园文明、氛围育人功效。通过构建生态文化核心理念,确立打造"精致、典雅、现代、生态"的区域精品学校,营造优良育人氛围。

五是理念聚焦,确立以"价值先行、立德树人"为导向的学校内涵发展。学校彰显"立德砺能、至善共美"核心理念,促进学校文化格调提升。以"摄美教育"项目为初探案例,点亮美育之光,把现代摄影技术和文创整合,架构美育教育基本雏形,进行了社团建设、课程开发、文创探索、社会公益服务等主题项目,提升师生"精致、尚美"的文化格调。

六是以"阳光生态、协同共育"理念促进"军体固本、共生共长"的行为表达生成。阳光军体彰显润德树人特色,"军体固本,立德砺能"成为培养运动潜质、阳光心态、爱国情怀的特色教育。为此,同步开发《军体固本》《光影世界的秘密》《金色年华,生命花开》三个校本课程读本。

在区教育局的支持下,学校先后投入800多万元进行风貌改造、文化建设、设备设施购置等,使办学条件不断完善。大楼改造、廊道美化、校园布景使学校焕然一新;多功能厅、阅读空间、梦想舞台、活动平台、创客教室逐次完备;文化墙、板报栏、风采展架、孝善牌阁、花香窗台、书香校园,涵养文明。学校力求在优美的环境、明朗的文化、齐备的设施中实现氛围育人、环境育人,努力营造"现代、典雅、精致、生态"的校园氛围。

(三)"三途径"建设精致典雅的环境文化

校园文化是学校发展的灵魂,是凝聚人心、展示学校形象、提高学校文明程度的重要体现。校园文化对学生的人生观、价值观产生着潜移默化的深远影响,健康、向上、丰富的校园文化对学生的品性形成具有渗透性、持久性和选择性,对于提高学生的人文道德素养,拓宽同学们的视野,培养人才具有深远意义。[5]

学校整体环境打造因地制宜,围绕"不能动体就美颜、不能扩外就拓内、不能改形就生景"的思路,确立了有机更新的三条途径(见图4-1-4)。完成了第一、二教学楼外观风貌改造、高效利用内部闲置空间、大力实施场景塑造,基本形成风格典雅、布局精致、环境优美的生态校园。

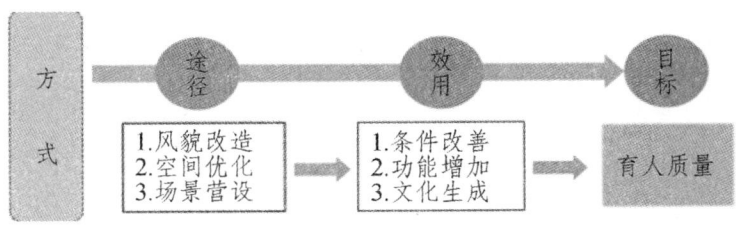

图4-1-4　有机更新方式

第一，风貌更新。改掉灰色外衣，抹掉土砖裂缝。楼体风貌，采用现代中式建筑样式，风格明快简洁，动静恰宜，生机盎然。红墙灰瓦，立柱飞檐，彰显静穆恢宏、轻盈灵动的典雅清新气息。

第二，空间变换。学校依据老旧学校的特点，努力拓展内部空间，让闲置空间华丽变身为学习空间、活动平台，既美化了环境，又增加了育人功能。一是充分利用楼道天台在第一教学楼成功打造出音乐空间、科技园地、文化广角；二是在第二教学楼屋顶上建成生态园；三是在校门口处及各处空闲处搭建小舞台及活动场地。

第三，场景营造。一是生动活泼的楼道。廊道和楼道墙面通过师生艺术作品、学科名言、哲理名句、名人警句等彰显艺术和文化气息；班级楼道布置体现昂扬向上的校园文化，教室外墙彰显精彩纷呈的班级文化特色，一楼一主题，一班一风貌。二是文墨飘香的书吧。悦读书吧体现书香校园建设的缩影；教学楼大平台特色空间展示文化，彰显"真善美"三层内核，围绕追求真理、学做真人、美人之美、美美与共、上善若水、水润方圆等思想，设置了大型地球仪、公式坐凳、悦读空间、钢琴演奏区等。三是立德砺能的军体长廊。展示体育运动润德、生态活力育人的课堂。四是电子展示双屏互动。展示风采，促进乐学。内屏提高师生规则意识；外屏展示师生风采、学科融合与创新成果等。通过"上屏"让孩子们的能力得到认可、增强自信心；通过"观屏"了解各类重要的咨询、学习新知；通过"制作视频"提升新媒体认知度与自我锻炼，因为"参与"而发自内心地更加热爱这所学校、这座城市、这个国家。五是绿化、美化、亮化。加大绿化、美化、净化力度，绿树移栽规整、添置建筑角落里的盆景和门前花卉、清除建筑死角垃圾、疏通下水通道等，绿化、美化效果显著；重新设置光源，路灯清和、景观灯多彩、安保灯明亮，让校园处处皆明亮。

总体来看，学校在环境建设上贯穿绿色生态理念，注重人文景观建设，实施绿化、美化、净化、亮化，融合景观、标志、人文、特色，实现使用功能和育人功能高度统一，基本形成精致、典雅、古朴的风格和宜人、乐人的氛围，增强师生自信心和认同感。人在景中，景润人心，人景和谐，育人主体与生态环境互动优化，使每一寸土地都承载生命的灵动，每一处角落都彰显育人功能。

（四）构建立体的校园育人文化新格局

学校以平面展开、纵向延伸的体系，打造了"一道二区三园；二楼四台五室"的"平纵交错、立体更新"的校园新格局，将育人性、体验性、参与性、生成性融汇在校园每处角落，提升五育渗融、活动承载、场景浸润等育人效应（见图4-1-5）。

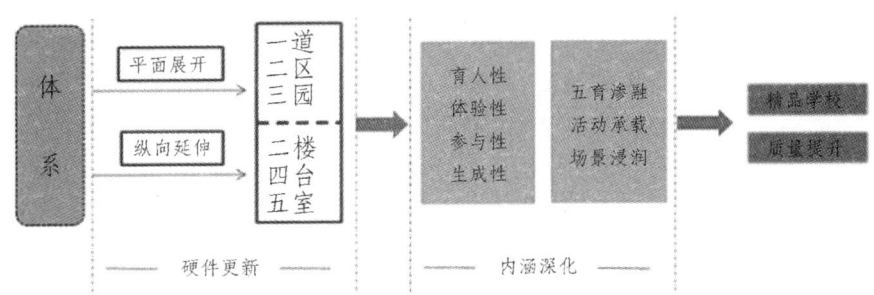

图4-1-5　学校体系有机更新与育人文化的关系

一道——阳光大道。将原来凹凸不平的积水主干道，变成了学校阳光德育成果展示集散地，主题活动展示、荣誉风采榜单、学生作品发布、校本课程及综合实践专题成果展览都在此集中发布。以此弘扬了师生乐观自信、励志奋进、幸福健康的情怀，见证了师生健康向上正能量的成功典型，彰显了丰富多彩的校园文化，凸显了师生成功，体悟通往幸福、理想的阳光之路。

二区——新整修一张一弛运动区和休闲区，促进校园文化特色生成及师生健康成长。运动区重整破损的石板地面，铺设红色地垫，融入"军体固本"红色文化，加入生态育人、阳光运动元素。军体文化长廊在运动场旁，突出爱国、军体、长征、运动等主题，体现学校阳光军体教育特色。阳光军体教育将国防教育与体育特色融合实施，侧重培养学生身心健康、责任担当等核心素养，整体带动学生身心全面发展。

休闲区设置在大道两侧绿荫下、运动场边、石景喷泉旁，小憩坐凳铺设、绿树移栽、盆景添置、美化净化、重置光源，让校园每一处都能成为师生学习休憩、放飞心灵、文娱活动、感知幸福之地，让师生亲近自然，沟通交流，和谐愉悦，至善共美情感倍增，互动交流情绪舒适。总之，优美整洁、绿色生机的校园增添了生态健康底色，张弛有致的校园焕发昂扬奋进的活力。

三园——智慧园、生态园、学科特色园。智慧园突出才能情趣特长发展，展示传统文化、文创科创、学科融合成效。生态园铺展在教学楼顶和校园绿植区，突破老旧学校空间狭小、经费有限劣势，向垂直发展和横向铺展以弥补地面绿化面积的不足，丰富教学环境层次，让校园富于育人生命力。生态园融合劳动教育、学科知识教育、综合实践教育，是生态社、摄影协会、综合实践社团经常光顾的基地，成为五育并举实践的"五味之园"。学科特色园布置在两栋教学楼之间，以"贴近学生，贴近生活"为原则，打破学科知识界限，以专题展演形式为师生提供了体验学习空间，激发学生参与竞争的动力。

二楼——至善楼和共美楼整体展现"立德砺能，至善共美"文化核心育人理念。中式风格端庄明快，红墙青瓦，立柱飞檐，彰显静穆恢宏、轻盈灵动、典雅清新的气息和育人氛围；装饰"孝善立行，仁达天下"精致文化牌匾，凸显厚重典雅的真善美育人文化；改造廊道和墙面，楼道设置透光栅，通过传统经典、名人名言、诗词歌赋、师生艺术作品等彰显昂扬向上的文化气息；缔造完美教室，打造班级精彩空间，"能工巧匠"们精心设计班牌和文化墙，彰显班级文化自主建设成果，展示班级勤奋好学、志存高远的精神风采。

四平台——大小舞台、电子展示台、开放悦读平台、特色空间平台。大舞台是学校集会及才艺特色展示平台，小舞台常常成为演讲、脱口秀、表演训练平台。开放悦读吧台营造阳光阅读书香校园，成为思想文化交流地。电子展示平台链接传统文化和现代科技，展示师生风采、学科融合与创新成果，通过"上屏"宣传让学生的成绩得到认可，让学生增强自信心，热爱文明校园。教学楼特色空间大平台分为真善美三层文化空间，置办了大型地球仪、公式坐凳、阅读报栏、音乐分享区；世界之窗洞察求真之路；文化广角积淀至善理想；音乐秀台弹奏共美情怀，让高雅音乐、文化视野、现代科技凸显追求真理、美人之美、美美与共、上善若水和水润方圆等思想。

五室——完善了多功能室、陈列室、创客室、摄美室、悦读室。多功能室和陈列室让集会、论坛、沙龙仪式感十足，学术味浓厚；创客室和摄美室安排VR体验、3D打印等科创活动和摄影课堂、作品展示、艺术交流等综合实践活动，带动文创和科创进步，体现创新教育和校本课程改革；悦读室让每一个爱好书籍的孩子安静享读、悦纳世界、增添勇气和力量。

（五）营造共生共长的行为文化氛围

富有特色的校园文化是最能给师生感染和启迪的，校园有机更新，除了"物新"之外，更重要的是要带动"人新"。研究对象学校不断拓宽育人途径，提升文化软实力，搭建丰富师生课余生活和展示师生成长的舞台，形成独特的校园文化，赋予全体师生独特的人格和精神气质。充分发挥以文化人作用，不断挖掘人的因素，制定相应制度，关注精神层面，在潜移默化中实现教育的文化浸润。在浓厚的文化氛围中助力学生成长。

以校园有机更新为基础，导引师生知情意行、涵养学校行为文化。校园行为文化是校园文化在师生身上的最终体现，具体表现在学生的文明行为和教师的教育行为、学校的管理行为等方面。[6]研究对象学校做法如下。

1. 强化管理团队行为文化建设

学校管理团队是学校良好形象的代表，要重视并加强其成员的学习和教育，树立起为师生服务、为学校谋发展的观念。工作中，努力做到用先进的理念引领教职工，用积极的工作激情感染教职工，充分发挥管理资源和环境文化建设效用，切实实现"管理育人"。生活中，给予师生更多的人文关怀，尊重师生的人格与尊严，以德治校，以人格魅力赢得师生信任、信服，构建"以身作则、以人为本"的学校管理行为文化。

2. 强化教职员工行为文化建设

教师是学校文化的建设者，同时又是学校文化建设的重要对象，教师形象风格是流动着的校园文化。因此，研究对象学校在教师行为文化建设上，一是实施"三抓"：抓师德建设，抓业务培训，抓教研教改。二是开展"三爱三心"活动：热爱教育有事业心，热爱学校有责任心，热爱学生有爱心。努力促使每位教师成为信誉至上、敬业负责、重视细节、科学执教的实践者。同时，鼓励教师以主人翁姿态主动参与学校建设，让教师行为和校园建设紧密相连。"一砖一瓦皆着意，一草一木总关情"，激发教师爱校、敬业、乐教的主动性和自豪感。

3. 落实学生行为文化建设

研究对象学校在学生行为文化建设方面，一是着力于尚美教育。各美其美，美美与共。教会学生懂得尊重他人、接纳不完美，学会欣赏和理解世间万物，常怀感恩之情。懂得感恩的学生才知事、懂事、理解与尊重人。经常性组织生动的尚美教育活动，如激发心灵美的学生助残帮困，开展捐款捐物、爱心义卖等献爱

心活动，以及关注社区发展、校园发展的摄影美育活动等。此外，还教学生懂得对环境的感恩，珍惜环境，爱护校园，树立绿色环保意识。二是主张自我教育。吾日三省吾身。通过搭建多样化的学生自主活动、社团活动平台和空间，以及用好每日晨读、午省、暮思和各类自主活动时间，训练和强化学生的自主管理和反思意识。三是加强孝善教育。与尚美教育配合，培养学生的善心、善行、善性，以孝敬去体会和传承仁善，养成从家庭、校园走向社会、世界的人际行为能力。四是注重好学力行。要学生以学为本、学以致用，努力做到"知行合一"；帮助学生发现自己，肯定自己，体验每天进步和成功的快乐。五是关注特长教育。在知识经济的时代中，人应该有自己的特长。为此研究对象学校组建了书法、舞蹈、太极、棋类、摄影、创客、有机农场、吉他、美工、球类等13个兴趣小组，完善设备和平台，促进学生个性化特长发展。

4. 树立师生楷模，营造阳光生态、协同共育的文化氛围

榜样的主要功能在于示范与激励，挖掘师生中的积极因素，树立榜样，大力宣传，让榜样成为校园文化建设中的重要力量。如在宣传廊中开辟专栏展示"教师风采"；对在竞赛和评选中获得优异成绩和荣誉称号的教职工和学生及时上电子双屏"光荣榜"，在微信公众号、新闻网和各类场合进行公开表扬；在学校"荣誉长廊"展示各年级、各班的"进步之星""学习之星""文明之星""阅读之星""劳动之星"等。这样，既让受表彰的师生拥有一种强烈的成就感，又让他们感觉到肩上的责任，同时更为大家树立起可学习、可追赶的榜样，让师生明白榜样就在身边，让榜样成为鞭策自己和激励他人的力量，让学生更加信任和热爱自己的老师和校园。

天道酬勤，付出必有收获。通过大力开展校园文化建设，全体师生员工的素质提高了，校园生态更加和谐，带动和促进了学校各项事业的飞速发展，取得了优异的成绩，创造出一个"向着阳光，幸福成长"的优质校园。

（六）形成基于多彩舞台展示的活动文化

1. 深入开展校园读书活动

由德育处牵头，其他科室协助指导的"品读经典，爱上阅读"书香校园读书活动，形成了"读—诵—演—写—评"一系列活动。例如为家庭提供阅读书单开展亲子共读，为班级提供书单开展师生共读，开设专门的阅读课教会学生如何

阅读等；在教室建立班级图书角，集中优秀图书方便学生随时阅读；学校广播站开辟读书专栏；图书室常态开放师生图书借阅；专为学生设计了"课外阅读积累本"；由德育处和学生会组织开展"阅读之星""书香班级"评比活动等。有计划、有步骤地开展书香校园活动，坚持做到全员阅读，全体师生的文化品位逐步提升。

2. 广泛开展德育活动，营造浓厚的德育文化氛围

首先是狠抓班集体建设，深入开展爱国主义、集体主义教育活动，抓好学生的思想道德建设。为此，学校开展了以"创文明班级、树优良班风"为主要内容的创建活动。如周一升旗仪式国旗下的风采展示、每周"学国学、用国学"活动、班级黑板报每月主题展、"流动红旗班"月评、优秀班级集体争创等，对学生进行了爱国教育、养成教育、安全教育、环境教育、立身教育，努力在学生中形成爱党爱国、关心集体、尊敬师长、勤奋好学、团结互助、遵纪守法的良好道德观念和行为习惯。其次，开展主题教育活动，落实校园文化建设，绽放精神光芒。例如，清明节，学校德育处和校团委组织对学生进行革命传统教育；"五一"和"七一"开展专题板报与演讲活动，对学生进行国情教育、党史教育，培养学生爱劳动、爱党的情怀。以礼仪教育为载体，按"新三好标准"，即在家是个好孩子、在校是个好学生、在社会是个好公民的要求，根据学生不同年龄特点和不同的知识结构，开发班本礼仪课程。积极开展对学生的心理健康教育，设有"心理健康月"，通过科学认识、积极宣传、自我觉醒等活动，用健康的身心赋予孩子们正能量。用持续的主题活动，将良好的行为、健康的生活方式内化为孩子们的一种习惯，让师生的文明言行成为校园一道道亮丽的风景线，营造出了和谐融洽的校园氛围。

四、实践成效

学校通过校园硬件的有机更新和文化的重构升级，办学条件不断提升，精致、典雅、现代、生态的阳光文化校园也逐步成形。在"以人为本"的治校方针下，"立德砺能、至善共美"的校园环境文化日益彰显。融合了景观性、标志性、人文性、特色性、和谐性的阳光生态校园建设，在主体与环境的互动和有机生长中，使每一寸土地都有文化的痕迹，每一处角落都彰显育人功能。

学校是一个既秉承中华传统文化、又充满现代人文气息的平安、文明、和谐

之地，做到了净、绿、美、亮、畅，达到绿化到角落、美化到细节、内外兼修、精致典雅，环境建设和文化精神有机统一，有机更新与提质增效融合提升。

经过三年努力，学校重新焕发了办学活力，形成了"阳光文化，生态育人"五大支柱："阳光军体，立德砺能""人工智能，助推科创""摄美尚美，文创公益""劳动教育，生涯成长""校社协同，共建共享"。"向着阳光，幸福成长"，昂扬向上、活泼生动的育人文化氛围助推了学校高位均衡优质发展，助力学校教育教学质量稳步提升。学校环境与文化建设、校园有机更新优秀做法在全区做经验推广交流。

总之，学校围绕"立德砺能、至善共美"的育人目标，践行以"文化引领行为，活动激励品性，让孩子阳光成长"的治校思想，扎扎实实推进全面育人，提升文化素养，深筑学校文化内涵，增强全校师生的文化自信，展现文化魅力，逐渐发展成长为区域教育的亮丽明珠。

注释

[1] 王明洁，郑少鹏，吴中平，等．海绵城市视角下的校园有机更新规划设计研究——以珠海某高校改扩建总体规划为例[J]．建筑与文化，2020（7）．

[2] 洪继辉．中学学校文化和学校管理的相互影响[J]．新教育时代电子杂志（教师版），2020（3）．

[3] 吴春燕．学校文化革新助推学生的主体发展[C]//全国基础教育未来教育家论坛（2014）论文集．2014：194-197．

[4] 刘显威．文化校园建设：思想政治教育的有效载体[D]．哈尔滨：黑龙江大学，2011．

[5] 吴楠．校园文化与学生良好行为习惯养成[J]．山东青年，2014（12）．

[6] 冯洪业．德育教育与校园文化的结合[J]．东西南北·教育，2014（5）．

第二节　基于生态观的学校组织变革

一、问题的提出

（一）国家政策的生态理念导向

党的十八大以来，我国大力推进生态文明建设。在十八大报告中明确提出，"必须树立尊重自然、顺应自然、保护自然的生态文明理念，把生态文明建设放在突出地位，融入经济建设、政治建设、文化建设、社会建设各方面和全过程"。同时，推进治理体系与治理能力现代化建设也得到明确和重视。国家对推进治理体系和治理能力现代化进行了专门阐述，并指出必须更加注重改革的系统性、整体性、协同性，并进一步明确提出"创新、协调、绿色、开放、共享"的五大发展理念。

这些阐述，都体现了国家政策倡导的发展理念的深刻转变，由以前过于强调经济增长、规模发展和行政管理的外向型、单一型发展方式，向注重生态、民主、治理的综合式、协调式、内涵式、可持续性发展转变，并以新的理念为指导，不断地推进和深化改革。这些转变必然深刻影响着社会各项事业的发展，促进各项事业在贯彻新理念中变革与创新。

（二）学校治理趋势的兴起

从管理走向治理是现代管理发展的基本趋势。为此联合国专门成立全球治理委员会，并提出现代治理具有协调、参与、多样、互动、持续等理念，倡导民主治理、多中心治理、合作式治理、数字治理、整体治理等模式。这些发展趋势、模式和特点同生态的多样、协同、互动、平衡、可持续等理念是紧密联系的，可以说现代治理模式具有深刻的生态化意蕴和民主化观念。推进协商民主、广泛参与制度的发展，推进平等互动的社会治理氛围营造，促进良好的发展生态环境形成，成为社会治理的方向。我国十八大以来提出的"建设生态文明""推进治理体系和能力建设"等政策主张是对现代管理方式转变的深刻把握和主动适应，是顺应经济社会发展对施政管理提出的新要求，是对人类优秀文明成果的借鉴和吸收,是中国特色社会主义的理论总结和创新。现代教育,作为伴随着工业文明的需求而产生的教育形态,在当前这一工业文明面临深刻危机,整个社会和技术急剧变化,工具理性与价值理性矛盾日益尖锐的时期,尤其需要深刻审视教育的社会功能、价值取向与实施路径。因此,对生态理念和治理观念的回应,是当前教育发展的应然之选。

同时,治理源自公共事务,后迁移至政府管理和教育,从根本上说,学校发展是公共事务和政府管理的结合,在当前均衡化、民主化、多元化学校发展趋势下,治理的地位和作用更加重要。治理理念的提出,是与原有科层制行政组织体系相对应而言的,因此,其理念的核心和实施的关键,应该是以"组织"为重点,是对组织在相应理念和环境下变革、适应的指导。因此,治理理念在学校发展中的贯彻和落实,应抓住"组织及其变革"这一中心。

(三)当前学校在组织管理方面存在的主要问题

从现实情况看,当前学校大多沿袭固有管理形态,尚未有效采用治理模式。而实际中,学校发展在原有以科层制为特征的管理组织体系中也取得了较好的成绩,提高了学校管理的功能与效率,适应了当时经济和社会的发展状况,但随着学校发展内外环境的变化,原有的管理方式和体系在现实中也存在一些需要面对和解决的问题。

1. 单一、固化的科层制组织型态对学校发展要求的不适应

一是过度的行政指令型工作模式,妨碍了师生主体性的发挥。一所学校就是一个生态系统。理想状态下这个系统应该是主体具有充足的活跃性以及自组织功能,即能在与环境相互作用条件下,通过自身自然、自主或自觉的行动,完成既定目标或演化形成新的结构和功能。但在现实中学校行政指令与安排多,交流与融合少,信息基本是单向传递,无论教师还是学生都较多处于被动、接受的地位,抑制了其活跃性与主动性。此外,学校管理线性推进,组织分工过细、内部缺乏沟通、缺乏弹性和灵活性,师生难以获得资源,缺乏必要的条件和环境,也难以进入自组织的状态。学校管理若不能以学生和教师为中心,充分发挥其主动性,不能优化其运行机制,改变其运行结构,形成内驱的、生态的、民主的管理文化,就难以达成自主自觉、优质高效、可持续的工作局面。而学校的内生式发展方式未能有效建立,一旦"外力"撤出或督促不到位,则工作发展便会"缩回

原形",甚至倒退。

二是过度垂直单一的组织样态,使系统功能割裂、缺乏协同性。学校管理常见的宝塔式组织结构样态,信息和决策集中于顶层,物质、信息和能量的运行向度自上而下,垂直单一,与当前多元化、多样性的办学需求不相适应,同时分部门的线性化管理方式,又造成管理功能的割裂。这些都使得学校系统要素与要素之间、部分与整体之间缺乏协同性,降低了学校管理整体性功能的发挥。不将学校发展、师生发展视为一个完整、丰富、不断发展和生成的系统,而是机械、割裂,片面强调单方面利益或单向度传输,会使学校发展产生诸多弊病。这种学校发展的非系统性、非协同性,不但造成学校生态系统内部的失衡,也是对管理资源的极大浪费。

三是学校组织系统封闭,缺乏开放性。当今,技术和社会的信息化发展已经使学校处于一个日益开放的环境中,学校的围墙越来越只具有形式上的意义。但由于主体性的压抑和垂直单一的管理模式,使得学校发展系统缺乏与外在环境交流、整合的动力与条件。学校特殊环境的封闭性同社会环境的多样性之间正产生矛盾,学校发展中垂直管控型层级的构建、主体间关系的单一失衡、资源配置的固化封闭等,都使得学校与环境间存在输入的单调和输出的偏移,加之学校管理过度的标准化、同构化,使学校与环境之间的活性减低、弹性减弱,不断加剧学校发展生态系统内部及与外部之间的矛盾。总之,社会的多样性和个体发展的多元性呼唤着学校发展的开放性,不能建立适宜的管理模式和组织型态,与外部环境保持动态的平衡,不能基于环境不断共生、重构,建立多维、多层、交叉互动的网络化开放机制,学校发展就会在封闭中走向失衡和衰弱。

2. 学校有变革的意愿,但变革路径模糊、变革方法缺乏

富兰曾言:"无序的变革浪潮、插曲式的规划、零零星星的努力和难以忍受的过重负担,就是大多数学校的全部内涵"。[1]而现实中,学校当前也的确存在类似的"变革的困境"。项目组曾就"学校变革"问题对31位校长进行调查:在变革的动力和热情方面,情况较好,认为"当前学校有变革必要"的达96.8%;但在变革的具体实施方面,情况就不太乐观,"有明晰学校发展规划"的占67.7%,"变革头绪太多,不知从何入手"的占77.4%,而"掌握具体变革工具或方法"的不足10%。由此可见,当前学校存在较强的变革意愿,知道应该变,也想变,但不知道怎么变,缺乏对变革路径和方法的掌握。照搬别人模式、理论和

国外研究，适用性不强；拍脑袋，"开会定"也不行；完全放手、自然生成也不可能；各种理念、观点层出不穷，学校在实际中却"无所适从"。同时，缺乏基于学校自身生态系统特点的内生性发展方式与方法的引导，以及相应指标体系的构建。为改变这种状况，学校需要掌握一定的组织变革的方式方法或操作模式，选择合适的变革路径及策略，从而更好地适应内外环境变化提出的发展要求，以更好地促进师生发展和学校发展。

总之，以上这些问题，在一定程度上反映了当前学校发展中组织管理方面存在的挑战与困难，体现了原有管理方式对现在发展的不适应，其实质就是组织生态状况不良。要解决这些现实问题，回应国家有关政策和改革发展的需求，获得平衡协调、可持续的优质发展，需要结合治理理念，从生态的视角，对学校组织变革予以探究。

二、相关概念与思路

（一）相关概念

1. 学校组织变革

学校（组织）变革指根据学校外部环境和内部环境的变化，有目的、有计划地改变学校组织的内在结构、行为和技术等，从而适应客观发展的需要，有利于促成学校组织形成新的平衡状态，更好地实现学校组织的目标、促进学校组织发展的活动过程。[2]本研究的学校指普通中小学。

2. 变革路径

变革路径是指变革主体为实现一定目标所采取的组织变革的形式、方向、突破口、策略、手段、途径等。[3]根据不同的研究视角，路径与方法也不同，本研究对生态学视角下的组织变革路径进行分析。

（二）解决思路

1. 分析原有组织的问题

学校整体办学水平在武侯区处于较落后地位，学校原组织封闭、呆板，层级固化严重，缺乏活力，极大地影响了学校的发展。其结构如下（见图4-2-1）。

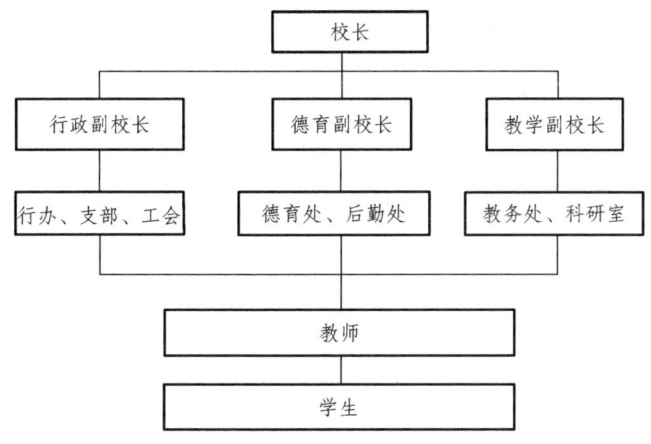

图4-2-1 学校原组织构成

2. 探索组织变革的路径

为此，我们从生态观的视角出发，对研究对象学校的组织变革进行分析与研究，探索学校组织变革的路径和策略，以促进学校生态式发展。项目组建立以校级干部、骨干教师及校外专家构成的变革工作小组，在师生的充分配合下，从以下方面开展相关工作，构建基于生态观的较为完备、适切的学校组织变革的路径框架（见图4-2-2）。

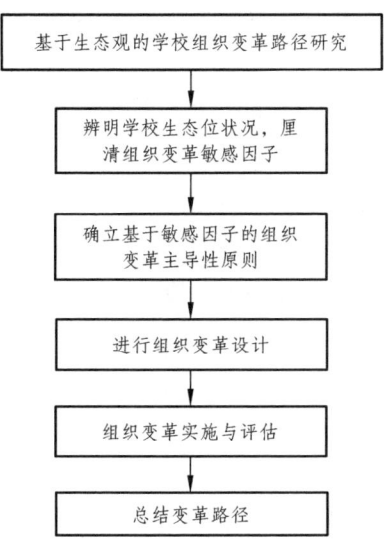

图4-2-2 基于生态观的学校组织变革路径研究框架

在生态观指导下，通过"学校生态位辨析—敏感因子确立—变革显著要素分析—变革主要原则确定—新组织设计—变革路径总结"探究并明晰学校组织变革操作流程，并设计开发一系列相关量表。

在整个研究过程中，对于问题调研、因子分析及效果评估等方面，采用问卷法、访谈法等进行调查，为组织变革的思路确立、诊断分析提供支持；通过中国知网搜索及相关图书、资料的阅读分析等文献研究方法，了解国内外已有的相关研究状况，分析组织变革的内涵及目标，确立相关研究内容、重点，吸收已有研究成果，梳理研究思路和方法；运用研究假设，进行组织变革路径和方法的实践研究，并通过研究对象学校的实际个案研究概括出一般路径模式。

三、主要内容与策略

（一）基于生态观的学校组织变革国内外研究现状

1. 学校组织变革方面

从整体上看，国际上对于学校组织变革的关注发端于20世纪60年代的"有效学校"，发展于20世纪70年代末80年代初的"学校效能与改进"，发酵于"学校组织重建"。[4]较为流行的有勒温（K. Levin）的力—场分析理论、钦和贝恩（Chin& Benne）的三种策略、学习型组织（Learning Organization）理论、克里斯·阿吉利斯（Chris Argyris）的组织学习理论以及权变理论等。我国对于学校组织变革的关注和研究肇始于20世纪80年代，是在教育行政权力不断下放、学校自主权利逐渐扩大、社会对教育提出更高要求等诸多因素推动下逐步开展的。进入21世纪以后，社会对教育公平和教育质量的渴求，使承载多方利益需求的学校组织成为理论研究和实践探索的焦点和热点。研究内容具体涉及以下方面。

一是变革动因的研究。罗伯特·G.欧文斯在《教育组织行为学》中将教育过程描述为一个由输入到转化再到输出的系统运动过程，学校组织必须根据系统内外环境的变化，采取针对性措施变革组织的要素来发展变化组织自身。[5]韦斯伯德（Weisbord）认为启动组织发展项目完全是因为价值观问题，而且，组织发展所要求的思维方式不像那些总是落后于发展工作的传统哲学。[6]迈克·富兰把导入变革的影响因素归纳为质量、信息、行政、教师、外部、政策、问题解决及官僚取向等八种。[7]我国学者姜园（2009）认为，当前中国社会已进入了全面转型的新时期,社会环境变幻莫测、错综复杂,学校组织变革不再是偶然和被动,而是一种经常性、自主性的管理活动和基本的生存方式。[8]吴增强(2003)从组织行为学的角度,认为学校组织变革发展的深层动力是改造学校组织文化。[9]纵观已有文献对于学校组织变革动因的研究,主要关注内外两个方面原因,其中外部环境更受关注,对学校组织变革的关注更多侧重于学校整体组织层面。

二是变革愿景的研究。霍克舒尔·圣加伦和彼得·戈麦兹指出学校应从稳定型向发展型演变,主要体现在四个方面,即从技术结构转向社会结构、从宫殿型组织转向帐篷型组织、从科层制转向网络组织、从外部组织转向自组织。[10]古德莱德提出了四项措施:促进批判性的文化适应、提供学习知识的机会、建立有效的师生关系、训练良好的服务关系。[11]杨小薇(2006)认为学校组织变革的最高境界是学校、内部组织及个人的发展动力内化,学校要引领全体的发展愿景,形成发展的内动力,最终建立起学校可持续发展的机制。[12]

三是变革内容的研究,美国学者利维特认为,组织变革主要包括四个相互作用的变量,即任务、人员、结构、技术,具体包括学校组织结构(分权程度、管理幅度、报酬制度、评价体系等)、教育技术(设备更新、信息系统、教学工艺流程等)、人事管理(小组管理、参与管理等)。[13]波·林达认为核心是构建一个全新的教育传输系统,是"一个相互适应与发展的过程"。[14]侯黎鹏(2006)将学校组织变革内容归纳为七个方面:学校组织的任务变革、人员变革、技术变革、结构变革、文化变革、功能变革和学校组织形态变革。[15]杨炎轩等(2008)认为学校组织结构的基本要素是职位而不是机构,学校组织结构的重构表现为学校职位量的增减、职位规范的改变和职位排列组合方式的变化。[16]杨勇等(2011)认为文化变革是学校发展的动力,应形成科学的领导文化、合作的教师文化和探究的学生文化。[17]较早的有刘朋(2004)从学校组织的开放性、创造性和适应性入手,认为当代学校改革发展趋势是使学校成为发展型组织。[18]

四是变革绩效方面。孙绵涛(2007)从组织学视角认为,效能指学校促进学校人员、学校工作和学校事业发展的有效作用,主要关注"学校发展"的层面。[19]吴钢(2014)认为绩效评价的主要内容为发展性评价和评价性评价,主要方法包括档案袋评价法、真实性评价法、增值评价法、指标评价法等,通过"实践—反思—完善—再实践"的途径优化指标体系等。[20]

五是本文论述的重点——变革路径方面。罗伯特·钦提出验证—理性的变革策略、权力—强制策略和规范—再教育或组织自我更新策略。[21]保尔斯顿提出了学校变革的两种主要类型，平衡范式和冲突范式。[22]彼得·圣吉提出学习型组织策略。[23]迈克尔·富兰提出学校变革关键问题策略：愿景的形成、渐进的规划、采取主动和责任分担、职员发展与援助、追踪与问题解决。[24]欧内斯特·R. 豪斯（Ernest R. House）提出了三个主要的变革观点：技术的观点、政治的观点和文化的观点。[25]沈亚芬（2013）从新制度经济学视角，阐释当前学校组织变革的主体、动力和路径，认为诱致性变革代替强制性变革应成为学校组织变革的主导路径，诱致性变革的关键在于民主管理、信息公开和新技术的运用。[26]姜明红（2010）从学校组织特性（生命性、教育性和成长性）出发，提出学校组织变革策略，校长明确组织变革的内在逻辑；重组、增设中层部门、孵化专业型非行政组织；重心下移，构建新型人际关系。[27]仲尧明（2015）认为大规模学校的出现，强化了学校科层制特性，出现多头管理，产生执行推诿现象，制约教师专业发展，必须在学校组织形式和运行机制方面进行变革，实施级部制、项目工作室制，形成支持教师主动发展的学校文化。[28]在变革实践方面，有叶澜教授团队探索的新基础教育，以积极的人性假设为前提，以重心下移为工作思路，进行组织变革、制度建设及文化创生，在多所中小学进行教育实验，取得了诸如第一责任人、二级管理、项目工作站等组织变革的成果。北京理工大学附属中学聚焦核心工作与技术，以教学方式变革为核心与导向，充分发动和依靠全校教师，上下互动、稳步推进学校的组织变革，形成了小步子渐进性推进、全面推进与重点先行有机结合、整体结构优化与关键部位职能完善相结合、软动力激发与硬机制保障相结合、研究带动与行政推进有机结合等五项有效的学校组织变革策略。河南省信阳市的羊山中学和濮阳市实验小学等学校为了提升校本教研的内涵，唤醒教师的教研热忱和专业自觉，运用本尼斯"有机适应型组织"理论建构决策团队、保障团队和实施团队三部分的组织结构图指导学校组织变革，努力使学校成为一个以教师为核心的、扁平结构的有机适应型组织。还有洋思中学的"承包责任制""分校制"，东庐中学以"讲学稿"的形式重塑教学流程的改革等。

2. 从生态视角对学校组织变革的研究

在中国知网以"学校、组织变革"为主题词搜索，有74篇；以"生态、学校、组织变革"为主题词，有11篇。其中密切相关的11篇文章中，有3篇是重在论述教师专业发展，有1篇是讨论课程管理，有4篇是讨论学校整体变革，有3篇直接讨论学校组织变革，同本课题研究联系紧密。张立新（2007）在《当代我国学校内部组织变革研究》中指出现行学校强制性行政管理和简单移植企业模式等弊端，没有形成学校组织所特有的以主动创造为特征的自我诊断、更新和完善的变革机制，并基于对叶澜新基础教育研究的分析，认为学校组织的特性是生命性的存在，人是学校组织关注的中心、服务的中心，变革必须基于育人的立场，让学校管理者和教师拥有主动创造、自主发展的空间，使组织中的人得以表现出一种主动的生命情态，积极活泼的生存方式，从而创建新型学校组织，从价值提升、管理重心、组织结构、实践过程和发展动力几个方面实现学校的现代转型。并在结构与责权、过程与机制等分析的基础上，提出了理论与实践的双向建构、学校领导管理观的系统更新、形成发展性工作方式等策略。[29]王加强（2008）在《学校变革的生态分析》中在生态研究方式基础上提出了"教育生态分析"研究方式和"教育生态分类""教育生态比较"研究方法。[30]"教育生态分析"是一种注重全面联系、突出整体价值和强调动态过程、追求持续发展的教育生态研究方式，且赋予教育生态的长期持续发展以积极价值；"教育生态分类"是基于教育生态分析研究方式而形成的注重分类结果之间以及分类结果与其生态环境之间联系的整体性、功能性的教育生态研究方法；"教育生态比较"是正视研究对象与生态环境之间联系和互动，关注研究对象与生态环境历史与未来的比较方法。着重使用学校生态格局、学校生态流量和学校生态周期三个标准对学校变革生态过程进行分析，在此基础上结合学校病理分析提出个体、团队和组织三个层次的生态变革。张凤娟（2015）在《协同教育：让学校成为师生生命成长乐园》中提出进行以"走班""包班"为代表的教学组织变革、以学生自主管理为特征的班级组织变革、以家校协同管理委员会为标志的学校组织变革三大策略。[31]

从以上研究情况看，学校组织变革得到了国内外研究的重视，并提出了系列方法、模式等成果，对当前的研究有较强的借鉴意义，但仍有许多不足。从研究的层面来说，大部分研究都是原则性的、理论性的，注重抽象、概括，对具体的、操作式研究关注度较低；从价值取向来说，关注权力的分配，对组织的生命性、生态性观照不够；从学科视角来说，行政学最多，制度经济学、管理学、社会学等较多，生态学视角较少；从研究的对象来看，对动力、内容以及结果研究较多，对组织变革路径与方法的研究较少。在研究组织变革的路径、策略上，整体趋同，难以兼顾个体的"生态差异性"，并且大多选择强制性变革路径模式，重视"自上而下"正式的组织改革,却忽视了"自下而上"非正式的组织改革;策略采取上重视调整学校与相关行政部门(教育、人事、财政、安全、卫生等)的关系,漠视师生及家长要求;侧重学校内部应急式的局部改革,激发教师积极性的变革策略较弱,以及文化建设策略较为单薄、简单化等。教育生态学方面研究,总体来说,宏观的教育生态系统研究较多,针对学校层面的研究不多;在如何将生态学的原理运用于对教育现象与教育问题的分析与研究上,概念泛化和简单拼接现象较多,对生态机制的深入把握和准确运用还需进一步加强,对选取适切的生态性技术和方法的运用更是较为少见。从学校组织变革与生态视角的结合来看,已有研究在一定程度上体现了生态的生命性、联系性、可持续性、协同性等特点,但仍是理念的"灌输",缺乏生态机制、方法的深入挖掘与运用,抽象性、普遍性较多,具体性、内生性较少。研究内容也仍是多集中在理论、类型或范式方面,思辨内容居多,操作性研究较少,缺乏基于生态视角的组织变革路径与方法研究。

总之,学校组织变革涉及多个方面,结合文献分析,限于研究条件制约,本研究着重从生态学视角下,对学校组织变革的路径与方法进行探究,在其他方面主要是对已有成果的借鉴与整合。

(二)辨明学校生态位状况,厘清组织变革敏感因子

从生态学的观点看,学校的发展是基于一定现实生态位并尽力改善生态位状况向理想生态位发展的,因此,辨明学校现有生态位状况,是组织变革的基础和前提。同时,组织变革的影响因素很多,从生态观看,大体可以分为敏感因子和钝感因子,其中敏感因子对组织变革的影响是最明显、最活跃、最具效益的。对敏感因子的辨析,应基于学校生态位状况的分析,从生态位状况存在的问题中去辨析对组织变革影响明显、作用较大的敏感因子。本研究目前仅以单一敏感因子对组织变革的影响为研究内容,多因子的分类分层及综合效应研究为后一步研究内容。

1. 辨明学校生态位状况

首先,建立学校生态位评估指标体系。从生态指标、教育指标、观测项三个层级进行指标分解。生态指标包括生态位宽度、生态位重叠、生态位分离、生态承载力等内容,对应的教育指标、观测项等层级又对其做了进一步的细化、分

析。其次，设定生态环境为成都市武侯区教育系统，学校评级"优良中差"对应分值为"4、3、2、1"，以《成都市义务校际均衡监测报告（2016卷）》及《成都市金花中学2016年事业报表》为基础数据来源，对各具体观测项进行评分（见表4-2-1）。

表4-2-1　学校生态位现状评估

生态指标	对应的教育指标项	观测项	评分
生态位宽度	学校占有教育资源状况	社区状况指数	1
		生源指数	1
		设备设施达标率等	1
生态位重叠	学校竞争状况、发展潜力	教育质量区域位次	1
		科研能力指数	2
		优师比率	2
		中青年教师比率等	2
生态位分离	与区域学校均衡发展状况	校际差距系数	1
		学校特色发展度	1
		创新度等	1
生态承载力	资源供给状况、环境支持状况	投入与消耗比率	2
		社会满意度	3
		区域影响度等	2

2. 分析生态位观测项的组织变革敏感系数

首先，设立确定敏感因子的相关评估项，主要包括生态观测项现状评分、观测项与组织变革关联度、因子敏感系数三项。设"生态位观测项现状评分"值为N、"与组织变革关联度"值为G、"因子敏感系数"为r。其中，N值已在表4-2-1中得出。

其次，分析生态位观测项与学校组织变革的关联度，即该项观测指标项对学校组织变革的活跃程度、影响程度，采用专家法进行判断，得出生态位观测项"与组织变革关联度"数值G。专家组构成包括校内干部、骨干教师及校外教育专家。

最后，分析当前学校生态位状况下，生态位观测项对组织变革的敏感系数。由于基于现状的组织变革中，现状评分N值越低，越应引起变革重视，组织变革敏感度与N值成反比；同时，与组织变革关联度G值越高，越应引起变革重视，两者成正比。因此，可以得出确定因子敏感系数公式为：

$$r=G/N$$

根据公式，进行生态观测项在现生态位状况下的敏感系数计算（见表4-2-2）。

表4-2-2　组织变革因子敏感系数

生态指标	对应的教育指标项	观测项	现状评分N	与组织变革的关联度G	敏感系数r
生态位宽度	学校占有教育资源状况	社区状况指数	1	0.1	0.1
		生源指数	1	0.1	0.1
		设备设施达标率等	1	0.1	0.1
生态位重叠	学校竞争状况、发展潜力	教育质量区域位次	1	0.8	0.8
		科研能力指数	2	0.5	0.25
		优师比率	2	0.5	0.25
		中青年教师比率等	2	0.2	0.1
生态位分离	与区域学校均衡发展状况	校际差距系数	1	0.6	0.6
		学校特色发展度	1	0.8	0.8
		创新度等	1	0.7	0.7
生态承载力	资源供给状况、环境支持状况	投入与消耗比率	2	0.5	0.25
		社会满意度	3	0.4	0.13
		区域影响度等	2	0.3	0.15

3. 分析确立敏感因子

从表4-2-2分析可以看出，敏感系数排在前三位的因子是教育质量、特色发展、创新度,其系数分别为0.8、0.8、0.7,"教育质量"和"特色发展"并列,均为0.8。鉴于教育质量比特色发展在学校办学中更具有基础性、核心性作用,更符合样本学校当前实际,因此本研究确定以"教育质量"为研究对象学校组织变革的敏感因子。

(三)确立基于敏感因子的组织变革主导性原则

1. 建立基于生态观的变革分析模型

首先,确定学校组织变革的基本要素。根据组织变革基础理论及相关文献分析,我们以利维特组织要素钻石模型四要素(任务、结构、人员、技术)为基础,结合当前组织发展研究成果,加上文化、制度、自组织三要素,构成组织七要素,即基础要素"任务、结构、技术、人员"和优化要素"文化、制度、自组织"。

其次,以敏感因子为核心,建立组织变革设计的分析模型(见图4-2-3)。

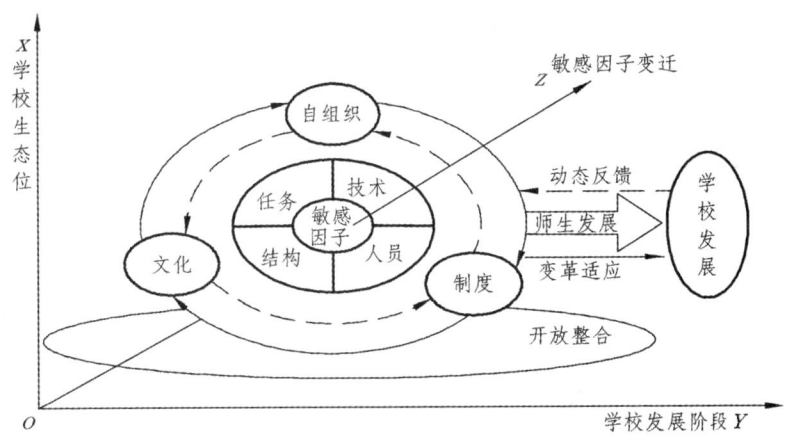

图4-2-3　学校组织变革分析模型

该模型中,X轴体现学校的生态位状况、Y轴体现学校的发展阶段,两者共同体现了学校的发展现状,同时,两者的结合,又决定了学校发展的敏感因子选择,即Z轴。Z轴体现为敏感因子的变迁,它一方面取决于X、Y的状况,另一方面,其发展变迁又引导着X、Y向高阶的进一步发展。敏感因子在整个组织变革系统中起着核心的引导作用。围绕着敏感因子,组织的四大基础要素和三大优化要素又整体地、互动地进行联系、运行,推动组织的发展。在此基础上,学校组织也与环境资源开放整合，并在动态反馈与变革适应中，促进师生发展，推进学校发展。

最后，结合生态观，设定组织要素生态评估维度。从图4-2-3的模型及生态观对教育的适切性来看，组织要素的生态性维度主要体现为整体性、持续性、动态平衡、多样性、适应性、共生性等方面（见表4-2-3）。

表4-2-3　组织要素及生态性维度

		整体性	持续性	动态平衡	多样性	适应性	共生性
基础要素	任务						
	结构						
	技术						
	人员						
优化要素	文化						
	制度						
	自组织						

2. 辨析组织变革显著要素

基于敏感因子，对组织要素进行重要程度评估，并结合现状得分情况，确定组织要素中在敏感因子引导下进行变革的显著要素。设基于敏感因子条件下，"要素重要程度"值为M、"要素现状评估得分"值为N、"要素在组织变革中的显著程度"为P。由于重要程度越高，则显著性越高，因此M与P成正比；现状得分越低，变革必要性越大，显著度越高，因此N与P成反比。由此可得出"变革显著要素"的推导公式为：

$$P=M/N$$

根据上述公式，结合本研究敏感因子"教育质量"，参照《四川省示范性普通高中评估细则》《成都市武侯区学校综合督导评估细则》等标准，依据《成都市义务教育校际均衡监测报告（2016卷）》《成都市金花中学2016年事业报表》《成都市武侯区教育质量评估报告（2016年）》等数据来源资料，采用专家法，以十分制计分，分别对M和N进行评分，然后计算出P值，并进行降幂排位（见表4-2-4）。

表4-2-4　组织变革要素显著程度

教育质量		重要程度M	现状得分N	显著程度P	位次
基础要素	任务	8	8	1	7
	结构	10	6	1.67	2
	技术	10	5	2	1
	人员	8	6	1.33	5
优化要素	文化	7	5	1.4	4
	制度	8	6	1.33	5
	自组织	3	2	1.5	3

由表4-2-4可见，在诸要素中，研究对象学校组织要素对教育质量影响显著程度的排序为技术、结构、自组织、文化、人员、制度、任务（人员、制度并列）。在以上排序要素中，就研究对象学校目前而言，"文化"的建设是一个长期浸润的发展过程，在一定程度上是组织类型变革后的继生物，亦非当前紧迫工作任务；"人员"在当前公办体制和绩效管理背景下，变革空间有限；"制度"是很重要的，但同文化一样，它是基于和适应于一定的组织类型的，它可以是组织变革结构定型后的工作重点；"任务"要素在当前公办初中学校中，主要是完成国家规定的义务教育基本育人目标与任务，是具有高度规约性和普遍性的，目前尚不具备组织变革的突破性因子特征。同时，限于研究的能力和条件，本研究目前无法对七个因素全面共同考察。因此，本研究仅选取排在前三位的要素进行探究，即以"技术、结构、自组织"为组织变革的显著要素，亦即为本研究的组织变革要素。

3. 对变革要素的生态特征进行分析

（1）分析敏感因子条件下组织生态特性的重要程度

从敏感因子"教育质量"出发，对组织的生态特性在此敏感因子条件下的作用进行权重分析。

首先,以专家法对组织的各生态特性在教育质量提升中的作用进行评分,以十分制计分,对各生态特性逐一计分评估,得出数列F值。然后,对F值以归一法进行权重系数确定,得出在教育质量因子下组织生态特性的重要程度系数(见表4-2-5)。

表4-2-5　组织生态特性对教育质量的重要程度

教育质量	组织生态性	整体性	持续性	动态平衡	多样性	适应性	共生性
	得分F	8	7	6	4	9	7
	权重系数D	0.2	0.17	0.15	0.1	0.22	0.17

(2)将变革要素与生态特征结合进行综合分析

结合生态性特征,分析变革要素在"组织要素显著程度"和"生态特性重要程度"两个维度结合下的综合赋值。设"组织要素显著程度"值为P、"生态特性重要程度"值为D、"双维综合赋值"为H。由于P、D与H均成正比关系,且P、D的变化对H有倍增效益,因此,可得出"双维综合赋值"H的计算公式如下:

$$H=PD$$

根据以上分析,以公式进行计算,可得出研究对象学校在"教育质量"敏感因子条件下,组织变革要素在"组织要素显著程度"和"生态特性重要程度"双维度结合中的综合赋值情况(见表4-2-6)。

表4-2-6　变革要素在"组织"与"生态"双维度下的综合赋值

变革要素		P	D					
			整体性	持续性	动态平衡	多样性	适应性	共生性
			0.2	0.17	0.15	0.1	0.22	0.17
	技术	2	0.40	0.34	0.30	0.20	0.44	0.34
	结构	1.67	0.33	0.28	0.25	0.17	0.37	0.28
	自组织	1.5	0.30	0.26	0.23	0.15	0.33	0.26

（3）梳理出生态性组织变革的重点方面

首先，根据表4-2-6，可以生成学校组织变革在"组织要素显著程度"和"生态特性重要程度"双维度下的赋值矩阵：

$$A = \begin{pmatrix} 0.40 & 0.34 & 0.30 & 0.20 & 0.44 & 0.34 \\ 0.33 & 0.28 & 0.25 & 0.17 & 0.37 & 0.28 \\ 0.30 & 0.26 & 0.23 & 0.15 & 0.33 & 0.26 \end{pmatrix}$$

其次，以矩阵平均值 $\bar{a}$ 为差异区分值，高于区分值 $\bar{a}$ 的为变革重点方面。区分值 $\bar{a}$ 可由以下公式进行计算：

$$\bar{a} = \frac{\sum_{i=1}^{3} \sum_{j=1}^{6} a_{i,j}}{18}$$

由公式计算可知，$\bar{a}=0.29$，因此，表4-2-6中高于区分值0.29的方面确定为变革应重点注意的显著方面。

最后，将变革应重点注意的显著方面，亦即变革的重点，以"√"表示（见表4-2-7）。

表4-2-7　组织变革重点方面

教育质量		整体性	持续性	动态平衡	多样性	适应性	共生性
显著要素	技术	√	√	√		√	√
	结构	√				√	
	自组织	√				√	

4. 归纳组织变革基本原则

由表4-2-7可知，新的组织变革原则性要求可归纳为：在技术上，注重整体性、持续性、动态平衡性、适应性及共生性；在结构上，注重整体性、适应性；在自组织上，注重整体性、适应性。

在总体上，以"技术"为主，重视组织的整体性、适应性。

(四)组织变革的设计与建模

1. 明确设计的要点

根据变革要素及其维度,以变革基本原则为指导,明确变革要点及设计思路。从变革要素的维度看,技术主要有知识与技能、信息系统、教学模式与流程、硬件支撑等方面;组织结构主要有分权程度、管理幅度、交往模式、评价体系等方面;自组织主要有涨落诱发、互动网络、自主动力、效益与演进等方面。从前述归纳的变革的原则来看,变革的重点在于整体性和适应性,因此,本研究的变革主要是对原组织型态做联系性、适应性变革。变革设计要点如下(见表4-2-8)。

表4-2-8 组织变革设计要点

要素	主要维度	原则	变革要点	变革设计
A 技术	知识与技能 信息系统 工艺流程 硬件支撑	整体性、持续性、动态平衡性、适应性及共生性	A_1加强培训,建学习型组织 A_2改善教学技术交流模式 A_3注重研究与革新、演进,开发教学模式,不断改进教学流程 A_4教育教学技术与其他工作的融合 A_5发挥骨干引领作用,共同成长 A_6拓展现代教学手段,改善设备,建设现代化、数字化学校,适应新的教育发展需要	1. 设立培训、研究、督导中心(对应要点 A_1、A_2、A_3、B_3;下同) 2. 减少管理层级(B_1、B_2) 3. 建立矩阵式管理模式(A_2、A_4、B_3、B_6) 4. 鼓励非正式自组织(A_1、A_2、B_5、C_1、C_2) 5. 设立项目制工作机制(A_4、A_5、B_1、B_2、B_5、C_1) 6. 建设数字校园(A_2、A_6、B_1、B_3、B_4、B_6、C_1、C_3) 7. 设立专家或骨干工作室(A_1、A_2、A_5、A_3) 8. 建立协调组织,对内协同,对外开放(A_2、B_3、B_4、B_6、B_7、C_3)
B 结构	分权程度 管理幅度 交往模式 评价与反馈	整体性、适应性	B_1减少管理层级 B_2适当分权,增强组织灵活性 B_3注重整体联系 B_4顺畅沟通渠道 B_5多元评价 B_6互动反馈 B_7实行对外开放合作,以适应环境及任务的变化	
C 自组织	涨落诱发 互动网络 自主动力 效益与演进	整体性、适应性	C_1管理开放、灵活,要素互动性强 C_2鼓励自主建构 C_3协同于整个组织系统	

2. 构建新的组织模型

根据组织变革设计思路，对研究对象学校原管理组织进行变革：

① 将科层制结构改为矩阵式结构，增加要素之间的整体性和互动性。

② 纵向上减少管理层次，撤销校长同职能部门之间的副校级管理层级，使结构扁平化。

③ 横向上增加协同单元，设立培训中心、研究中心、督导中心等单元，以副校级干部担任单元中心负责人，与纵向职能部门形成交错融合管理。

④ 设立"协作委员会"，对校长的一元领导实行补充，对内协助校长进行部门、单元以及非正式组织之间的协调，对外进行学校与环境的协调，强化组织系统的协作性、共生性。

⑤ 在管理矩阵中实行"固定型+灵活式"组织模式，在保持常规模式的同时，放开自组织，推行项目制和工作室组织形式。

⑥ 实行双向反馈、互动评价，强化多元主体信息流通，促进组织动态平衡。

⑦ 对内建设数字校园，对外实行开放整合，增强主体与环境之间的互动互构，促进组织适应性、持续性运行与发展。

根据以上组织变革设计，新组织模型的特点可以概括为"三中心五部门，双核四基全开放"（见图4-2-4）。

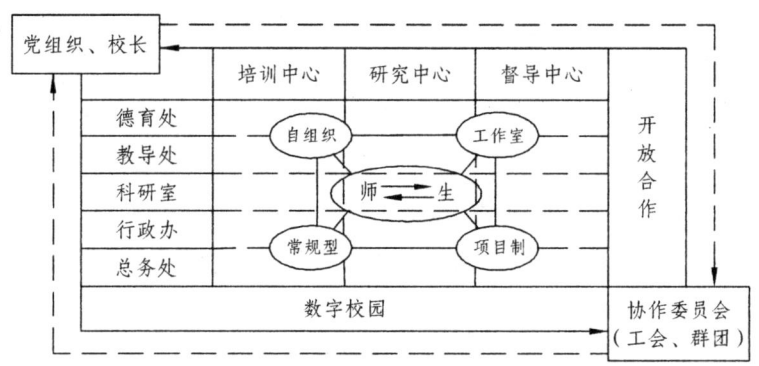

图4-2-4 学校组织变革新模型

在校长的领导和协作委员会的协调下，横向上培训、研究、督导"三中心"与纵向上德育处、教导处、科研室、行政办、总务处"五部门"形成纵横交错的矩阵式管理网络，较好地突出了整体性、协同性；在矩阵对角，分别设立校长、协作委员会，形成"一主一副"的"双核"机制，互为支撑、互为制约，形成自上与自下、行政与民意、控制与协调的动态平衡；以师生及其互动反馈为基础，在矩阵管理网络中，展开"常规型、项目制、自组织、工作室"等基本类型的"四基"组织形式，相互补充，机动管理；整个组织以"数字校园"建设为凭借，优化信息沟通方式，增强互动协作，并积极对外开放合作，以适应任务和环境的变化，增强组织灵活性、适应性。

（五）组织变革实施与评估

组织变革设计完成后，应导入原组织，对原组织进行适应性改造，并做好相关方面的思想工作以及物质和制度保障，以促使变革顺利进行。如在动员及准备过程中发生较大冲突，造成变革阻滞，无法推进，则应立即回头重新检查设计环节和流程，进行评估、调整。如变革设计对原组织改造较为顺应，新组织在管理实践中实施运行，也应对其在自身运行和推进学校发展的实践中反映出来的问题及时回馈变革领导小组及专家团队，以做进一步的检查与评估。

案例一：自组织

研究对象学校现有教职工102人，学生1 205人。教师摄影爱好者60人，有22人为武侯区摄影协会会员，有3位老师已成为四川省青年摄影家协会、中国摄影家协会、中国艺术摄影学会会员。学校摄影氛围浓厚，教师摄影作品在区级及以上发表或获奖30余人次。但长期以来，摄影爱好及摄影教育在学校都是处于一种"自在"的状态，缺乏组织性，也未能更好地发挥其对教师职业幸福、学生核心素养培养和素质教育实施的引导性建构作用。在此次组织变革中，学校提出鼓励"自组织"形式开展促进"教育质量"的相关活动，这为摄影教育的深入开展提供了有利的契机。学校老师在基于兴趣爱好情况下，自发开展了系列活动。如成立学生摄影社团、开展"我爱成都"师生摄影展、进行"摄影+美术/音乐/文学/英语"等融合课程教学实践、家校教育摄影亲子沙龙等，同时，为进一步发挥优势，扩展教育效果，成立了武侯区摄影家协会金花中学分会，并积极向中国摄影家协会进行全国"摄影曙光学校"项目申报，已获原则同意。摄影教育也正在向"摄美教育"发展，对学校的课堂教学改革、学生学习积极性提升、学生人文素养培育、学校办学特色锻造等方面起到积极的促进作用。这些效益的产生，都是基于教师的摄影自组织形式。学校没加派一个人员、没给一分补助，更没有干部以行政身份参与，摄影组织也是民间的、自愿的、自发的，是学校组织变革"自组织"方式的较好范例。

案例二：督导中心

研究对象学校以往组织结构较为封闭、保守，部门之间做事大都是"见子打子""各人自管三分田"，工作思路缺乏突破创新，工作联系缺乏协同。学校虽然在体育、军训等方面有一定基础，但囿于部门分割，工作成效体现不明显，所获奖励最高级别为市级。本学期初，上级下发了申报"国防教育特色校"的通知，学校也根据已有基础进行了申报，但仅由德育处一个部门处理，"心有余而力不足"。恰在这时，学校开始组织变革，成立了"督导中心"，学校将此项工作转交督导中心牵头负责。督导中心树立了"全力争取、全面合作"的工作取向，根据工作目标、任务要求、材料及流程等，从全校的角度制定了完整细致的创建方案，整合学校德育、教学、行政、后勤等职能部门，为各部门制定了具体的分工职责，并分阶段定期进行情况反馈、督导整改，突破了德育处一家唱戏的尴尬和无力，改变了其他部门对此项工作的"漠不关心"，形成了"整体协作、督导到位、反馈及时、环环落实"的工作局面，产生了一大批工作成果。这之中，督导中心除了充分利用学校原有处室、教研组等常规组织型态及其工作机制外，还综合利用了项目制、工作室等新的组织型态和机制，并积极同驻地部队、军训基地、成飞公司等校外机构合作，开展活动，共育共建。这些工作不是学校德育处一个部门能做到的，不是以前"副校长分管部门"的组织结构可以做好的，也比校长以一己之力、亲力亲为、强力管控效果更好，更大程度地实现了内生式、协作式管理。新的组织模式带来了新的工作面貌和效率，学校此项申报工作也成功通过市、省审核，报教育部审批。

（六）总结变革路径

在对基于生态观的学校组织变革的流程和模式的研究，以及研究对象学校的个案研究中，可总结出基于生态观的学校组织变革的一般路径（见图4-2-5）。

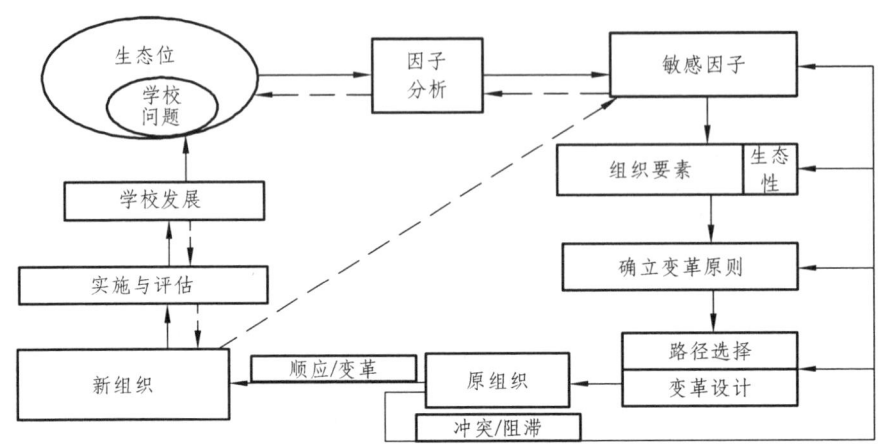

图4-2-5 基于生态观的学校组织变革一般路径

第一，进行学校生态位状况分析，诊断学校发展问题，并在此基础上，进行基于生态位状况的学校发展因子分析；第二，在因子分析的基础上，进行敏感因子确立，然后以敏感因子为基准，对组织变革要素的重要程度做评估，再对组织变革要素的生态性特征进行评估，并将前述两者进行结合，分析确定组织变革基本原则；第三，组织变革原则确立后，即以此为依据，进行变革要点确立和变革构想设计；第四，变革设计完成后，即导入原组织，在此过程中，可能变革顺应，即产生新组织，也可能发生冲突，造成变革阻滞，此时则需回溯检查，审核前期环节是否不当，从而修正调整，再度设计；第五，新组织设立后，即进行实施与评估，并通过学校的发展状况以及生态位的演替状况反馈组织变革成效，如学校及其生态位发展状况不佳，或者学校在发展过程中产生了新的问题，则需着重对敏感因子进行校核分析，亦即或将对学校发展的敏感因子准确性、适切性、更替性等进行新一轮的评估、选择。如此，整个组织变革循环推动，周流演进。

四、实践成效

（一）厘清了学校组织架构的理论路径

学校的发展千头万绪，学校的变革从哪里入手？采用什么样的视角和方法？

这是每一个教育人,尤其是学校管理者经常面临的困惑。在实际变革实践中,由于缺乏变革的理论和方法指导,大多是"长官意志""随意而为""追风赶潮"等。本研究从生态的视角,以"平衡、适应、演进、协同、共生、可持续"等理念为引导,审视学校教育现状,将学校组织视为一个生命体,关注其"创建、成长、成熟、更替"的生命历程,以积极的变革为手段,对其进行发展的适应,探索学校发展的路径和方法,为学校组织变革提供一定的方法或模式指导,以解决学校"想变"但不知"怎么变",以及如何变得更生态、优质的问题,可以促进学校发展现实困境的突破,为学校发展和学生成长提供生态化的优良路径。同时,本研究聚焦于变革途径和方法的探索,可为学校的发展提供"通用性"较强的借鉴。因为不同的学校组织变革的原因或内容是不同的,甚至同一学校不同阶段也是不同的,但变革的路径和方法却具有极强的共性,方法性启示价值显著,可以为本校及其他同类学校的发展提供有益的借鉴。

(二)优化了学校组织管理机制

从研究对象学校的变革实践来看,过渡较为平稳,新组织明显增强了要素间的联系与协同,组织活力增强,在以素质教育为核心的教育质量提升工作中取得了较好的效益。在组织变革及实施过程中发现的一些问题,也及时向变革工作小组进行反馈并得到有效解决。具体地说,主要体现为:德育处等五部门减少了副校级分管,直接实行"部门负责制",增强了部门决策权和责任感,工作积极性和活力增加;以副校级领衔的培训中心等三中心,紧扣"教育质量"这一敏感因子,在学校实行跨部门整合运行,较好地促进学校各部门、单元之间的整体性构建,又深入地推进了"教育质量"这一敏感因子对学校工作的融合与引导;"双核"的设立,就成都市金花中学而言,校长、书记是分设的,以校长为主核,主抓行政决策与执行,书记为副核,主要充分利用支部、工会等组织,对校长进行监督、建议,对部门、单元及人事等方面的一些冲突进行协调,营造学校良好工作氛围;"四基"方面,学校常规工作体制和模式在保持中优化,学校项目制开始实施,也有一些自组织的团队发展起来,推进了一些工作,同时,设立工作室,发挥骨干教师、名师优师以及校外专家的技术支撑作用,承担"专题研究、学术引领、青蓝培养"的任务,"四基"共同促进教育质量的提升;数字校园也在积极建设之中,参加区域"云+端"项目试点学校,以期达成网络全覆盖、沟通无阻碍、课堂数字化、管理现代化，以适应现代信息技术的发展，积极改善提升教育质量的软硬件技术环境和要素；加大对外开放与合作，包括参与中国教育科学院教育综合改革试验、新教育实验、区内外优质兄弟学校交流以及组织家长学校等，聚焦教育质量，全面、深入合作。

注释

[11][24] 迈克·富兰. 变革的力量——透视教育改革[M]. 中央教育科学研究所等，译. 北京：教育科学出版社，2004.

[2][29] 张立新. 当代我国学校内部组织变革研究[D]. 上海：华东师范大学，2007.

[3][4] 骆增翼. 学校组织变革研究现状及认识[J]. 基础教育研究，2015（23）.

[5][14][21] 罗伯特·G.欧文斯. 教育组织行为学：适应型领导与学校改革（第八版）[M]. 窦卫霖，温建平，译. 北京：中国人民大学出版社，2007.

[6] 马文·韦斯伯德. 组织诊断——六个盒子的理论与实践[M]. 胡智丰，张小雨，译. 北京：电子工业出版社，2020.

[8] 姜园. 社会转型时期学校变革的价值取向[D]. 成都：四川师范大学，2009.

[9] 吴增强. 积极的组织文化:学校发展的深层动力[J]. 上海教育科研，2003（9）.

[10][22][23][25] 贺新向. 国外学校组织变革理论发展及启示[J]. 外国中小学教育，2015（6）.

[12] 杨小微. 转型中的学校组织变革与制度[J]. 基础教育，2006（3）.

[13] 尹钢，梁丽芝. 行政组织学[M]. 北京：北京大学出版社，2005.

[15] 侯黎鹏. 试论学校组织变革的维度[J]. 牡丹江医学院学报，2006，27（4）.

[16] 杨炎轩，胡晓航. 论学校组织结构的重构[J]. 教育发展研究，2008（20）.

[17] 杨勇，孙承毅，陈艳华. 文化引领视域下的学校效能重塑[J]. 山东理工

大学学报（社会科学版），2011（5）.

[18] 刘朋. 关注发展型组织:学校改革的新主题[J]. 教育理论与实践，2004，24（8）.

[19] 孙绵涛. 关于学校效能评价标准和方法的两点认识[J]. 教育发展研究，2007（20）.

[20] 吴钢. 学校组织变革的绩效评价[J]. 教育测量与评价：理论版，2014（6）.

[26] 沈亚芳. 学校组织变革及其路径选择的新制度经济学解释[J]. 教育发展研究，2013（24）.

[27] 姜明红. 从"约束"走向"引领"——学校教育教学常规考核的变革与思考[J]. 中小学校长，2010（5）.

[28] 仲尧明. 大规模学校组织结构变革与教师主动发展[J]. 江苏教育：教育管理，2015（4）.

[30] 王加强. 学校变革的生态分析[D]. 上海：华东师范大学，2008.

[31] 张凤娟. "协同教育"：让学校成为师生生命成长乐园[J]. 中小学管理，2015（10）.

第三节　家校社生态共育探索

　　从当前家校社合作教育现状来看，大多数都还停留在形式上的合作，并没有形成共生关系，缺乏系统性、组织性、目的性和可持续性。在理论与实践上，既没有一个统筹性的理论可用于指导家校社共育实践，也没有一个完善的、普适的家校社共育模式能够进行借鉴。学校试图解决四大问题：家校社教育价值取向陈旧、功利；家校社教育关系割裂偏畸，缺乏系统协同性；家校社三方对教育的理解偏颇，缺乏主体主动性；家校社三方服务及教育效率不高，缺乏开放性。针对家校社生态共育，我们探索出了家校社生态共育基本模式，由家校社三方合力开发诸多系列化立德砺能活动，构建促进家校社生态互动的组织机制，丰富家校社生态共育的策略。

一、问题的提出

（一）学生全面发展需要家校社共育

学校、家庭、社会是相互依存、和谐共生的教育主体、社区治理主体和多元共治的责任人。只有让其稳定和谐、生机活力地发展，组成良性生态系统，才能促进社区的管理与繁荣，以及学生的全面发展与可持续培养，最终形成社区治理和教育的可持续生态型发展。

习近平总书记在2018年全国教育大会上也特别指出，"办好教育事业，家庭、学校、政府、社会都有责任"。积极推进教育改革，加速教育现代化发展，将家庭教育与学校教育进行融合发展，实现家校合力，以立德树人、培育学生核心公民素养为根本任务，注重家庭教育培训、注重家教家风建设，努力构建符合本社区需要和学生发展的教育服务体系，已成为学校教育的重要组成部分。

《中国教育现代化2035》也明确规定，学校教育应该与社会教育、家庭教育密切配合、良性互动。家校社协同育人，坚持把立德树人作为中心环节，强调家长是孩子的第一任老师、家庭是孩子的第一课堂，家庭教育是学校教育和社会教育的有效连接，社会教育是家庭教育和学校教育的升华，打破传统教育中家校社分割的状态，形成家即是校、校即是家、家校社三位一体的格局，实现全员育人、全过程育人、全方位育人。随着中办、国办"双减"意见的公布，如何让学生减负落地，培养更多适应高质量发展需求的各类人才，这也需要家校社协同发力。

国务院《关于进一步加强和改进未成年人思想道德建设的若干意见》文件中也要求各级妇联组织、教育行政部门和中小学校要切实担负起指导和推进家庭教育的责任。要与社区密切合作，办好家长学校、家庭教育指导中心，普及家庭教育知识，推广家庭教育的成功经验，帮助和引导家长树立正确的家庭教育观念，掌握科学的家庭教育方法，提高科学教育子女的能力。2021年，《家庭教育促进法》在全国的颁布和实施，更进一步强调了家庭教育的重要地位和作用。

同时，新一轮基础教育课程改革要求学校和家庭共同关注学生的生活，共同构建学生的价值体系，期望通过家校社协同来保障改革的顺利进行。

（二）协同育人是良好教育生态的必要条件

按照教育生态学的观点，学校、家庭和社会作为学生健康成长的三大"生态场"，彼此相互联系又动态统一，共同构成一个教育生态系统。"家校社"是主体，"协同"是主要路径，"生态共育"是最终目标，三者协同共生，有序互动，共同构成促进学生成长的育人共同体。这也是现今"双减"背景下回归教育发展本质和规律，构建良性发展的教育生态，实现"立德树人"和教育高质量发展的必由之路。

从教育改革的角度来看，只有家校社的充分协同，才能有效促进改革的顺利进行，让"双减"真正落地。同时，重视家庭教育，重塑家校社协同育人的良好生态，让家庭成为传播社会主流价值观的重要渠道，将成为社会稳定、和谐发展的重要助推器。

家校社协同育人具有一定复杂性和艰巨性，涉及个体、组织和社会三个层面的诸多因素，要求三方主体既要高效投入，又要步调一致、协同共育。在实践过程中，家校社协同共育存在着诸多问题。一是家庭教育缺位、错位和越位。许多家长不懂得孩子身心发展规律，教育孩子的出发点是好的，却因方法不科学，导致教育效果不佳。在教养孩子的问题上，部分家长感到迷惘、无助，甚至对孩子的成长丧失信心，处于一种"望子成龙心切，教子成人无方"的不良状态。二是学校教育主导效果不强。以往家校之间的共同活动主要为家长会、运动会、艺术节等家长参与性活动，家长较少参与家长学校、课程建设、学校管理。目前很难开展更具有开放性和社会教育性的家校协调育人活动。三是家校社组织系统松散，协同育人机制不畅通。一方面社会资源缺乏投身教育的积极性，另一方面学校与社区建立合作平台的主动性不足。因此，如何进一步完善家校沟通机制，实现家校沟通常态化、具体化，更加关注学生的品德发展、精神成长、心理健康和综合素养的发展，还有待深入探索。

（三）家校社共育基础条件薄弱

研究对象学校家校社共育基础条件较薄弱，生源、师资、硬件设施等各方面都不具备优势。校舍和运动场馆人均面积严重不足，学生活动空间有限，家校社共同开展教育活动的空间受到一定限制（如因为场馆不具备，连一个年级整体的家长会都无法召开）。同时，受地理位置和环境的制约，和城区中学相比在各方面都有一定的差距，包括社区环境不够成熟，区域教育资源薄弱，周边居民人文素养不高，家长文化程度较低，85%的家长为高中以下文化水平，家庭教育意识和能力较薄弱。此外,"三方"教育的主体责任不明,教育生态系统架构松散,教育方法不够科学系统。想要在这样的基础条件上实现家校社"三位一体"共同促进学生的全面发展,显得困难重重。

这些现实与需求都表明,当前学校和家庭甚至是社区必须进行积极的沟通与协作,统一认识,消除理解上的差异,形成合力,多元共育已是迫切需求。鉴于以上问题,本研究明确了家校社共育的可持续发展路径——走内涵生态发展途径,使家长、学生、学校、教师以及社区都可以得到持续的全面发展。

为此,本研究积极开展了家校社生态共育模式探究,力图从当前家校社共育现象中找出其中不利于可持续发展的因素,引入生态型家校社共育发展的原则和技术,加以破解,探寻现代家校社共育生态型发展之路。希望在多元共治的良性生态社区中,家校社共育优先,以此促成家庭教育和社区教育的升级,构建现代社区与家庭、学校新关系。

二、相关概念和思路

(一)相关概念

1. 家校社

家校社是指学生受教育过程中的家庭、学校、社会(社区)三大教育责任主体。它们既是自主发展的主体,又是相互联系、相互依存的社会动力发展系统,体现出多种生态共性:自主、共生、平衡、多样性、可持续。其中,家庭教育是一切教育的基础,学校教育是学生教育的主干,社会(社区)教育是家庭教育和学校教育的升华。

三大教育在实施方式上有着明显的不同,但是在儿童的品德发展和人格养成方面却有着共同的追求。家校社三大主体都承担着促进儿童发展的责任,帮助儿童同时获得好孩子、好学生和好公民的身份。[1]

2. 生态共育

生态共育是指由家庭、学校、社区三大教育主体共同构成的相互依存、和谐共生、同步发展的教育生态系统。在这个良性生态系统中,家校社稳定和谐、生机活力发展,呈现出开放性、共生性、平衡性、多元性、自主演进性的特点,进而构建"家、校、社、生"四位一体生态平衡发展的教育系统。

将家庭教育、学校教育和社区教育有机结合，实现多元主体共育的基本理念，源于家校社之间的相互依存和生态平衡关系。[2]

（二）解决思路

在多元共治及生态共育的视野下，以立德树人为根本任务，以培养学生终身发展的关键能力和公民核心素养为己任，积极构建良性的家校社共育生态系统，建立良好的家校社共育机制，将各自独立的家校社教育紧密联系起来，形成具有系统性、组织性和功能性的动态平衡生态教育系统，用生态、开放的观念来培育学生，接纳外界助力，进而改善社区治理和家校社共育现状，培养出真正全面发展的学生和社会未来合格的公民。

针对这一目标，本研究以教育生态观为引领，重点优化家校社生态共育策略，展开家校社共育模式研究，从系统分析到策略运用，整体构建生态型家校社共育系统。

一是通过文献资料法对"家庭、学校、社区教育'三教'整合的共育"现状进行研究。二是理清"家庭—学校—社区"共育的责任关系，构建生态型家校社共育机制。三是家校社共育生态模式的探索与实践。结合生态学发展理论，探究符合本土学生可持续发展和生命共长的生态型家校社共育模式。

具体实践内容如下（见表4-3-1）。

表4-3-1　家校社共育解决思路

研究内容	指导理论	预设实现措施
家校社共育环境优化探究与尝试	教育生态学与环境论	1. 优化学校与社区的自然生态环境； 2. 促进良性社会教育生态环境的形成； 3. 树立家校社合作共育理念与认识，明确学生核心素养培养的共同目标，用理念引领家校社共育的价值取向，形成多元主体的规范环境互动与整合
家校社共育生态模式探究与生成	克雷明教育生态学理论；爱普斯坦重叠影响理论	1. 家校社生态关系构建与共育活动形式研发； 2. 家校社资源整合与共享平台构建； 3. 家校共育互通渠道创新，利用互联网及现代科技开发新型社会教育资源

三、主要内容与策略

（一）梳理家校社共育的国内外发展现状

在大教育的背景下，在追求高质量的教育过程中，家庭、学校、社区三方面的合作越来越成为各国教育改革和发展共同关心的课题。[3]

对于这一课题的研究，美国处在较为领先的地位。早在1992年J. L. Epstein就提出了家庭参与的6种形式，并被广泛应用于实践。[4]Janet S. Dye则提出家庭与学校关系的4种模式，帮助教育工作者转变他们原有关于家长参与的观念，包括：第一种保护模式，视家长参与决策或合作解决问题为对教育人员工作的一种干预行为，家长参与多由一些形式化的参与方式主导，如传统的开放参观日；第二种是学校单向传递模式，家长参与由学校行政人员单方对家长传达讯息，如学校举办家长会、父母成长班等；第三种是课程参与模式，如教师与家长共同发展社区文化为学校课程教材的一部分，来自社区的家长担任教学工作，或作为教室中的义工、专业协助人员等；第四种是合作关系模式，认为家长参与并非学校教育的补充，而是改革不可或缺的因素。[5]

华东师范大学的李彩旻在《美国学校、家庭、社区合作的实践模式研究》中指出美国霍普金斯大学"学校、家庭及社区合作研究中心"的"全国合作学校关系网（NNPS）"的影响力最大。据其介绍，该网络帮助学校、学区乃至各州制定和执行积极、有效、持久的伙伴关系计划。这个模式要求地区领导积极促进合作关系，建立以学校为基础的行动研究团队，并且建立家长和社区参与的六型框架：①家长教育。帮助家庭学习教育孩子的技能，创造家庭条件支持上学的孩子，并且帮助学校更好地了解家庭。②交流措施。对于从学校到家庭，从家庭到学校中间的一系列学校计划和学生的发展过程，采取有效的交流措施。③志愿服务。组织志愿者和参与者为学校和学生服务，支持他们的工作和学习，在不同的场合和不同的时间给志愿者提供参与的机会。④在家学习。使家庭参与到孩子的家庭作业和其他的与课程相关的决策与活动中来。⑤制定决策。使家长参与到学校决策中来，发展优秀的家长领导和代表。⑥社区合作。从社区中为家庭、学生和学校协调各种资源和服务项目，同时也将这些资源服务于社区。这个框架提供了各种各样的机会，以便于所有的家长都有机会参与到他们的孩子的教育中来。[6]

从我国对家校社合作共育的相关研究文献来看，更多的是介绍美国、英国等发达国家的研究成果和研究启示，深入系统地分析某个实践研究模式较少。一线实践情况较多，但也是初步探索。涉及主题包括高校的家校社共育，家校社合作的功能探讨，家校社对小学生自理能力培养，家校社视角的学科教学，家校社互动策略等。如许丽静和郭泉源以福建晋江县域教育现状为例，探讨了家庭、学校、社区相互融通、相互配合的三教一体在心理学和社会学中的理论根基，并提出按照不同的教育资源分配，对三者不同教育功能进行整合和重新分工，以达到最佳的教育效果。[7]雷超在界定了学校、家庭、社区的概念后，明确了它们在学科教育中各自的地位，提出了"三位一体"中学学科教育的内涵和达成建议，以期共同推动学科教育的发展。[8]

从现实状况来看，家校社共育确实也存在不少问题。首先，家长和教师的教育观念并不是完全一致的，不少家长都比较缺乏科学的教育方式和理念，导致学校教育有效性的发挥受限。其次，家校社合作的意识淡薄，已有的合作也多停留在表面，例如学校开展的亲子活动，其实并不能深入地解决实际问题。再次，家校社合作的形式、内容过于局限，不足以调动多方积极性。最后，合作交流取向单一，多以学校为中心，向家长传递信息，而忽视了家长自身参与对孩子教育的积极作用。另外，家校社活动也开展了一些，但没有明确评价体系，共育效果难以考察。

（二）多元共生理念下的家校社共育工作机制构建

长期以来学校教育、家庭教育、社会教育都是三个独立的体系，但实际上三者之间又是相互依存的，学生、家长、家庭都是社区的组成部分，社区的稳定和谐与生活在社区里的人息息相关。学校也是社区的组成部分之一，学校教育和家庭教育都会影响到社区人口的整体素质，社区的环境也会对人产生影响。因此，如果能将社区、家庭、学校有机联系，形成一个良性生态系统，这样的多元共生系统将非常有利于社区的管理与繁荣，以及学生的全面发展与培养。对此，本研究从教育主体、组织形式、教育途径、平台、内容、评价方式等6个方面完善机制建设（见图4-3-1）。

图4-3-1　家校社共育机制

1. 教育主体多元

教育主体多元体现在家庭、学校、社区、学生都可以参与到教育当中。学校是教育的主阵地，但仅靠学校单方面力量是难以完成育人工作的，必须由一个良性的社会系统作为支撑，社区治理也只有靠教育的良性发展才能实现。家庭作为孩子的第一课堂，父母作为影响孩子最持久的老师，他们不仅塑造着孩子的个性，而且还影响着孩子在学校的学习。社区是孩子社会人格形成的重要场所，社会环境影响着儿童的成长方向。在生态大教育的背景下，在追求高质量的教育过程中，家庭、学校、社区三方面的合作只会越来越紧密。家校社共育生态系统的构建，使学生能够获得多主体、多途径的成长，更是为学生核心素养培养提供了丰厚的土壤，在此基础上，可以实现家、校、社、生的四育合一。

2. 组织多元

教育的组织形式，从学校与学生角度来看，不仅只是学校的课堂教育，还可以是户外的调查、走访，也可以是基于项目的系统研究，甚至是实验与数据的实证研究。从学校与社区的角度来看，不仅只是对各自举办的活动形式上的支持，而是要落实到大家对教育的共识共担上，学校、学生要走进社区、参与社区、改善社区、建设社区、治理社区，社区也要为学校教育提供资源、硬件设施、软文化的输出。从学校与家庭的角度，不能只停留在每学期的一两次家长会上或应对学生教育问题时的临时应急性联系，家校的互动可以延伸到家委会参与学校决策、提供管理意见，学校开放日要让家长来校体验，亲子活动的举办更多的是让家长和学生体悟情感、生活的真谛。

3. 途径多元

家校社多途径构建德智体美劳全面培养的教育体系，把立德树人融入日常的生活，渗透在思想道德、文化知识、社会实践等各教育环节。学校从德育课程构建、学科教学的课堂新样态、国家课程校本化以及研学旅行等方面实现学生的全面培育。有了家校社共育的机制支持，教育途径将更加多元。比如，可以开展学校与社区的联合教育活动，学生也可以直接参与社区的一些教育培训活动，或者学校通过家长学校对家长素质进行改善提升，以此传输科学、正能量的家庭教育理念，从而影响家庭教育方式，使学校教育力量继续在家庭传播。

4. 平台多元

教育的现代化也是城市现代化重要指标。随着城市现代化发展，近年来，教育发展与革新的参与者已经远超教育部门和学校的范围，一方面，教育的方针、政策由国家制定，各级党委、政府及教育部门按教育发展要求层层落实。另一方面，社会力量参与逐渐增多，如中央电视台每年的《开学第一课》，各省、市的科教频道，各类主流媒体对教育的关注，以及许多个体网红教育者的自媒体都在参与教育；许多群团组织、企事业单位，诸如文联、妇联，各类协会、机构以及教育公司也都在参与教育，共同推进国家教育生态发展。学生可以在家庭、学校、社区提供的各类教育平台实现全面综合发展。

5. 内容多元

以立德树人为核心，学校从不同角度、利用不同素材、开发丰富多彩的教育内容。根据全国教育大会上的精神宗旨，围绕"厚植爱国主义情怀、培育和践行社会主义核心价值观，培养好品德、大情怀；教育学生珍惜学习时光，求知求真；培养奋斗精神，树立高远志向，历练担当、乐观的人生态度；增强综合素质，培养创新思维；树立健康第一理念，增强体质、健全人格、锤炼意志；加强以美育人、以文化人，提高学生审美和人文素养；弘扬劳动精神，崇尚尊重劳动"等内容开展与设计共育活动。例如，通过社区志愿者活动和综合实践活动，把生命安全文明、生态环保劳动、职业文化艺术等融入学习过程中，提升学生面对未来社会的核心素养。

6. 评价多元

过去家庭、学校、社区在开展教育过程中更多采取定性评价，使用一些比较模糊的评价语言。由于评价主体所占角度不同，也会出现"仁者见仁，智者见智"的情况。为此，本研究设计了一系列家校共育评价方式，力争做到评价多元。针对不同的活动和参与方式，开展学生互评、小组评价、教师评价、量化评价、成果评价、家长评价、社区评价等。

（三）生态共育理念下的家校社共育策略构建

1. 引导家长重视家庭教育

随着教育改革的不断深化，我们深深地体会到单纯依靠学校教育提升学生水平的方式已经不足适应时代发展的需求了，要想培养真正健全人格的学生，必须要实现家庭教育和学校教育的结合。但是由于我们的家长多数文化水平较低，家庭教育意识薄弱，很多家长抱有把"孩子放在学校就万事大吉了"的心态，因此加大宣传力度，转变家长观念，重视家庭教育，对我们深入开展学生全面培养具有关键性作用。学校办好了固定的校级家长学校，开展常规的家庭教育指导活动，并积极组织家长参加区级家长学校、家长学堂等主题性培训活动，每学期即达数千人次。

2. 成立"学校—年级—班级"三级家委会

在自愿的基础上，由班级推选，选择文化水平较高、言行举止有号召力且重视孩子教育的家长参与到学校管理与决策中，并在这支家长队伍里大力宣传家校共育的重要性，通过各类教育内容和信息的交换，让这些家长能够积极配合学校的工作，出谋划策。组织各班家长多参与"亲子成长活动"，一起分工合作，参与孩子的教育与管理，定期开展家庭教育主题教育与指导，构建家长交流群等。让家长们真正地体会到教育的多元性和协同性，以及家长参与的重要性。

3. 资源共享和阵地共用

主要构建了四种资源共享类型：一是学习资源共享；二是活动资源共享；三是体艺资源共享；四是社会实践资源共享。利用重要节庆日、纪念日、特殊节假日和时令节俗等教育契机，家校社三方协同，传播社会主流价值信息。

家校社围绕教育主体构建生态活动阵地，充分发挥资源和场地优势，比如家校社共同组织了"众手绘金花"活动、爱心感恩活动、篮球乒乓球球赛活动，拉近了家校社的距离，打造了家校社合力育人的阵地，实现了多阵地、多途径育人的新形式。结合家庭和社区的重大事件，开展有教育意义的家庭、社区互动活动，传递社会正能量。

4. 载体共担和文化共建

为了形成同向、同步的教育合力，着力提升家校教育水平，家校社以德育活动和摄影课程开发为载体，由学校牵头，家社共担，开展家访、家长志愿服务、家长开放日、家风评比、摄影综合实践、摄影外景课程等一系列活动，激发家校共育新活力，全面提升学生综合素质。

学校与家社合作开展文化共建，比如节日文化、红色文化、国防文化、孝善文化活动。学校以"孝善立行，仁达天下"作为育人导向，在传统文化、诗词经典、美术绘图、感恩孝善等方面与社区、家庭展开了合力教育，文化共建。共同举办了经典诵读、重阳感怀、清明缅怀等多种活动，实现文化共建共享。

（四）依托丰富活动形成共育链接

一是依托节日打造庆典共育活动。学校每年都会在植树节组织学生在社区空地种植小树苗，在地球日宣传环保节能知识，在重阳节开展敬老爱老的社区养老院慰问活动，在父亲节、母亲节开展感恩活动，在元旦节开展"金中好声音"歌唱比赛喜迎新年，在中秋节、端午节开展传统文化宣传活动，在教师节开展尊师重道的庆祝活动，在清明节组织观艾、画艾、摘艾、做艾饼的体验活动等。在节日中搭建共育的平台，培育学生的博爱情怀、高尚的思想品德和对中华文化和精神的传承。

二是以美育人，家校社共育"摄美"校本课程渐成体系。学校2018年4月成功举办"我爱成都"艺术节摄影展。本次摄影展共收到师生摄影作品200多幅，从多角度展现了成都这个城市的独特魅力。学生组作品取材广泛、异彩纷呈，得到观展者的交口称赞，尤其是摄影社团的同学成为艺术节上夺目的明星；教师组、家长组作品被中国摄影协会专家高度称赞，转载到网络。教师也脱颖而出成为中国摄影家协会会员，学生摄美活动方兴未艾。近几年来，学校以摄美课程开展为契机，联合家长、社区开展了秋天相约武侯祠活动、天府芙蓉园公益活动、野外摄影游学活动等多个美育亲子类、社会实践类活动。

三是以文化人，打造书香家园。着力开展"家长开放日"、家委会构建、家长学校课程开发、亲子活动、"家校共读——书香满园"等活动。诵读诗词，演绎中华传统文化，端午节"醇情端午，醉美诗词"首届家校诗词大会品味了诗词唯美，感知了传统文化的厚重，放飞了心灵。每周一句"学国学用国学"提升学生人生智慧。让书香存留校园，走进家园（家庭、社区），以读兴文、以文化人。

四是加强"三生"教育。通过生命德育课程、野外求生技能实践、"今天我下厨"家庭日活动、"种瓜得瓜，种豆得豆"社区种植活动、"我们是别样追星族"天文趣味活动等，让学生感知生命、生活、生存、生态，构建自己的发展之路；通过环保日宣传实现课堂教育中的情感态度、价值观传递，通过天府芙蓉园环保志愿者活动、寻找"社区的美"摄影比赛、"手绘金花""童眼看社区"等活动，共同培育学生的生态观；共同举办应急疏散演练，开展"小手牵大手、文明交通行"、食品安全我参与、关爱生命防火行动等活动，加强生命安全和文明礼仪教育。强化志愿服务，提升社会责任感，培育具有大爱、大德、大情怀的人。在以上活动中，积极开展家校共育活动，使学校教育与家庭教育有机统一，相互促进。

五是开拓亲子感恩活动。以当地社区历史文化典故为依托，学校树立"孝善立行，仁达天下"的文化观念，根植孝善之心，培育孝善之人，传播孝善文化。通过"父亲节感恩""清明祭祖祭奠英烈""重阳关爱""家常菜传承"等活动加强家校社沟通交流，促进学生人格完善。每学期一次亲子感恩活动、与社区联合举办爱心义卖跳蚤市场、开展"小家书，大家风"书信共读活动、给烈士献花纪念活动等，让学生拥有一颗感恩的心，做一个知恩图报的人。在浮躁的社会中，感恩不仅是一种品德，还能净化心灵和情绪，促进人格的健全养成。

六是打造"军体固本，立德砺能"国防教育活动。深挖学校军体特色，开展国防教育文化活动。构建以革命传统、生活素养教育、准军事化素质拓展为辅助的全新的爱国教育体系，与国防教育训练基地及社区驻地部队合作，开展军事技能训练，开展"军体固本"阳光体育和红色军魂活动，组织军体特色活动月，定期进行"多防"演练，构建立体开放、立德砺能的军地双边互动国防教育实践，培养学生强国强军的爱国情怀，形成较有特色的国防教育经验，逐渐熔铸校园"军体固本，立德砺能"国防教育文化。

七是学科与职业融合渗透，培育学生的综合实践能力。充分挖掘社区资源，提供科创平台，开发学科融合课程，开展江安河工程探究、电子显微镜制作、炮兵基地考察、电子船模比赛等传统现代科创项目，让学生在知识的海洋里求知问学，增长见识，丰富学识，沿着求真理、悟道理、明事理的方向前进。开展与当地鞋都老板面对面、帮父母做鞋、国防教育军旅体验、元旦"爱心义卖"、帮清洁阿姨劳动等职业体验活动，明确兴趣方向，做好职业启蒙教育。依托家长和社区体验父母工作的艰辛，增强沟通理解。争取社区支持，提供各类职业培训和实践机会，提前让学生接触"工作"，在丰富的社会"接触"中，找到自己的理想与目标，做好自己的学业与职业生涯规划，并将其转化到学习目标中，进而强化学生的学习动力。

（五）构建家校社共育委员会与共育组织新结构

合作、交融、共育能够形成强大的教育生态系统，强大的家庭和社区又给生态教育系统提供了更多优秀的教育资源。

1. 构建家校社共育专门委员会

设立"家校社共育委员会"，加强组织系统和管理机制的开放、互动、协调，在组织上、制度上进行互动交流，保证协调发展，加强社区政治、文化、教育的沟通交流合作，因地制宜，因时施教。校长任共育专门委员会主任，书记为副主任，社区协调组长由社区分管领导担任，家长协调组长由校家委会主任担任，教科室主任任理论组组长，德育处主任任实践组组长，并专门派遣心理学专业教师协调社区、学校、家庭、学生教育的关系。从学校重视、社区推动、家长参与几个方面协力做好共育工作。

2. 建立家校社共育组织新结构

学校家校社共育整体办学水平在武侯区处于较落后地位，原家校社共育组织封闭、呆板、重形式，缺乏活力。经过调查研究，深入分析家校社共育的发展状况，结合生态观设计思路，对家校社共育原管理组织进行变革：一是增加协同单元，设立培训中心、研究中心、督导中心等单元，以副校级干部担任单元中心负责人，与纵向职能部门进行交错融合管理；二是设立协调小组，对学校、社区部门、家长委员会进行正式和非正式组织之间的协调，对外进行家校社共育与环境的协调，强化组织系统的协作性、共生性；三是推行项目和主题活动组织形式；四是实行双向反馈、互动评价，强化多元主体信息流通，促进组织动态平衡；五是对内建设文明校园，对外建设文明社区、文明城市、"五好"家庭，增强主体与环境之间的互动互构，促进组织适应性、持续性运行与发展。

3. 建立家庭教育指导中心

为更新家长教育观念，提高家长教育子女的能力，促进家校共育，学校建立了校级家庭教育指导中心。家庭教育指导中心的主要任务是整合教育资源，建立家庭教育网络资源库，运营家庭教育公众号，开展线下家庭教育指导，普及家庭教育知识，推广家庭教育的成功经验和科研成果，帮助和引导家长树立正确的家庭教育观念，掌握科学的家庭教育方法，提高家长科学教育子女的能力，构建家庭、学校、社会和谐交流的平台，实现三者的良性互动，促进未成年人健康成长。例如，学校建立了关注学生成长和家长教育方式理念更新的微信公众号，定期地向家长推送教育与成长相关文章或者音视频，每学期组织家长学校培训，每月推送家长学校报刊，研发了家庭教育校本读物等。同时，家庭教育指导中心还对接社区文化机构及武侯区家长学校、家长学堂，组织开发项目，整合育人资源。学校家长参与区家长学堂相关活动人数及比率长期居全区前列。

4. 构建家校社生态共育模式

通过实践与反思，根据研究对象学校学生发展实际需求，提炼出家校社生态共育的基本模式。

一是家校社共育基本策略。从多元共生和生态共育两个方面开展，并相辅相成（见图4-3-2）。

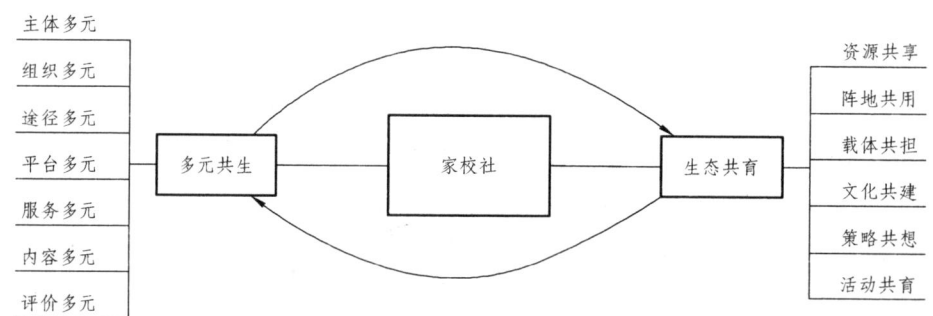

图4-3-2 家校社共育基本策略

二是家校社共育基本模式。主要根据学校、家庭和社区的教育责任内容，从学校—家庭、学校—社区、家庭—社区三组关系分别设计与开展相关主题的教育活动。要想活动育人落到实处，就要让学生真正参与，也要让各方力量办好自己能办的活动，共同形成合力（见图4-3-3）。

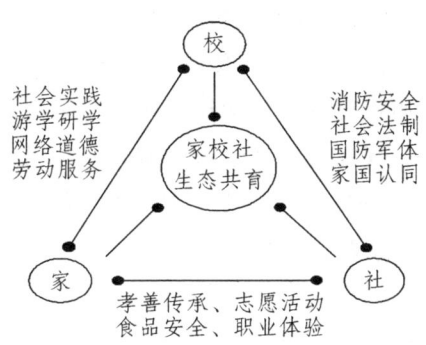

图4-3-3 家校社共育基本模式

在这个框架里,围绕学生核心素养从综合实践、职业体验、公益文化等方面进行互动活动开展,构成家校社共育的完整生态环境,最大限度地培育学生公民核心素养。家庭、学校、社区以学生核心公民素养培养为核心,可以进行资源共享、阵地共用、载体共担、文化共建、活动共育。

四、实践成效

1. 家校社生态共育激活了三大教育主体

学校家校社共育方式受社会好评。学校利用与家长、社区开放办学的方式,充分赢得家长、社区的理解和支持,各方主动性、参与度明显增强,生态共育活力初步显现,学校的教学也取得了最大的发展。学校办学质量受地方群众认可,是全区教学效果连续增长幅度最大的学校。关于家校社生态共育的相关研究成果在《四川教育》等省级核心期刊上发表多篇,相关课题获市级哲社立项并获奖多项,并受邀到多地进行经验介绍,受到社会关注。

2. 学校是"家校社共育活动的连接者"意识增强

学校活动、教师育人、社区建设、家长成长等独立概念关系紧密。特别是班主任也成长为家庭教育的指导者,越来越多的班主任大力钻研家庭教育书籍和各类专家的经验与方法,获取相关资格证书的教师也成倍增加,学校家校社育人队伍质量明显提升。学校获评区优秀家长学校、区家庭教育示范校等奖誉。

3. 学生和家长的素质提升

家校社生态共育下,学生综合素质提升明显,身心健康、阳光自信、勤奋友善，参加各级比赛成绩突出。家长们也因为自己的参与和学习变得更积极，面对家庭教育问题更有方法了。家长为了给孩子树立好榜样，对自身的要求也提高了。特别是针对家长素质提升的家长学校的建立与运营，许多家长都表示"以前的自己太不懂教育了，现在自己终于可以避开一些错误的想法和行为了"。近三年来，有50余名家长在区级及以上、300余名家长在校级被评为"优秀家长""优秀社工""优秀志愿者"等称号。

注释

[1] 康丽颖．家校共育：相同的责任与一致的行动[J]．中国教育学刊，2019（11）．

[2] 戴霞，陈丹．拓展学生生活场域，家校社会共融共育[J]．教育科学论坛，2016（5）．

[3][6] 李彩旻．美国学校、家庭、社区合作的实践模式研究——以"全国合作学校关系网（NNPS）"为例[D]．上海：华东师范大学，2010．

[4] Epstein J. L, Connors L J. School and Family Partnerships.[J]．Practitioner，1992，18．

[5] Janet S. Dye. Parental involvement in curriculum matters：parents, teachers and children working together[J]．European Education，1992，24（31）．

[7] 许丽静，郭泉源．城乡一体化进程中"家庭—学校—社区"三位一体教育良性互动策略研究——以福建省晋江县域教育现状为例[J]．现代教育科学，2015（8）．

[8] 雷超．"三位一体"教育生态系统下的中学历史教育探究[D]．郑州：河南大学，2017．

第四节　教育均衡背景下学校生态型发展

一、问题的提出

（一）优质均衡是新时代教育发展的内在要求

党的十九大报告指出，我国"社会主要矛盾已经转化为人民日益增长的美好生活需要和不平衡不充分的发展之间的矛盾""推进教育公平""努力让每个孩子都能享有公平而有质量的教育"。2017年中共中央办公厅、国务院办公厅印发的《关于深化教育体制机制改革的意见》中明确提出"要完善义务教育均衡优质发展的体制机制"，同年，教育部印发了《关于县域义务教育优质均衡发展督导评估办法》。2020年教育部进一步以"四个更"阐述了优质均衡的内涵：一是全面发展的理念更鲜明，坚持有教无类，五育并举，因材施教，为每一名学生提供适合的教育；二是标准化建设程度更高，在补齐短板，解决大校额、大班额问题的基础上，加快提档升级，做到"校校达标""项项达标"；三是教师队伍更强，努力提升教师队伍整体素质，切实提高教师待遇保障水平，落实好教师和校长交流轮岗制度，确保城镇薄弱学校、农村学校有更多好老师；四是人民群众更满意。2022年全国"两会"政府工作报告也明确提出"推动义务教育优质均衡发展和城乡一体化。"因此，教育的优质均衡发展，是国家新时代教育发展的新方向，也是我们解决现阶段社会主要矛盾、发展公平有质量教育，从而更好满足人民美好生活需要的重要课题和关键方面。

（二）学校在区域中的发展应具有生态的适宜性

教育的均衡发展，主要可以从区域学校均衡发展的层面进行分析。从生态的角度看，区域的学校发展，可以视之为一个生态的群落系统，具有群落生态系统动态平衡的发展特征，也应该具有系统平衡演进的特点及相应的方式与策略，因此，以生态的观点和理论来考察区域学校的优质均衡，具有极强的适切性。教育均衡最终体现在学校和学生的发展上。从生态学系统论的角度看，学校发展应以整体优化为准绳，协调其中各要素、层级、主体、群落的相互关系，使系统和谐平衡、丰富多元、充满活力、有机适宜。开展生态型学校发展的原则和技术研究，探索五育并举、全面育人、优质均衡的现代学校生态型发展之路，不仅是为了解决当前学校的办学问题，更是为了充分平衡教育资源，实现区域育人生态系统的良性发展。社区教育、联盟办学、生态校园、发展共同体、校际共生等都是教育生态办学理念的具体表现。

（三）区域学校优质均衡发展面临挑战

在当前区域教育学校发展中，由于体制、管理以及主客体等方面的原因，存在着一些不良的生态状况，亟待改进。项目组通过制定调查问卷、资料查看及座谈、访谈等方式，对研究对象学校及所在区域相关情况进行了深入调查和座谈，查阅学校报告、教育局资料及相关工作记载等资料近30万字，发现区域学校优质均衡发展存在以下一些问题。

1. 认识存在误区

在教育均衡发展中，存在不当的理解和实践"均衡"的问题。以"平均"代"均衡"，以"无差别"等同于"均衡"。学校发展千校一面，模式化、同质化严重，大多是"跟风""翻版"或"克隆"，迷失了自身应有的适合生态位，而没有特色式、差异式发展，致使区域学校发展整体质量不高，区域学校教育竞争力、影响力、对社会的服务力不强，学校满足社会对教育的丰富、多元需求的能力不足。同时，受区域条件制约和办学水平影响，部分学校主体发展意识薄弱，尤其是城郊涉农学校（如研究对象学校），进取意识缺乏，视均衡仅为政府的事，学校教育教学能力建设亟待提升，参与学校民主管理的主体意识淡薄，推动学校优质发展的积极性不够。

2. 状态存在不平衡

由于历史、基础等原因，在客观上，区域内校际之间的发展状态还存在一些不平衡状况。部分老旧学校基础条件较薄弱，生源、师资、硬件设施等处于劣势，均衡监测连续多年在区域排名靠后，校舍和运动场馆生均面积严重不足，学生活动空间有限，学校开展教育教学活动受到一定限制；学校规模差异加大，超过省义务教育优质均衡指标高限人数的大学校在区域占比较高，而另一些区域边缘或薄弱学校的生源又急剧下降；教师的素质状况和编制额度也存在较大差异，优秀师资较为集中，超编和缺编学校都有较大数量存在；政策和机会也存在一定不平衡，一些学校承担区域教育活动或创新项目建设的机会偏少，学校发展的平台有限。

3. 整合协同不够

生态理念下，区域学校发展的规模、速度、质量与效益理应处在一种均衡和谐发展中，但目前不少的区域教育，缺乏均衡、和谐、可持续的质量观和发展观，过度注重品牌学校、优势学校，对于发挥区域资源整合作用、促进学生全面发展做得不够。同时，校际分离式、封闭式办学体制与模式，也制约区域学校发展走向合作、共生。实际工作中，除行政管理机构外，又缺乏必要的生态型组织机制从区域层面进行协同、联合，促进整体式、联动式发展。学校发展的生态价值未能高效发挥，发展生态格局不够优良。

为此，应充分借鉴利用生态学的有关理论和方法，加快和促进学校在区域教育优质均衡化形势下的良性发展，不断满足人民群众对优质教育的需要。

二、相关概念及思路

（一）相关概念

1. 教育均衡

教育均衡既是一种教育理念，也是一种科学的教育发展观。在我国，教育均衡发展主要指基础教育，在观念认识上主要反映在物质层面、意识层面和制度层面；在时间进程上主要表现在教育起点均等、教育过程均等和教育结果均等；在空间结构上主要是不同地区、学校、群体、个体之间的教育均衡发展问题。均衡发展就是要在积极发展中相互促进，在互帮互促中不断实现高位平衡。[1]本研究主要研究区域、校际和学校个体的生态型均衡发展问题。

2. 学校生态型发展

学校生态型发展就是运用生态学的原理和方法，以整体和联系的视角，对学校发展策略等进行探究引导，使学校系统具有生态性特点，促进学生全面发展、学校办学质量和效益不断提高的演进过程。本文所谈学校生态型发展是指利用生态资源促进学校多元化发展，学校激发生态自觉、遵循生态规律、优化生态效益的发展类型。

（二）解决思路

1. 确立探究目标

一是将学校发展实践和生态学理论相结合，总体构建区域学校优质均衡生态型发展的路径与框架。

二是以生态学自主、共生、平衡、多样性、可持续理念为引导，探索学校均衡化发展的相关操作方法与策略。

2. 厘清主要思路

一是总体架构研究框架。本研究以教育均衡化的视角，从现代学校区域发展实践中存在的典型问题出发，结合生态型学校发展的现状研究，梳理区域生态型学校发展重点；以生态学"自主、共生、平衡、多样性、可持续"理念为引导，探索学校发展路径相关策略（见图4-4-1）。

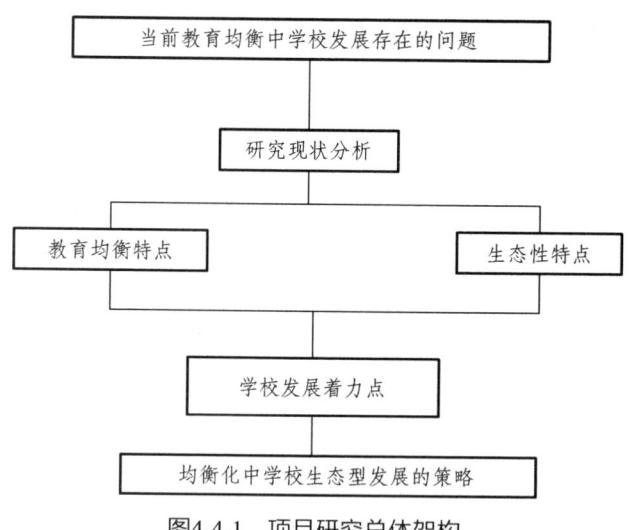

图4-4-1　项目研究总体架构

二是区域教育生态特性研究（见表4-4-1）。结合研究条件和实践中的重要问题，对学校生态系统丰富的构成因子进行简化，与区域教育均衡发展过程相融合，展开区域学校优质均衡发展探究。

表4-4-1　学校生态系统因子分析内容简表

	自主—适应	竞争—协同	多样—共生	平衡—演进	可持续
学校	输入均衡—过程均衡—结果均衡					
区域						

三是区域学校生态型学校发展策略研究。以成都市武侯区教育为例，着重从规划生态环境、优化结构、关注生态承载力、组建生态共同体、实行生态性评价等方面进行区域学校的生态型发展策略构建。

三、主要内容及策略

（一）梳理教育均衡与学校生态型发展研究现状

1. 教育均衡与学校生态发展研究主要关注点

研究从生态适切性、系统内外部关系、内涵式均衡发展、互惠共生模式、文化的生态化建构、生态资源的有效利用等方面展开，并提出了一系列教育均衡发展的生态学对策。其中较具借鉴意义的有：刘贵华等的《区域综合改革：中国教育改革的转型与突破》中对"区域教育发展"的承载力、影响因子、特色学校群等进行了探究，提出一些区域教育生态式发展的路径；范国睿的《教育生态学》从教育资源的分布等角度进行教育发展的生态探究；杭州市下城区进行研究实践，探索出高位均衡、轻负高质的区域教育现代化发展，形成"好的教育"系统实现路径，即区域教育发展的理论塑形、顶层设计、品牌塑造、课堂建设、质量监测、开放办学格局构建；上海市闵行区以"学校生态群"模式为例研究了共生理论视角下区域教育的均衡化发展，阐述了互惠共生模式的内涵与实践策略，提出了从区域性整体出发的推进策略等。

2. 研究突破方向的确立

从现有研究总体情况来看，对学校发展和教育均衡都有所触及，但多是从学校、区域某一个层次或教学、文化侧面进行探讨，缺乏"学校个体—校际—区域"的生态场境的整体建构以及学校全面发展的探索。同时，一些探讨中理论分析偏多，同实践结合不够，较多关注区域教育的发展，缺乏学校发展的具体探究，更缺乏针对教育均衡化背景下学校发展策略的研究，对均衡化和生态型发展结合不紧密，或有所涉及但未能系统化、可操作化，对学校发展的具体指导性不足，或在生态理论的运用上只选取一点（如共生理论），缺乏生态的整体审视视角和研究路径，这些都是以往研究存在的缺陷。因此，项目组确立以研究对象学校及其所在区域为例，从区域发展及学校个体发展的角度，研究生态型学校发展的均衡策略。

对教育均衡化背景下学校生态型发展策略的研究，既是对现有研究缺失的补白，也是对学校生态式发展维度和层次适宜的确立，在纷繁复杂的生态性中提纲挈领，既走出了理念的空泛，体现了实践的可操作性，又并不陷于具体的生态发展方式和指标的微观、细碎，侧重于策略的指导，搭建了理论和实践的桥梁，具有较强的简约性、要核性、通适性。

（二）聚焦问题规划实施路径

1. 聚焦重点问题

研究组对研究对象学校及其所在区域教育中背离生态型发展的问题进行了集中探讨。根据深入调查和分析，明确了区域学校基础条件及发展困境，发现了一些学校发展背离生态原则的状况，结合实际状况，项目组将研究问题进一步聚焦，概括出本项目着力研究和解决学校生态发展的以下重点问题：学校发展价值取向陈旧、发展方式单一；校际关系分离，缺乏系统协同性；学校发展被动闭锁，缺乏主体性、开放性。对这些问题，研究组在促进学校优质均衡发展的过程中将予以重点考虑。

2. 明确解决问题的重点导向

从生态观的角度分析，学校发展困境中最大问题就是缺乏活力和生机，学校环境不够生态；学校文化建设没有特色和风格；管理机制不够健全；区域性平台建设不足、联动机制不够等。[4]以此为基点，项目组明确了学校生态发展的路径，以学校生态型学校发展为取向，力图构建区域学校的共生机制，改善在区域教育中不具备生态型结构的因素，引入生态型学校发展的原则和技术，既能够解决当前学校面临的困境，又为区域教育优质均衡发展奠定更好的基础，研究和探索区域学校生态型发展之路。

3. 规划相关实施路径

一是顶层设计。学校发展要从复杂多重的现实困境中突围，就需要在新的理论视域下重新观照学校工作的整体性、系统性的顶层设计，使学校工作的推进从失衡畸变的方式中解脱出来。生态的核心价值取向"共生、平衡、开放、多元"为区域学校优质均衡发展提供了较好的思路，凸显了发展的主动性，强调了系统的协同性，与当代教育体系建设"适应、均衡、发展"的要求相融相通。用生态的理论与方法对区域学校均衡发展加以观照，通过整个思维、观念的转变，重新梳理、建构发展的顶层设计，促进学校发展问题的解决。

二是优化主体。区域层面或学校层面充分意识到自身在发展中的生态责任，确立主体性、发挥自觉性，增强优质均衡发展的素质和能力。学校管理者和教师从生态角度出发，定好生态位，找到自身和组织发展的新增长点。通过组织结构、运行机制、管理方式、文化营造等的生态化，形成以人为本的管理原则，注重个性的管理操作、生态优良的校园文化等，促进学生、教师、学校间的和谐发展，使师生从片面竞争、封闭孤立、幸福缺失的困境中走出，实现学生的全面发展、教师及学校的可持续发展。以主体的优化促进发展的优化。

三是环境改善。学校在区域中的均衡发展问题，根本上说，是其与环境的调适和互动的问题。因此，改善环境状况，优化学校在区域的互动、协同，是生态式均衡发展的优适路径。首先区域要营造开放、多元、协同的大环境，同时，学校要选择适合的生态位，构建有利于自身与其他学校、社区、社会和谐发展的特色发展之路，避免不良竞争恶化发展的生态环境，既满足学校自身可持续发展的内在需求，又使区域学校走出资源占有和同质消耗的扩展式、零和式发展，消解校际争夺生源、师资等造成的学校发展的生态失衡，以及学校发展的模式化、同质化等现象，切实着力于教育均衡、公平的实现，以满足广大人民群众对优质教育的需求。

（三）厘清教育均衡背景下学校生态型发展的着力点

根据教育生态规律和区域教育发展理论，从学校教育角度，研究与外部生态环境之间以及教育内部各环节、各层次之间本质的、必然联系，确立区域均衡背景下，生态型学校发展的核心发展指标和发展策略，如主体优化策略、开放多元发展策略、平衡调节策略、推进竞争机制与协同进化策略、资源与可持续发展等，以此促进区域学校教育生态的良性循环。

1. 将生态发展特点和原理同学校发展教育规律相结合

以发展策略为抓手，从学校和区域发展维度进行细致探究，通过对当前教育均衡中学校发展存在的问题进行系统化分析，将学校发展的教育均衡特点与生态型特点相结合，提出具有生态特性的均衡化学校发展策略，既突出了学校发展重点，又整体带动促进区域学校生态型发展，促进教育均衡化要求更加全面、优质、可持续地贯彻落实。

2. 厘清学校发展基础指标与教育生态特点对接点

用教育生态特点观照学校教育教学，用教育生态原理指导学校发展（见表4-4-2）。

表4-4-2　教育生态特点与学校基础指标对接点

教育生态特点	教育生态特点与学校基础指标对接点
自主	学校与区域双向自主，均衡、优质发展
群体共生	学校群体共生不是静止的，而是相互作用、相互适应。群体目标、规范、向心力影响群体动力；个性和群体双向发展，面向全体，兼顾个体；群体共生、均衡发展是区域学校发展目标第一位
平衡和谐	生态平衡强调人与自然相互依存、和谐、平衡与稳定，学校教育是"外环境"和"内环境"和谐关联，具有良性效应的生态系统。区域学校的"内环境"必须融洽合作、积极进取，培育充满创造激情和向心力、富有生机的区域学校
多样性	教育生态的多元与差异，多样的个体才具有更多的创造性和活力，也有利于维护系统的稳定，有利于促进区域学校的全面兴盛
可持续	区域学校发展制度、教育教学、师生发展、文化建设等持续性超前发展、连续发展、整体发展、协调发展、平等发展，克服发展中的短期、短视及"低质高耗"行为

3. 构建了基于均衡视角的区域学校生态型发展结构框架

该架构（见图4-4-2）以均衡视角下的区域学校生态型发展为主线，以区域生态承载力为基础，以生态性评价为导引，以均衡发展为着眼点，以确立生态位和优化结构为重点，以建立生态共同体为旨归，以规划生态环境为保障，全面促进区域学校优质均衡发展。

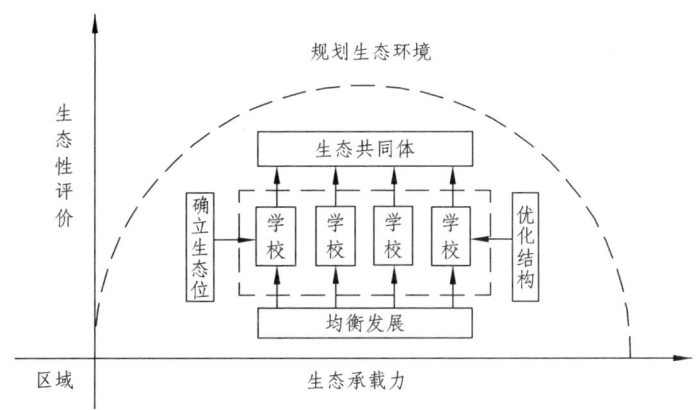

图4-4-2　区域学校生态型发展结构框架

（四）建构教育均衡背景下学校生态型发展策略

1. 合理规划生态环境

自然环境、社会环境、价值环境的相互作用会对区域学校发展的生态性产生影响。一方面可以材料、资源的方式直接出现在教育中；另一方面又可以潜隐的方式与教育渗透或交织，对学校发展起促进或妨碍作用。在规划中应认真分析，辨明利弊，正确导引。区域学校发展生态环境的规划建设，还应考虑当今及未来信息化、国际化、现代化的时代背景因素，拓展规划的视野，丰富规划的内容，促进外向型环境的构建，优化多样化的区域学校教育生态环境。在全球一体化和文化多元化的趋势下，区域学校教育规划要主动因应，既要加速教育开放进程，进一步加大国际合作交流力度，又要珍视教育及文化生态的多样化，保持自身特色，尊重和借鉴异样，以跨文化交流促进区域学校发展生态环境的优化。同时，在互联网时代，要加强移动式、分散式学习环境的规划。网校云校、泛在学习等将成为教育生态的重要形式，学习不再局限于固定时间或地点，应加强对虚拟环境及其资源的规划与利用。教育向社区延伸，并与学生、居民的生活相结合，以扩展教育内涵、促进教育生态多样化，如建设"教育公园""无墙学校""校外服务型学校"，以及健全社区教育委员会、家长委员会组织等。研究对象学校所在区域近年来以创建"全国智慧教育示范区"为抓手,全面系统地规划数字校园、智慧教育,致力"云端辐射",有力地推进了优质教育资源的区域均衡化。

2. 优化调整系统结构

一是做好结构适应性优化调整。要使区域学校教育类别、层级及其比例以及体制结构、模式结构、质量结构等与产业结构、技术结构、劳动力素质结构、人才培养目标变化相适应,与学校及区域教育自身可持续发展相适应,使教育结构优化调整既满足当前社会对人才的需求,又符合未来社会发展的需要。[2]二是确立适宜生态位。要科学判定生态位,合理分流,分类管理学校,实行特色化结构,缩减行政职能,扩大办学自主功能和服务职能,以增强学校对经济、社会整体发展的自主适应、自主发展、特色发展。三是构建基于生态化创新的战略联盟。学校生态化创新具有类似于生物种群的行为特征,单个学校生态化创新发展一般受制于规模、设备、信息、风险、资金和人才等资源因素的欠缺,发展能力往往不足,而资源的稀缺性也导致生态系统内产生竞争和共生机制,以联盟和协同获得集群创新优势,完善集群不同组织之间通过生存网链联结的横向协作。[3]从研究对象学校区域来看,近年来主要实施的是集团化办学策略,推进优质资源满覆盖。研制出台的《关于加强名校教育集团工作的管理办法》,指引区域名校教育集团发展方向,以对标管理促进各级各类学校协同提升。目前,武侯区建设形成了教育集团11个,正在培育的教育集团有2个。研究对象学校即加入了四川省武侯高中教育集团。

3. 组建生态共同体

生态共同体泛指跨界整合、和谐联动、循环演进的生态统一体。基于区域一体化发展现状与趋势,遵循教育发展规律,构建区域学校发展生态共同体,是学校生态型发展的应然。[4]一是建立协作化共生办学体制。它是一种区域统筹、政府主导、学校自主、核心校引领和多行业参与的办学体制,打破了原有校际、学校与外部界限和资源配置隔绝或无序的状况,既促进了教育与经济、社会的紧密结合,又充分发挥了学校、主管部门、其他机构多方参与的积极性,整合各方优势,形成教育共生系统,使各学校在追求各自发展利益最大化的同时确保区域教育的整体利益,减少学校发展中的不均衡性和非对称性,变学校个别发展为区域的网络化、集成式、整合型发展。二是内外结合联动。学校主体性的发挥和办学品质的优化是区域学校发展生态共同体的基础。因此，学校内部要有正确的办学定位、发展战略及完善的管理，要厘清变革的方向和突破的重点，同时与共同体内其他单元联动时，建立互动互补、互利共进的平衡协调机制，发挥吸纳和辐射作用。三是实行多样化发展。主体存在多样性，生态共同体中，学校是首要的主体，应体现多样化的发展状态，其他相关社会机构、企事业单位、学术团体等，也应该充分多样化，以提供充足的系统资源；运作方式存在多样性，可以通过现行区域学校在类型、结构、层次、特色、合作方式、育人方式等方面多样化改革，形成各级各类学校和教育机构相互区别又交融共通的教育格局，以丰富学校发展生态共同体的运作途径和方式，扩大生态协同可能性；教育资源存在多样性，尊重学术自由，尊重主体发展，倡导多元文化，积极开放互联，以多样化专业资源的有效供给来引导和满足多样化的教育发展需求；教育品质的多样性，即学校教育质量观和质量标准的多样化，摒弃"一刀切"标准，确立发展的、整体的、多样化的质量观。研究对象学校近年来加入区域学校"国防教育共同体""校园足球联盟"以及区摄影家协会等，都是努力以整合资源、协同共生促进学校特色和品质发展。

4. 着力高位优质均衡发展

教育高位优质均衡，不只是着眼于教育资源的分配和使用，更是注重教育价值取向和发展方式的调整，是以人的全面发展为使命和导向、从外延式发展向内涵式发展转变的均衡。在追求高位优质均衡发展的过程中，结合生态特点，应注重以下一些方面：一是动态平衡。区域学校从不均衡到均衡、再到高位优质均衡的发展，是一个长期的、动态的、辩证的发展进程，是生态演进的螺旋式上升，以达到一种更理想、高效、优质的教育状态。二是特色彰显。在区域中，学校教育均衡发展的需要具有生态适切性，体现为特色性发展，即错开生态位，多样发展。要差异性发展，不能简单走标准化、同质化、一体化的道路，更不是"削峰填谷"的平均化、同等化的道路；要共性与个性的结合，是办学理念、学校文化、育人方法等方面的各具特色、百花齐放的均衡；要自主变革，创新特色，并基于特色形成和谐共生、优质均衡的优良生态格局。三是文化蕴育，从实质上说，教育均衡问题的本质是文化资本占有量的差异以及由此导致的区域不同学校、阶层、个体在教育发生、发展及结果方面产生的差距及其累积造成的教育失衡状况，而这种失衡状态会不断复制、累积甚至造成代际传递，进而造成更大的

教育差距，成为一种影响教育发展的"文化的基因"。在高位优质均衡阶段，尤其如此。因此，第一，要倡导"共进合作"的理念，营造"重教促学"的文化氛围，促进文化资源向教育的辐集；第二，学校将文化主动纳入其资源体系，加强同外部环境联系，吸收其文化养分，积淀区域特色；第三，优化社会环境，提升社会整体素质，促进社会"大文化"发展，以增强文化对教育发展的供给力。研究对象学校所在区域近年来着力"百花绽放，百舸争流"教育生态构建、四川省义务教育优质均衡示范区建设以及学校"有机更新""文化重构"等举措，有力地推进了区域学校向高位优质均衡方向发展。

5. 关注生态承载力

生态承载力即某一特定环境条件下，生存空间、营养物质、能量等生态因子的组合中某种个体存在数量最高极限的能力。[5]一是自调节能力。区域学校发展生态自调节能力是指区域学校发展生态系统在弹性幅度内应对内部扰动及外部压力时的自我维持、自我适应的能力。这常常体现为合理规划、适度发展，备足空间、自我调整、主动因应、突破创新等基本能力，同时，应采取多种形式丰富办学多样性，以使系统的稳定性和承载力弹性度增强。二是资源承载力。资源承载力是区域学校发展生态承载力的基础条件，也是区域学校发展系统与社会系统进行物质、能量、信息等资源交换的恒定指标和表征内容，其以适度性为重要标准。适度资源承载力考虑区域学校发展的系统效应、功能效益及其发展的可持续性，注重整体生态承载力的提高，而不是片面追求单一要素或某一短期时段承载力的提高。三是建立生态预警机制。根据各相关因素及其互动关系的分析、生态承载力的结构和分布情况，以及区域教育发展规律和学校自身特点，可以建立一套完整的指标体系和预警模型，确立相应的警戒点和警戒级别，主动就区域学校发展各部分或系统整体开展定期压力测试或模拟推演，对区域学校发展生态系统进行适时预警管理，对可能的状况实行预判，以确保区域学校生态平衡、稳步发展，使生态承载力也保持在适度、可持续范围。同时，通过一系列方法、制度或模型的实施，可以更好地对内外环境与状况的信息进行区分和筛选，可以强化现象的捕捉、信息的收集、归因的分析，并逐步实行大数据管理，进行数据挖掘，关注各种不利于区域学校发展的生态因素及其数值特征的发现、记录，并在此基础上进行后期的深度挖掘，诊断生态承载力状况，找出发展的病症，寻求解决的途径与办法，为区域学校发展的决策提供参考和辅助，以达到促进区域学校健康、优质的生态型发展的目的。比如学校和区域最新制定的《十四五规划》，就是基于未来五年发展的师生数、规模、速度、投入等生态系统承载力的分析与考量而进行的。

6. 进行生态性评价

评价是区域学校生态型发展的重要动力因素，具有导向、激励和调控的功能，应符合生态性的原则与要求。区域学校发展生态评估的基本考察点是以主导性和多样性的合理匹配作为可持续发展的前提，综合地、全面地、动态地进行评价。一是评价指标体系。主要有结构性评价指标，包括区域学校生态系统的资源承载力和环境容纳量，自然环境与人工环境的布局，教学设施和资源的配置，学校内部与外部联系的组织管理结构等；稳定性评价指标，包括自组织能力、自我修复能力、自我维持能力等；演进性评价指标，包括区域学校的办学特色与教育目标，国家教育政策的实施与区域和校本课程的开发，系统中人的主导性和拓展资源生态位与调整需求生态位的能力，学校现实发展水平，生态系统的可持续发展潜力等；效益性评价指标，包括投入效益、育人效益、发展的效益等。[6]二是评价方法。区域学校发展要形成合理的教育格局，提高学校教育质量和推进学校发展，应结合生态型管理的一些基本原理，完善生态型评价机制，采取适当的评价导向。包括引入独立评价的方式，改变行政评价的单一性，积极引入第三方评价、多方评价，加强评估中介体系独立化、社会化、市场化的改革，丰富评价的生态维度；实施生态效益评价，以可持续发展为重点，以评估学生发展或人才培养质量的有效性、可持续性为中心，兼顾学校发展的区域服务功能；加强过程评估，注重生态演进动态平衡性评价，实现对区域学校办学条件、办学过程与办学水平评估的有机统一；[7]实行多元评价和发展性评价，根据生态位差异性展开评价，同时注重区域学校主体性、增值性发展评价；注重内外互动评价，加强主体与环境的评价互动，提高社会对学校教育发展评价的参与度，将教育内部的发展质量评价与社会的外部监督评价有机地结合；加强区域学校发展评估制度建设，规范评估工作程序，提高评估工作的严肃性、权威性和影响力，建立评价长效机制，并根据内外环境的变化，不断适应和创新。从成都市的探索实践来看，从2008年起，成都市在全国率先启动实施了义务教育校际均衡监测工作，其监测体系囊括了国家基本均衡发展督导评估核心指标，并结合本地实际有所增加，从经费投入、硬件设施、教师队伍、管理和质量等多方面，动态测量区域内义务教育学校发展差距，以及热点难点问题，有力推动了区域内学校的均衡性发展。

四、实践成效

（一）理论认知成果丰富

撰写相关专著和论文，成果较为丰富。论著《生态型学校发展》由四川教育出版社出版，并于2017年获四川省第十七届教育科研优秀成果一等奖。论文成果丰富，交流发言广泛。论文《区域学校均衡发展的生态型策略》《多元共育 至善共美》《区域学校的生态型发展策略》《家校社共育生态模式的探索与实践》《生态型学校的发展路径探索》《基于生态观的学校组织变革探究》《校本课程生态场的作用及其优化策略》等在《基础教育研究》《四川教育》《教育科学论坛》《教育导报》等省级刊物发表交流。课题研究成果《生态型学校发展路径研究》《基于生态观的城市涉农初中核心素养培养策略实践研究》《多元共治社区治理理念下生态共育模式实践研究》等获得省级二等奖、市级优秀奖、区级一等奖等荣誉。这些成果都从学校均衡发展思路、家校社生态均衡、学校发展生态思路、组织结构生态均衡、学生核心素养全面培育、教师专业全面发展、校本课程多样化等角度阐述了学校及区域均衡生态发展策略。同时，研制了均衡背景下学校生态型发展的系列理论架构、实践策略，有力地促进学校的优良发展和区域的优质均衡。

（二）实践性成果较突出

第一，研究成果丰富，形成系列研究报告，相关工作获多项奖励。从本研究开始，学校参与了"生态型学校发展路径研究""网络文化对城郊初中学生品德形成的影响及对策研究""教育云服务环境下生态性课堂模式探究""城郊初中体艺润德策略实践研究""城郊初中以学科渗透方式进行国际理解教育的实践研究"等省、市区级课题研究共计12项，获得省级二等奖、市级优秀奖、区级一等奖等荣誉共计15项。同时，学校在区域优质均衡过程中不断发展，获得了全国国防教育特色学校、全国青少年校园篮球特色校、成都市新优质学校、成都市文明校园等荣誉称号，教师"二十四式太极""水分子的变化"生态性课堂课例获得全国一等奖、市级特等奖。

第二，改革实践方案成果突出。学校参与新教育实践、新生命教育实验、FPSPI（未来问题解决国际项目）、生态语文、家校社生态共育实践、《立德树人典型案例》、阳光军体教育、摄美尚美教育、《生态性课堂建设方案》《学校发展规划（2017—2022）》《校际生态共同体建设方案》等实践中的案例获得了新教育研究会、中国教育学会科创中心、全国生态语文研究会、四川省教科院、成都市社科联、武侯区综改办、武侯区教育学会颁发的优秀等级奖，在生命教育、生态课堂、家校合作、校际联盟、创新思维等方面做了有力的探索和实践。学校综改成果在区《综改信息》上发表交流五次。

（三）取得的效益显著

1. 学校层面

以成都市金花中学为例，研究项目的实施，让学校在生态型发展之路上成长迅速，学校在学生成长、教师发展、学校发展、教育改革以及社会声誉等方面产生了良好的效益，促进了学校及区域教育优质均衡发展。

一是通过生态教育理念在学校工作中的运用，学校整体面貌得到极大改善，师生精神风貌更加昂扬。学校师生在省、市、区各级各类比赛中获得更多荣誉和奖励。学生素质及学业成绩不断提升，学生发展状态优化。近年来，学校教育教学质量稳步提升，校风优良，学生素质发展全面，社会满意度高。学生获奖评优比例大幅提升，得到家长、社会和上级主管部门认可。

二是生态型发展路径和策略体系的构建与探索，学校生态特色构建为学校改革的深化与同类学校的发展提供了借鉴启示作用。学校通过统筹推进课题研究与项目改革，努力推进学校可持续生态高位发展，注重整体性、系统性，开展顶层设计，学校整体办学水平、教育品牌度大幅提升，随迁子女入学待遇同城化效果日益明显，人民满意度不断提高，社会影响日益向好，学校连续评为武侯区教育综合督导评估优秀奖，2019年被评为成都市强校工程重点项目学校，教育均衡发展测评指数从以前的市级后位发展为高于市级平均水平，学校校园有机更新经验在全区、强校工程经验在全市进行专题汇报交流。

2. 区域层面

以成都市武侯区为例，近年来，武侯区通过实施教育集团化、"两自一包"

教育综合改革、校长岗位职级聘任制改革、名师优师专项激励、教师"四项关爱"计划、教师职业"五项幸福"行动等改革创新，区域教育发展水平持续提升，成功创建四川省一级示范校2所、成都市新优质学校14所、成都市一级幼儿园24所，全区优质教育覆盖率达68%。校长办学活力全面激发，教师在改革中的参与感、获得感和归属感不断增强，全区教师获得国家、省级、市级荣誉称号数量全市第一。学校育人质量明显，在全市率先实施"每天一节体育课"，形成空竹、风筝、击剑、足球等精品课程20余个，1.5万名学生参加班级足球联赛，7.7万人参加足球文化活动，小学男子足球代表队获法国足球邀请赛冠军。近三年，全区中小学生体质健康合格率均在98%以上。学生组建艺术社团近500个，在四川省艺术展演中获得一等奖21项，位居全省第一。师生代表团获邀到白俄罗斯戈梅利市开展艺术交流，获得国际舞蹈大赛金奖。"小诸葛"科创教育、人工智能教育特色鲜明，构建形成结构合理、内容丰富、特色鲜明的武侯教育生态。义务教育质量进入全市先进行列，中考"省重点率""一次合格率""全科合格率"等指标均位列全市前茅。

尤其是在全国率先创新实施的"两自一包"教育综合改革，其经验已影响辐射到了全国各地。教育部教育发展研究中心、中国教育学会、中国教科院教育发展与改革研究所、四川大学、四川师范大学等科研机构或院校专家，认为"武侯区创新探索'两自一包'机制体制改革为全国同类地区提供了可借鉴可复制的武侯模式"。改革5年来，《中国教育报》等国家级主流媒体进行了10余次深度报道。中央办公厅、国家教育体改办、四川省委办公厅专报刊发武侯经验。2016年，"两自一包"改革被评为影响成都教育十件大事之一。2017年，改革实践入选四川省全面深化改革三周年典型案例。同年12月入选第五届全国教育改革创新典型案例。2018年入选教育部十八大以来教育综合改革典型案例成果集、四川省教育改革创新发展典型案例。2016年至2019年，国务院副总理孙春兰等领导多次支持和肯定了武侯区"两自一包"改革。从2014年年初到2019年年底，赋权学校制度从武侯区的1所改革试点学校扩散至天府新区、都江堰、成华区、新都区等区（市）县近80所学校。六年来，北京、上海、广州等地130余批次2 400多人到武侯区考察学习"两自一包"改革经验，借鉴实施的地区现已覆盖大江南北——北到哈尔滨市道里区、南到贵阳市云岩区。以"两自一包"为代表的多项改革举措的实施，优化了全区学校发展生态，丰富了区域内学校竞合、协同、共生的发展型态，为区域学校优质均衡发展提供了有力促进和保障。

注释

[1] 吕超．加强学区学校合作 促进教育均衡发展[J]．课程教学研究，2014（9）．

[2] 凌玲，贺祖斌．教育生态学视野中的区域教育规划[J]．教育发展研究，2005（5）．

[3] 廖志鹏，袁建四，李文中．高校企业技术创新的社会责任及其生态化转向[J]．当代教育理论与实践，2009，1（5）．

[4] 蒋旋新．构筑长三角高职教育发展生态共同体战略研究[J]．教育学术月刊，2009（6）．

[5] 覃盟琳．"十一五"国家科技支撑计划重大项目《城镇化生态承载力评价预警体系关键技术研究》[D]．上海：同济大学，2009．

[6] 吴峰，陈俊国，高鸿雁．高等教育成本效益综合评价指标体系之构建研究[J]．中国高等医学教育，2007（3）．

[7] 陆斌．论我国高等教育生态的多样化[J]．当代教育论坛（校长教育研究），2008（1）．

参考文献

[1] 刘贵华. 大学学术发展研究：基于生态的分析[M]. 武汉：华中师范大学出版社，2005.

[2] 岳伟. 生态文明教育研究[M]. 北京：中国社会科学出版社，2020.

[3] 范国睿. 教育生态学[M]. 北京：人民教育出版社，2000.

[4] 贺祖斌. 高等教育生态论[M]. 桂林：广西师范大学出版社，2005.

[5] 范国睿，等. 共生与和谐：生态学视野下的学校发展[M]. 北京：教育科学出版社，2011.

[6] 吴林富. 教育生态管理[M]. 天津：天津教育出版社，2006.

[7] 戈峰. 现代生态学[M]. 2版. 北京：科学出版社，2010.

[8] 刘贵华，等. 中国教育研究新成就：全国教育科学学规划"十二五"学科发展研究[M]. 北京：教育科学出版社，2019.

[9] 蔡晓明. 生态系统生态学[M]. 北京：科学出版社，2002.

[10] 黄长平. 生态型学校发展[M]. 成都：四川教育出版社，2015.

[11] 吉仁泽. 适应性思维：现实世界中的理性[M]. 上海：上海教育出版社，2006.

[12] 陈丽鸿，孙大勇. 中国生态文明教育理论与实践[M]. 北京：中央编译出版社，2009.

[13] 孙振钧，周东兴. 生态学研究方法[M]. 北京：科学出版社，2010.

[14] 严耕，杨志华. 生态文明的理论与系统建构[M]. 北京：中央编译出版社，2009.

[15] 解振华，冯之浚. 生态文明与生态自觉[M]. 杭州：浙江教育出版社，2013.

[16] 王加强. 学校变革的生态分析[M]. 南京：南京师范大学出版社，2011.

[17] 闫蒙钢. 生态教育的探索之旅[M]. 芜湖：安徽师范大学出版社，2013.

[18] 刘友霞. 创建"生态学校"：同济二附中可持续发展之路[M]. 上海：上海教育出版社，2011.

[19] 易丽．文化生成：营造学校发展"新生态"[M]．南京：江苏教育出版社，2011．

[20] 邓小泉．中国传统学校教育生态系统的历史演化[M]．苏州：苏州大学出版社，2014．

[21] 徐铎厚，齐健．教师成长：营造和谐生态[M]．济南：山东教育出版社，2009．

[22] 雷毅．深层生态学：阐释与整合[M]．上海：上海交通大学出版社，2012．

[23] 伍业钢，樊江文．生态复杂性与生态学未来之展望[M]．北京：高等教育出版社，2010．

[24] 郑葳．学习共同体——文化生态学习环境的理想架构[M]．北京：教育科学出版社，2007．

[25] 李森，王牧华，张家军，等．课堂生态论：和谐与创造[M]．北京：人民教育出版社，2011．

[26] 李晓文，叶澜．青少年发展研究与学校文化生态建设[M]．北京：教育科学出版社，2010．

[27] 张世明．数字教育资源共享生态系统研究[M]．上海：复旦大学出版社，2011．

[28] 孙芙蓉．课堂生态研究[M]．杭州：浙江大学出版社，2013．

[29] 卡恩．批判教育学、生态扫盲与全球危机——生态教育学运动[M]．张亦默，李博，译．北京：高等教育出版社，2013．

[30] 沃克，索尔克．弹性思维：不断变化的世界中社会—生态系统的可持续性[M]．彭少麟，陈宝明，赵琼，等，译．北京：高等教育出版社，2010．

[31] 安乐哲．儒学与生态[M]．彭国翔，张容南，译．南京：江苏教育出版社，2008．

[32] ＥＰ奥德姆．生态学基础[M]．孙儒泳，钱国桢，李浩然，等，译．北京：人民教育出版社，1981．

[33] 杰拉尔德Ｇ马尔滕．人类生态学[M]．顾朝林，袁晓辉，等，译校．北京：商务印书馆，2021．

后 记
POSTSCRIPT

在立德树人、五育并举的背景下，学校育人方式将会发生较大的改变，多元化、多层次育人应该成为学校教育的常态。本书《学校育人的生态路向与实践》以生态学和教育学交叉融合的视角，以平衡、适应、演进、协同、共生、可持续等理念为引导，审视学校教育现状，探索学校育人和学生培养的新内容、新模式，探索生态型育人新策略，为学生的成长提供生态化的优良路径，是解决当前学校育人发展困境、提升育人质量和学校品质的有益探索与实践。

本书着力生态发展理论与学校育人实践相结合，进行主体优化、环境开放、管理变革、课程建设、课堂创新、文化浸润等六维探究，并导之以因子分析、资源匹配、项目推进、生成演进四阶联动步骤逐渐推进，进行课题研究、理论生发、实践总结，构建了较为完善的理论方法和实践策略体系，为本校及同类学校寻求生态路径、发展契机提供有益借鉴，有助于促进学校办学效益的提升、特色的形成和对区域教育的贡献，对于破解当前学校育人难题，具有一定的启示意义。

本成果是在研究对象学校两个省级课题、若干市区级课题的成果基础上，经过六年的研究积累、课堂实践、德育升华、文化更新等探索形成的。相关研究曾获得省、市、区级奖多次。在此特别感谢在课题实践中做出贡献的李和平、徐应昌、谢建荣、赵江波、何蓉、杨自强、祝延华、阮迪冬、奉政道、樊婷婷、赵丽丽、刘小萍、周翔、杜鹏、郑国全、古丽、刘莉群、李华、阳雪萍、王江、陈琳、王廷吉、向方君、张剑蓉、赵虹、邓泽云、何姝、王敏、孙华、高伟、钟倩、曾亦珂、罗美菱等老师，他们在教育教学上进行了深入的研讨和总结，获得了优秀的教育教学成果，推进了教育科研工作，引领学校教育教学改革，促进了学校教育教学质量的稳步提升，也为本书提供了充实的案例。

本研究更多关注学校层面育人的探讨，梳理了学校育人的生态系统逻辑结构以及以其为基础的学校育人路径框架，将生态发展的相关特点和原理同中小学学校育人的教育规律相结合，以发展路径为抓手，突出学校育人的重点，可以整体带动学校及教师育人方式的变革，促进学校教育教学质量提升以及学生素质全面发展，让学校焕发活力、社会影响更加广泛，无疑是立德树人的典型范式。当然，在研究中也遇到诸多困惑，积累了诸多需要解决的问题。这也激励着我们进一步将研究推向深入。

本书在写作过程中，参阅了不少文献资料，参考了教育网站上的文章。文献资料的出处已经尽量注明，也可能会有个别地方因疏漏而没有注明出处。在此，谨向已注明和未注明出处的文献资料的作者表示感谢。同时，由于本成果是多个课题在学校不同时段开展的历时性研究，涉及学校某些内容或指标的数据会因阶段、年段的不同而不尽一致，在此特予以说明。

本书是黄长平名师工作室研究成果之一，并得到武侯区名师工作室经费支持。书中成果对中小学学校教育教学实践有一定的参考价值，但囿于作者学识和能力，不足之处，恳请读者朋友批评指正。作者时刻关注学校发展尤其是中小学立德树人教育方式的变革，并把它作为以后研究的目标和方向，如果能够在传统教育和现代教育之间搭建一座切实可行的桥梁，意愿已足。

作者

2022 年 8 月